영화 '서울의 봄'에서 못 다한 이야기
'80 서울의 봄

영화 '서울의 봄'에서 못 다한 이야기

'80 서울의 봄

초판 1쇄 인쇄 2023년 12월 15일
초판 1쇄 발행 2023년 12월 20일

• • •

지 은 이 | 박 상 하
발 행 인 | 김 동 환
펴 낸 곳 | **여산서숙**

• • •

출판등록 | 1999. 12. 17
신고번호 | 제300-1999-192

• • •

주소 | 서울시 종로구 지봉로28, 숭인빌딩 401호
전화 | (02) 928-2393, 928-8122
팩스 | (02) 928-2391, 928-8123

ISBN 978-89-93513-53-0 03810
값 20,000원

잘못된 책은 구입한 곳에서 교환해 드립니다.
저자와의 협의하에 인지 생략합니다.

격동의 현대정치사를 정밀 추적한 시리즈 제2탄!
12·12와 5·17에서 '전두환 제5공화국' 탄생까지

영화 '서울의 봄'에서
못 다한 이야기
'80 서울의 봄이
답하다

박 상 하 지음

如山書塾
易術書籍 專門出版

지은이의말

　우리는 망각의 천재들인가? 40여 년 전 대한민국 서울의 한복판에서 발생했던 12·12사건은 전쟁을 방불케 하는 사건이었고, 그 후 별들의 전쟁으로 이어져 수많은 사건들이 전개되었던 것이다.
　그러나 수사와 재판에 의해서 많은 사건들이 알려졌고 오래전 MBC TV에서 10·26 궁정동 박정희 대통령 시해사건과 12·12 전두환의 군사반란 사건, 그리고 제5공화국의 탄생 과정을 그린 다큐멘터리 '전두환의 제 5공화국'이 방영되었고, 또 KBS TV에서 다큐멘터리로 12·12사건을 다루었지만 여전히 궁금증은 다 풀리지 않았다.
　10·26은 과연 끝났는가? 12·12도 과연 끝이 났으며, 제5공화국 역시 끝이 났는가 말이다. 궁색한 변명과 여기에 대한 답은 긍정적이지 못했다.
　18년 동안 박정희 유신체제가 1979년 10·26 시해사건으로 붕괴되고만 지도 40여 년이라는 세월이 흘렀다. 1980년 국민의 민주화 열망으로 상징되던 〈서울의 봄〉을 무참히 짓밟아버린 12·12 사태에 이은 또다시 그들의 신군부 세력에 의해 무차별 살육과 차마 눈 뜨고 볼 수 없었던 만행이 저질러진 광주 5월 민주항쟁 역시 그만큼의 세월이 흘러갔다. 그리고 우리는 그처럼 지나간 과거의 뼈아픈 상처를 씻고 새로운 시작을 열어간 지도 벌써 오래다.
　그러나 우리들의 가슴속에는 여전히 치유되지 않고 남아 있는 깊은 감정의 응어리가 도사리고 있기 때문이다. 그도 그럴 것이 생떼 같은 수많은 사람들의 소중한 목숨까지 앗아간 역사적 중요한 고비였던 바로 엊그제의 현대사마저도 그저 '우째 이런 일이'

하며 그토록 빨리 덮어버리고 만다는 것은 결코 자랑스러운 일은 아니다. 아니 부끄럽기조차 그지없는 일이라 하지 않을 수 없다.

더욱이나 그러한 사건들은 가해자의 철저한 함구 속에 오랜 세월 속에 자료인멸은 물론 역사의 그늘에서 변질되고 왜곡된 채 점차 잊혀져가고 있다는데, 그 심각성을 우려하지 않을 수 없다.

참으로 동시대를 살아왔던 한 사람의 지식인으로서 이러한 현실에 자괴감마저 드는 것을 고백하지 않을 수 없었다. 비록 그날 그 시간에 주인공이 아닌 한낱 아웃사이더에 불과했지만 더 이상 역사의 방관자일 수마는 없는 일이라는 결심에 이르게 되었고, 또 그러한 결심은 그날 그 시간에 벌어졌던 사건에 대한 보다 진실한 기록을 남겨야 한다는 책무를 통감하지 않을 수 없었다. 이것이 바로 필자가 수많은 시간 속에서 그때 그 사건 속의 자료들을 모으고 또한 부단히 붓질을 시작하게 된 동기라고 할 수 있다.

따라서 이 책은 민주화 과정에 커다란 획을 그었던 10·26 박정희 저격사건 이후 전두환과 노태우를 중심으로 한 12·12사태, 김대중 내란 음모사건, 언론 통폐합 등 이른바 '전두환 공화국'으로 불리는 우리의 현대사에 있어서 거대한 준령이었으면서도 곧 시련이기도 하였던 제5공화국 탄생에 얽힌 그때 그 시간 속의 사건들을 서로의 관련선상에서 깊게 살펴보게 될 것이다.

물론 여기저기 시간과 등장인물들이 겹치는 좀 단단하지 못한 대목도 있을 줄 안다. 그것은 순전히 자료를 다 밝혀내지 못한 필자의 우둔함에서 연유한다는 것도 고백하지 않을 수 없다.

그러나 이러한 고백에도 불구하고 다시금 〈'80 서울의 봄〉을 세상에 내놓게 된 까닭은 '우리는 언제까지나 앞뒤 생각 없이 이와 같이 궁색한 변명과 망각의 천재로 남을 것인가'라는 깊은 회의감에 젖어있을 때 용감하게 결단을 내려서 영화 〈서울의 봄〉을 제작한 김성수 감독의 용기와 영화 개봉과 동시에 열화 같은 관객들의 성원으로 개봉 6일 만에 200만 관객을 돌파했다는 기사를 보았다.

필자도 지대한 관심이 있었던 터라 영화 관람을 하였고 수많은 관객들이 2시간 20분가량인 〈서울의 봄〉을 접하면서 영화 보는 내내 웃기도 하고, 마지막 씁쓸하기도 하고 그렇게 영화는 끝이 났다. 그런가 하면 관객들은 자리를 뜰 생각 없이 그냥 우두커니 앉아 있어야만 했다. 왜? 마지막 장면이 전두환의 호탕한 웃음과 하나회 소속 장군들의 축하파티와 승자에 대한 만족감으로 만면의 웃음을 띠면서 마지막 단체 사진촬영으로 끝이 났기에 더욱 그랬을 것이다.

필자는 영화관을 떠나면서 영화 〈서울의 봄〉에서 못 다한 이야기들을 다큐멘터리 정치소설 〈'80 서울의 봄〉으로 대체해야겠다는 생각에서 평소 잘 알고 지내던 여산서숙 출판사 김동환 대표를 찾아가 전후 사정을 이야기 했더니 이게 무슨 인연일까? 김 대표도 평소 12·12사건에 대한 관심이 많았던 터에 12·12사태 당시 육본 인사참모부 장군인사실장으로 재직했던 예비역 중령 홍인호 선생이 그 당시를 생생하게 증언한 비망록 〈아! 서울의 봄〉을 제작 준비 중이라는 말을 하면서 격동의현대정치사 시리즈로 출판할 것을 쾌히 허락해 주었다.

그리하여 제1탄은 〈아! 서울의 봄〉이라는 당시 현장을 목격했던 예비역 중령의 생생한 증언으로 사건의 내용이 '별들의 전쟁사건'으로 전개 됐으며, 제2탄으로 제작된 필자의 기록들은 〈'80,서울의 봄〉이라는 제호로 영화를 본 관객들이나 격동의 한국정사에 관심이 있는 분들에게 도움이 되겠다는 자신감으로 세상에 내놓게 되었다.

끝으로 이 기록을 사명감을 가지고 기꺼이 출판해 주신 도서출판 여산서숙 김동환 대표님께 이 자리를 빌어 감사의 말씀을 드린다.

2023년 세모에 박상하

차 례

지은이의 말 / 4

제1부 | 10·26에서 12·12까지

YS에게 걸려온 한밤의 국제전화 ___ 10
김 총재 제명 56일만에 국회복원 ___ 15
'최규하 대통령' 추대작전 ___ 19
명동 YWCA회관 '위장결혼 사건' ___ 27
신군부 12·12사태 결행 ___ 34
최 대통령, 결재 못한다 10시간 버텨 ___ 46
12·12 경복궁 멤버 '6인특위' 구성 ___ 52
신군부 세력의 '별들의 잔치' ___ 57
JP의 공화당의 '새 판짜기' 진통 ___ 61

제2부 | 1980년, '서울의 봄'은 왔는가

꽃샘추위로 갈라진 DJ와 YS ___ 68
DJ, 9년만에 대중 앞에 서다 ___ 77
전두환의 중앙정보부장 겸직 ___ 85
어용교수 퇴진에서 거리투쟁으로 ___ 90
서울역 광장에서의 뼈아픈 회군(回軍) ___ 95

제3부 | 신군부의 5·17 계엄확대

신군부의 무차별 진격 ___ 102

고문으로 얼룩진 '김대중 내란음모' ___ 109
5·17과 김옥두의 피와 눈물 ___ 123
JP와 YS, 그리고 DJ의 운명 ___ 138
DJ 고문 현장을 지켜본 전두환 ___ 142

제4부 아, 5·18 광주 민주항쟁

5·16 쿠데타 화형식이 있었다 ___ 154
무자비한 인간사냥 '화려한 휴가' ___ 158
시민들, 계엄군과 맞서 싸우다 ___ 169
외로운 죽음에 대한 외로운 항쟁 ___ 183
마침내 시민군 총기들고 나서다 ___ 199
승리의 광장에 모인 15만 궐기대회 ___ 211
항쟁 지도부, 투쟁을 결의하다 ___ 218
꽃잎처럼 스러져간 최후의 항전 ___ 224

제5부 전두환의 '제5공화국' 탄생

김재규, 사형집행 ___ 240
청와대 입성, 제5공화국 대통령 ___ 247
JP와 YS, 유일한 저항 수단 ___ 253
군사재판, DJ에게 사형선고 ___ 257
한화갑이 부른 조용필 노래 '촛불' ___ 273
이상한 제11대 국회의원 선거 ___ 278
DJ의 목숨으로 방미(訪美) 길 열어 ___ 281
YS, 생명을 건 23일간의 단식투쟁 ___ 295

에필로그 / 303

제1부

10·26에서 12·12까지

YS에게 걸려온 한밤의 국제전화
김 총재 제명 56일만에 국회복원
'최규하 대통령' 추대작전
명동 YWCA회관 '위장결혼 사건'
신군부 12·12사태 결행
최 대통령, 결재 못한다 10시간 버텨
12·12 경복궁 멤버 '6인특위' 구성
신군부 세력의 '별들의 잔치'
JP의 공화당의 '새 판짜기' 진통

YS에게 걸려온 한밤의 국제전화

1979년 10월 27일 새벽 4시 반경. 김영삼(金永三)은 요란한 전화벨 소리에 잠을 깨 수화기를 들었다. 미국에 사는 한 교포에게서 걸려온 국제전화였다.

"총재님, 지금 텔레비전을 보고 있는데 박 대통령이 암살되었답니다."

다급하게 전하는 그의 말을 듣고 김영삼은 깜짝 놀랐다. 독재자 박정희(朴正熙)가 죽었다! 김영삼은 항상 박정희가 그의 권력욕 때문에 비극적인 종말을 맞을 것이라고 말해 왔지만, 그가 설마 그런 방식으로 최후를 맞이하게 되리라고는 생각지 못했다. 박정희는 김영삼을 야당 총재에서 제명시킨지 22일 만에, 그리고 부마민주항쟁이 발생한지 10일 만에, 그것도 자신의 심복이었던 중앙정보부장이 쏜 총에 맞아 비참한 최후를 맞이한 것이다.

김영삼은 11월 3일 치러진 박 대통령 장례식에 주위의 만류에도 불구하고 참석한다. 이어 11월 5일에는 기자회견을 통해 "유신헌법은 이제 의미가 없어졌다"고 규정하고, 향후 정치 일정에 대한 분명한 입장을 밝혔다. 그러면서 그는 제3공화국 헌법으로 돌아가는 것을 원칙으로 3개월 안에 개헌하고, 그 후 3개월 안에 대통령을 국민이 직접 선거토록 하자고 주장했다.

또한 그는 권력의 공백기가 길어질수록 사회혼란이 가중될 것이라고 걱정하는 한편, 그럴 경우 예측 못할 사태가 벌어질 수도 있다고 덧붙였다. 그러면서 4·19 직후 허정 과도내각이 신속하게 민주당으로 정권을 이양한 것을 그 예로 들었다. 무엇보다 국민들의 민주화 요구에 부응하고 안정을 되찾기 위해서는 과도기가 길어서는 안 된다고 강조한 것이다.

한데 그로부터 닷새 뒤인 11월 10일, 김영삼의 기자회견에 화답이라도 하듯이 최규하(崔圭夏) 대통령 권한대행이 이른바 '시국특별담화'를 발표했다.

최 권한대행은 이 담화문에서 "현행(維新) 헌법에 의해 규정된 시일 내에 대통령 선거를 실시하되, 선출된 새 대통령은 전임 대통령의 임기를 채우지 아니하고 현실적으로 가능한 한 빠른 시간 내에 헌법을 개정하고, 그 헌법에 따라 선거를 실시해야 한다"고 밝혔다.

이에 김영삼은 11월 17일 마포 신민당사로 찾아온 김종필(金鍾泌) 공화당 총재와 회담하는 자리에서 자신의 주장을 거듭 설명한 데 이어, 11월 23일 저녁에는 삼청동 총리공관에서 최 권한대행과 3시간에 걸쳐 시국문제 전반에 관해 요담했다.

이날 김영삼은 최 권한대행에게 '시국특별담화'에 대해 언급하면서 유신헌법에 의해 다시 대통령 선거를 치르겠다는 것은 잘못이라는 입장을 밝힌 데 이어, "시간을 끌면 자꾸 혼란을 일으키는 사태가 온다. 당신의 임무는 3개월 내에 선거를 하는 것"이라고 다시 한번 강력히 주장했다. 최 권한대행은 "잘 알겠습니다. 제게 무슨 욕심이 있겠습니까? 저는 그저 권투 경기장에서 심판 노릇이나 하겠습니다" 하고 말했다.

당시 김영삼은 부마사태와 10·26으로 이어진 역사적 격랑 속에서 자신에게 정치적 기회가 오리라는 걸 확신하고 있었다. 그리하여 1980년 1월 25일 연두 기자회견 자리에서 "길고 어두웠던 역사의 늪을 지나 희망찬 80년대의 여명을 맞이했다"고 밝히고, "과도정부는 조그만 매듭에 불과하므로 하루 빨리 정권을 넘겨야 한다"고 최 대통령의 결단을 거듭 촉구한다.

이처럼 연두 기자회견을 통해 정치 일정을 앞당길 것을 촉구한 김영삼은 향후 치러질 선거와 정권이양에 대비해 신민당의 조직 강화에도 나섰다. 1980년 1월 31일 서울시지부 결성대회를 시발로 전국 시·도지부 및 지구당 결성 등 조직정비에 박차를 가했는데, 당원 1천여 명이 참석한 서울시지부 결성대회에서 김영삼은, "신민당이 집권하는 것은 역사의 순리"라고 강조했다.

YH사건－야당 총재 제명－부마사태－10·26에 이르기까지 유신체제를 무너뜨린 장본인이 김영삼 자신과 신민당인만큼 10·26 이후의 대체 세력은 당연히 신민당이어야 한다는 것이 그의 주장이었다. 그는 2월 28일의 관훈토론에서도 같은 입장을 밝혔다.

한편 김대중(金大中)은 당시 일본에서 강제납치 귀국('73년 8월) 당한 뒤 3·1 민주구국선언사건('76년)으로 체포돼 5년형을 선고받았으나 78년 12월 27일 형집행정지로 석방된 후 동교동(東橋洞) 자택에서 연금당해 있었다. 그러다 12월 7일 발표된 긴급조치 해제로 마침내 굳게 닫혀 있었던 동교동 자택의 대문을 열 수 있었다.

그러나 대문 밖은 어둠 속에 썰렁하기만 하였다. 12월 7일 저녁 긴급조치 해제 발표가 있었음에도 불구하고 동교동의 연금이 해제

된다는 소식은 없었던 것이다.

　한데 밤 11시가 조금 지나서였다. 미국에 있는 인권문제연구소에서 동교동으로 전화가 걸려왔다. "조금 전에 미 국무부에서 연락이 왔다. 오늘밤 12시(한국 시각)를 기해 그곳의 연금이 해제될 것이다"라는 내용이었다.

　당시 김대중 총무비서였던 김옥두(金玉斗)는 함께 자리를 지키고 있던 비서와 함께 대문을 빼꼼히 열고 바깥 동정을 살폈다. 사복 경찰들은 여전히 대문 앞을 지키고 있었다. 책임자를 불러 상황을 물어보았으나 별도의 지시를 받지 못했다, 모른다는 대답뿐이었다. 하는 수 없어 신민당 부총재인 이민우(李敏雨)에게 전화를 해보았다. 그 역시 알 수 없다는 대답이었다.

　그러던 밤 12시 정각, 마포경찰서장이 대문을 열고 들어섰다. 그는 그 동안 고생이 많았다며 지금 이 시각부터 연금이 해제된다고 통보했다.

　곧이어 내외신 기자들이 대문 안으로 들이닥쳤다. 그 때서야 비로소 연금해제를 실감할 수 있었다.

　하지만 아직 김대중에게는 복권(復權) 문제가 족쇄로 남아 있었다. 국회는 그의 연금해제를 전후하여 본격적으로 이 문제를 다루기 시작했다.

　12월에 들어서자 국회는 본격적인 예산심의가 열리고 있었다. 그런 어느 날 김영삼 총재는 당시 신민당 원내총무였던 황낙주를 조용히 불렀다. 그리곤 여하한 일이 있더라도 김대중을 비롯한 긴급조치 위반자에 대한 복권을 얻어내라고 지시했다.

　원내총무 황낙주는 이 문제를 가장 강력한 대여 무기인 예산안 심의와 연계시켰다. 여러 차례 여야 원내총무 회담에서 황낙주는 김 총재의 뜻을 전하고 김대중의 복권을 강력히 요청했다.

그러나 여당인 공화당은 소극적인 태도를 보였다. 정부에서도 마찬가지였는데 특히 유정회(維政會)는 '절대 불가능하다'는 입장을 폈다.

신민당 원내총무 황낙주도 배수진을 쳤다. 김대중의 복권에 대한 약속이 없이는 예산안 심의는 물론 여당에 대한 어떠한 협력도 할 수 없다고 버텼다. 결국 정부와 여당으로부터 복권에 대한 감(感)을 전달받았고 예산안도 국회에서 통과되었다.

그러나 12월 초에 합의되었던 김대중을 비롯한 긴급조치 위반자에 대한 복권조치는 해를 넘겼다. 해를 넘기고도 다시 두 달이나 더 지루하게 끌고 있었다.

이렇듯 김영삼이 황낙주를 부른 거의 같은 시기에 김대중도 당시 그의 비서였던 한화갑(韓和甲)을 불렀다. 며칠 전에 미 대사관 직원이 다녀갔는데 자신의 연금이 곧 해제될 것이고, 그렇게 되면 글라이스틴 대사가 만나고 싶어한다고 했다면서 시간과 장소에 대한 약속을 받아오라고 지시했다. 한화갑은 그 길로 미 대사관을 찾아가 회합 약속을 받았다.

그리고 12월 12일 오전 11시경 김대중은 미 대사 집무실에서 글라이스틴 대사와 요담을 가졌다. 이 자리서 김대중과 글라이스틴은 질서와 안정 속에서 정권 이양이 이뤄져야 한다는데 의견의 일치를 보는 한편, 곧 정치 활동이 재개되면 적극 협조해 달라는 요청이 오갔다.

그러나 운명의 그 날밤 누구도 예기치 못한 12·12 군사 쿠데타가 터지기에 이르렀고, 김대중 또한 복권 문제를 비롯하여 각종 정치 일정에 커다란 차질이 빚어질 수밖에 없었다.

김 총재 제명 56일만에 국회복원

1979년 11월 5일, 여의도 국회의사당 본회의가 오랜만에 열렸다. 이틀 전 박 대통령의 장례행렬에 참석했던 여당의원들은 10·26 사건이 발발한 원인 가운데 하나였던 '신민당 의원 의원직 사퇴서 제출' 안건을 해결하기 위하여 국회 본회의를 개원한 것이다. 물론 이미 지난 10월 13일 의원직 사퇴서를 국회에 제출한 신민당 소속 의원 66명 전원과 이에 동조한 통일당 의원 3명의 모습은 보이지 않았다.

백두진 국회의장이 박 대통령 삼우제 참석 때문에 불참한 탓에 민관식 국회부의장이 단상의 의사봉을 잡았다. 민 부의장은 본회의 의안상정에 들어가기에 앞서 공화당과 유정회 의원들에게 박 대통령의 명복을 비는 묵념을 올리자고 제안했다.

잠시 후 묵념이 끝나자 공화당의 현오봉, 유정회의 최영희 두 원내총무를 비롯하여 여당 총무단 11명의 이름으로 제출된 69건의 국회의원 사직서 반려 동의안이 상정됐고, 만장일치로 가결 통과되었다. 일사천리로 진행된 이날 본회의 상정안은 묵념 시간을 포함하여 고작 2, 3분 밖에는 걸리지 않았다.

그로부터 나흘 뒤 신민당은 마포 당사에서 정무회의를 연데 이어 12일에는 다시 총재단 회의를 잇달아 열어 사흘 뒤에 열린 예정인 국회 본회의에 무조건 등원키로 당론을 모았다. 9월 20일 정기국회를 개원한 지 56일 만에야 다시금 여야가 함께 참석한 본회의를 열게 된 것이었다.

그러나 신민당 김영삼 총재에 대한 의원직 제명 사건의 처리는 여러가지 이유로 10대 국회가 끝날 때까지 미완의 의제로 남는다. 김 총재는 10대 국회가 끝나는 이듬해 10월 26일까지 '의원직 없는 당총재' 또는 '제명된 국회의원'으로 남게 되는 것이다.

이와 같이 김 총재의 의원직이 10대 국회가 끝날 때까지 복권되지 않았던 것과 관련하여 당시 신민당 의원들은 한결같이 10·26사건으로 그 이전의 '유신조치'들은 이미 그 효력을 상실해 버렸기 때문이라고 추측하고 있었다. 아니 또 다른 상도동(上道洞) 측근은 김 총재가 스스로 거부했기 때문이라고 말하면서, 이는 오랜만에 다시 열리게 되는 국회에서 자신의 복권 문제라는 '뜨거운 감자'를 놓고 여야가 다시 갑론을박하기에는 너무나 할 일이 많았던 탓이라고 풀이하기도 했다.

그러나 쉽사리 의견이 모아져 일사불란한 야당에 비해 여당인 공화당의 속사정은 마치 풀리지 않는 복잡한 실타래와도 같은 것이었다. 12월 6일로 예정되어 있는 통일주체국민회의 대통령 선거에 김종필 당 총재를 출마시킬 것인지 하는 문제를 놓고 심한 내부 갈등에 휩싸여 있었다.

무엇보다 김 총재의 대통령후보 출마 문제를 놓고 당내의 의견이 양분되어 있다는 골치였다. 겉으로만 보기에는 출마 지지자가 다수로 비춰지고 있어 별 문제가 없는 것처럼 보였으나 신현확 부총리 같은 이는 "JP는 출마하지 않는 게 좋겠다"는 의견을 공공연하게 흘리고 있었다. 행정부와 군부에서 반대하고 있다는 것이 그 주된 이유였다. 그러면서 그는 자신의 그러한 의견이 당내에서 보다 폭넓게 논의되고 전파되길 바란다고 했다.

어쨌거나 공화당과 유정회 의원들이 신민당 의원의 의원직 사직서 일괄 반려를 결정하자 신민당 의원들은 마치 개선장군처럼 의기양양하게 여의도 국회의사당 안으로 다시 들어갔다. 그러나 신민당 의원들은 지리멸렬한 패잔병쯤으로 생각했던 여당의원들의 만만치 않은 저항에 곤혹스러웠다.

신민당에서 첫 현안으로 내놓은 것은 말할 것도 없이 유신독재에 항거하면서 얻어낸 '서울의 봄'을 준비하기 위한 것, 예컨대 유신독재에 의해 족쇄가 묶여진 모든 정치범과 학생들에 대한 일괄 구제를 요구했다.

하지만 여당은 번번이 딴전만 피웠다. 헝클어진 당내 사정과 여권 내의 체제정비를 이유로 들어 쉽게 응해주질 않는 것이었다.

신민당 원내총무 황낙주는 공화당의 현오봉, 유정회의 최영희 원내총무와 여러 차례 머리를 맞대고 앉았다.

또한 그럴 때마다 두 여당의 원내총무들로부터 신민당의 요구에 공감한다는 의견을 이끌어내긴 하였으나 매번 마지막 단계에 이르러 결정을 유보했다.

그리고 이 같은 지연 태도는 12월 18일 정기국회가 폐회될 때까지 계속됐다. 예산결산위원회가 열리는 마지막 날인 11월 29일에도 밤 10시를 넘기도록 여야가 합의를 보지 못해 예산안 심의조차 하지 못했다.

예산안에 대한 계수조정까지 이미 끝나 있었지만 신민당이 예결위 예산 통과와 '사면복권' 문제를 연계시켜 놓고 있었기 때문이다. 가까스로 여당으로부터 "행정부쪽에 적극 권유하겠다"는 미지근한 답변이나마 얻어낸 뒤에야 예산안이 통과될 수 있었다.

그러나 신민당이 줄기차게 요구한 '사면복권' 문제는 여전히 해결될 기미가 보이지 않았다. 다만 이를 위해 이듬해 2월에 임시국회를 열자는 여야간의 희망 사항만 확인한 채 1979년의 세밑을 넘기고 말았다.

하지만 이듬해 2월에 열리기로 합의했던 임시국회는 공교롭게도 5월 17일에 가서야 여야 의원들의 요구에 의해 소집 공고를 발표하게 된다.

그러나 임시국회 소집 공고문의 먹물이 채 마르기도 전인 이날 오후 전국 비상계엄이 선포되었다. 임시국회 소집 공고를 발표한 날 선포된 5·17계엄 확대는 잠시나마 해빙 무드에 '서울의 봄'을 기약하고 있었던 여의도 국회의사당을 다시금 10·26 사건 이전으로 되돌려 놓고 말았다.

'최규하 대통령' 추대작전

다시금 이야기가 돌아가 1979년 11월 19일 정오 무렵, 서울 세종문화회관 세종홀에서는 서울과 제주 지역의 통일주체국민회의 대의원 400여 명이 한 자리에 모여 리셉션을 갖고 있었다. 오전에 있었던 '통일안보 보고회의'를 마친 뒤 오찬을 겸한 리셉션 자리였다.

정오를 막 지난 시간, 육척 거구에 꺼벙한 걸음걸이로 멀리서 바라보아도 한눈에 들어오는 최규하 권한대행이 정상천 서울시장과 박영수 통일주체국민회의 사무총장의 안내를 받으며 리셉션장 안으로 성큼성큼 들어섰다. 대의원들은 우레와 같은 박수 소리로 최 권한대행을 맞이했다.

이윽고 최 권한대행이 자리에 착석하자 박수 소리가 잦아들기 시작하면서 대의원들의 눈길은 서울의 성북 지역 회장인 박동균 대의원에게로 쏠렸다. 박 대의원은 다소곳이 두 손을 앞에 모은 채 최 권한대행을 향해 입을 열었다. 모두가 숨을 죽인 채 그 광경을 지켜보았다.

"대통령 권한대행 각하, 현 난국의 수습과 헌정의 중단 없이 국가의 안정적 발전을 도모하고 앞으로의 민주적 정치발전을 위해서는 대통령 권한대행 각하께서 10대 대통령을 맡아주셔야 만이 하겠습니다."

최 권한대행은 아무런 표정의 변화도 없이 그저 특유의 과묵한 얼굴로 묵묵히 박 대의원의 얘기만을 듣고 있었다.

"대통령 권한대행 각하께서 십자가를 메어 주셔야겠습니다. 저희 모두의 희망이니 부디 받아들여 주십시오."

그리 길지 않은 박 대의원의 간청이 끝나자 세종홀을 가득 메운 대의원들로부터 다시 한번 우레와 같은 박수 소리가 터져나왔다. 하지만 최 권한대행은 여전히 과묵한 얼굴이었다. 커다란 눈망울만 끔벅일 뿐 아무런 표정도 보이지 않았다. 다만 그는 정해진 식순에 따라 정 시장과 박 사무총장의 안내를 받으며 각 지역별로 모여앉은 리셉션 테이블만을 돌았다. 물론 그럴 때마다 대의원들이 자리에서 일어나 최 권한대행의 결단을 정중히 촉구했다. 어느 테이블도 예외 없이 최 권한대행이 자신들의 뜻을 받아들여 십자가를 메어줄 것을 거듭 간청해 마지 않았다.

심지어 어떤 지역 회장은 "고(故) 박정희 대통령의 민족중흥 과업이 촌시라도 중단되지 않도록 모두를 이끌어 달라."는 한바탕 추대사까지 장황하게 늘어놓는 대의원까지 있었다.

과연 이러한 추대는 대의원들로부터 자발적으로 우러나온 의사였던 것일까? 정말이지 10월 26일 박 대통령 저격사건 이후 난마처럼 헝클어져 있는 정국을 풀어나갈 수 있는 이가 최 권한대행 뿐이었기에 그리도 간청한 것이었을까? 결론부터 말하자면 아니다. 이날 서울과 제주 지역의 대의원들을 상대로 한 '통일안보 보고회의'는 그야말로 갑작스럽게 이루어진 소집이었다. 각자 자기 지역의 대표 대의원으로부터 소집 연락을 받게 된 것인데, 이날 리셉션 자리에서 최 권한대행을 10대 대통령으로 추대키로 했다는 얘기를 들었을 따름이다. 말귀가 어두운 대의원들에게는 모두가 위(?)에서 결정한 일이니 그리 알라는 다짐까지 했던 것이다.

그보다 앞서 19일 '통일안보 보고회의'가 열리기 이틀 전인 11월 17일에는 서울 지역의 일부 대의원들이 모여 그 같은 일련의 작업(?)에 대해 토론까지 마무리 지어놓은 터였다. 뜨뜨미지근하게 나갈 바에야 차라리 서울 지역에서 먼저 터뜨려 버리자는 의견이 다수였다. 어차피 위(?)에서 결정한 일이라면 다른 시도 지역에 떠넘기지 말고 서울 지역 회의에서 앞서 치고 나가자는 주장들이 모아진 가운데 정식 '대통령 추대'로 리셉션이 진행된 것이다.

훗날 정 서울시장도 그와 다르지 않은 증언을 한 바 있다. 당초에는 그 자리에서 당장 최 권한대행을 추대하려는 계획이 없었다는 것이다. 한데 현장으로 향하기 전에 박 사무총장으로부터 연락을 받았다. 위(?)에서 최 권한대행을 10대 대통령으로 추대키로 결론을 내렸으니 리셉션장의 분위기를 좀 잡아달라는 연락이었다.

그러잖아도 '통일안보 보고회의'는 11월 19일 서울 회의를 시작으로 27일까지 전국 5개 지역에서 계속 열리기로 되어 있었다. 때문에 지방으로 분위기를 점차 확대시켜 나가기 위해서라도 서울 회의가 중요할 수밖에 없는 만큼 긍정적으로 검토해 달라고 한 것이다. 하긴 당시 상황은 난마와도 같이 헝클어진 정국을 한시바삐 안정시키는 것이 급했다. 그뿐 아니라 대외적으로도 국가원수를 내세워 신뢰감을 갖게 하는 것 또한 시급한 상황이었다. 그러나 저간 사정에도 불구하고 최 권한대행은 입을 굳게 다문 채 끝내 아무 말 없이 행사장을 빠져나가고야 말았다. 이날 있었던 서울과 제주 지역 대의원들의 추대에 대해 일체 언급하지 않은 것이다.

하지만 행사가 끝난 직후 기자들의 논평을 요구받은 서기원 총리 공보비서관의 반응은 전연 딴판이었다. 최 권한대행이 대의원들의 의사를 존중할 것이라고 밝혔다. 말하자면 10대 대통령 추대에 사실상 수락 의사가 있음을 간접적으로 표시한 것이었다.

더 나아가 전국 5개 지역에서 계속 열린 '통일안보 보고회의'가 끝나자 기다렸다는 듯이 12월 3일에는 827명의 대의원 후보 추천서에 수락, 대통령 후보등록을 마쳤다. 김종필, 김영삼, 김대중의 이름이 빠진 최 권한대행만의 단독 출마였다.

그리고 사흘 뒤인 12월 6일 실시된 10대 대통령 선거에서 총대의원 2,560명 중 2,549명이 참석한 가운데 찬성 2,465표, 반대 없이 무효표만 84표가 나온 가운데 대통령에 당선됐다.

그렇다면 대통령 선거권을 행사할 수 있는 통일주체국민회의 대의원들을 그처럼 일사불란하게 움직일 수 있었던 위(?)란 구체적으로 어디의 누구를 말하는 것이었을까?

하긴 이때만 해도 위(?)라면 아직은 집권여당인 당(黨 : 공화당과 유정회 소속 국회의원)과 국무위원 중심의 정(政), 그리고 계엄사령부(사령관 정승화 육군참모총장)를 위시로 하는 군(軍)을 꼽았다. 아직은 삼각 편대의 판을 깨고서 권력의 정점으로 나설 때가 아니라는 점에서 표면상으로 당과 정, 그리고 군이 사이좋게 호흡을 맞추어 나가는 양상을 띠었다.

사실 10·26 박 대통령 저격사건 이후 유신체제를 더 이상 끌고 나갈 수 없다는 건 이미 여권 내부에서 먼저 터져 나왔다. 그러면서 가장 객관적인 자세로 정국 변화를 이끌어갈 중간자적인 관리자의 필요성이 절실하게 요청되고 있었다.

또 그러기 위해선 무엇보다 정치색이 두드러지지 않아야 한다는 것이 제일의 덕목으로 꼽혔다. 정국 변화를 주도적으로 이끌려 한다거나, 야당 눈에 빌미를 주어서는 안 된다라는 것이 국무위원들을 비롯하여 정국을 바라보는 국민의 일치된 생각이었다.

그리고 그러한 생각 역시 최 권한대행도 크게 다르지 않았던 것 같다. 그런 까닭에 '통일안보 보고회의'가 열리기 며칠 전에 그는 이미 '시국특별담화문'을 통하여 자신의 생각을 밝힌 적이 있었다. 예컨대 다음 10대 대통령은 개헌을 위한 과도정부를 이끌게 될 것이며 임기도 다 채우지 아니하고 새로운 대통령을 뽑게 될 것이라고 선언한 바가 있어, 그가 10대 대통령이 되는 것에 폭넓은 공감대가 형성되고 있던 마당이었다.

전 국무위원이 참석한 가운데 열린 비상시국대책회의에서의 이 같은 결정(?)은 즉각 군부쪽으로도 전달되었다. 당시 계엄사령관인 정승화 육군참모총장의 생각도 거기에서 크게 다르지 않았다.

'박 대통령의 장례가 끝나자 국민들의 관심은 다시 국정으로 돌아섰다. 새로운 대통령의 선출과 유신헌법을 개정할 개헌쪽에 모아지고 있었다. 사실 10·26 직후부터 국방부 장관실에선 군 수뇌들이 매일같이 회동하여 이 문제에 대해 광범위한 논의를 하고 있었다. 장례가 마무리된 직후 어느 날 노재현(盧載鉉) 국방장관이 나를 장관실로 불렀다. 노 장관은 그 동안의 비상시국대책회의에서 논의된 내용들을 설명하며 나의 의견을 물었다. 그러면서 "최 대행으로 하여금 과도정부를 이끌게 한 다음 헌법을 개정하고 다시 새 헌법에 의해 새 대통령을 뽑고 새 공화국을 출범시키기로 의견을 모았다면서" 앞으로의 정치 일정을 설명하는 한편, "현행 헌법은 대통령의 임기와 선거 방법, 그리고 긴급조치 등 몇몇 부분에 있어서 국민들로부터 지지를 얻고 있지 못하므로 개정되어야 마땅하다. 개정에 따른 국민여론을 수렴하려면 시간이 좀 필요하다. 개헌에 필요한 시간은 최소한 3개월 이상 걸린다. 따라서 개헌을 위한 잠정적 정부가 필요하다. 이 과도적 성격의 '개헌정부'는 존속 기간이 1년에서 2년 정도로 한정해야 한다."고 했다는 것이다. 물론 나는 이 의견에 동의했다. 노 장관에게 타군 수뇌들에게도 알려주라고 당부하고 육군 내의 주요 지휘관들에게는 내가 직접 이해시키겠다고 말했다.'

이처럼 최규하 과도정부 출범은 군 내부에서조차 별 저항 없이 그 공감대가 확산되어 가고 있는 추세였다. 그러나 별 저항이 없다는 것이지 전혀 없었던 것은 아니다.

당시 11월 8일자 뉴욕타임스는 일부 군 장성들의 이름까지 일일이 거론하며, '그들은 국방부의 주요 지휘관 회의에서 유신헌법 폐지로 의견이 모아지자 조기 폐지에 반대하는 입장을 취했다. 그들은 박 대통령에 대한 충성심이 강한 일부 젊은 장성들이었다.'고 전했다. 또 다른 일부 장성들도 계엄사령관인 정 총장이 정치 발전에 중대한 영향력(?)을 행사해야 한다고 여러 차례 진언을 하고 나서기도 했었다. 그러나 여당인 공화당 안의 기류는 좀더 복잡미묘한 것이었다. 무엇보다 졸지에 당 총재(박 대통령)를 잃어버리고 만 공화당은 사실상 속 빈 강정과도 같은 것이었다. 여당이라고 말하기에는 무언가 알맹이가 빠진, 그저 여권 인사들이 많이 모인 다수당에 불과한 처지로 전락한 것이나 다름 아니었다.

때문에 장례가 마무리되자 공화당도 서둘러 당 체제정비에 들어갔다. 11월 12일 공화당은 당시의 남산 당사에서 의원총회와 당무회의를 잇따라 열어 공석이 된 당 총재 후임에 김종필 당고문을 만장일치로 선출했다. 그러나 당무회의는 진통이 따랐다. 당무회의가 심야까지 계속됐으나 당 총재의 대통령 보궐선거 출마 문제를 놓고 확실한 결론을 내리지 못한 것이다. 김 총재 자신도 다음 날 아직은 당원들의 의사가 집약되지 못한 것 같다며, '자의반 타의반' 심경을 피력했다.

이날 오후 김 총재는 신임 인사차 삼청동 총리공관으로 최 권한대행을 방문했다. 최 권한대행은 이 자리에서 김 총재에게 대통령 후보로 나설 것을 권유했다. 최 권한대행은 유신헌법 아래에서 김 총재가 당선되어 정부의 연속성을 유지하면서 개헌 등 새 공화국 탄생을 주도해 나가는 게 바람직하다는 의견을 개진했다.

그러나 누구보다 정국의 흐름을 빠르게 읽고 있었던 김 총재는 정중히 거절했다. 김 총재는 오히려 최 권한대행의 '관리자' 역할을 강조했다.

"최 대행께서 대통령이 되십시오. 이 사람도 적극 밀고 우리 공화당도 밀도록 하겠습니다. 최 대행은 말년에 돌아가신 어른을 모시고 있었으니 유신 시대를 마감하는 대통령이 되시는 게 순리가 아니겠습니까? 그렇지만 늦어도 1년 반, 빠르면 1년 안에 새 헌법을 만들어 국민이 직접 뽑는 대통령 선거를 하는 게 좋을 것 같습니다. 헌법은 여야가 합의해 만들었던 5·16 이전의 제3공화국 헌법이 잘된 것 같으니 그리 힘들지 않을 것입니다. 아무튼 어렵겠지만 최 대행께서 뒷마무리를 책임져 주셔야 할 것 같습니다."

하지만 공화당 내의 일부 강경파 의원들은 좀처럼 뜻을 굽히지 않았다. 이미 유신체제가 붕괴해 가고 있음을 그들 역시 느끼고 있으면서도 공화당이 야당으로 전락할 수 있다는 사실을 받아들이지 못한 채 김 총재의 출마를 강력하게 요구하고 있었던 것이다. 급기야 11월 15일 심야에 열린 중앙집행위원회와 당무회의에서 김 총재를 통일주체국민회의 대통령 후보로 선출하기에 이르렀다. 다음날 오전 공화당 당사에 길전식 사무총장을 찾는 전화가 걸려왔다. 계엄사령관 정승화 육군참모총장이었다. 정 총장은 이 전화에서 정(政)과 군(軍)의 뜻을 재차 전했다. 그러나 길 사무총장은 당내 분위기 때문에 어쩔 수 없는 일이라고 답변했고, 정 총장 역시 김 총재가 자신의 입지를 높여두기 위한 정치적 행위 정도로 판단했다.

이날 김성진 문공부장관은 '최 권한대행이 김치열 법무장관과 박찬현 문교장관에게 긴급조치 9호 위반과 관련된 인사 및 학생들에 대한 석방과 복교 문제에 대해 조속히 검토해서 보고토록 지시했다'고 발표했다. 유신의 시대가 그 종말을 향하여 나아가고 있음을 여권 내부에서 스스로 선언한 것이었다.

김 총재도 발빠르게 응수했다. 다음날 '국민적 합의가 이뤄졌기 때문'이라며, 당 중앙집행위원회와 당무회의에서 결정한 대통령후보 선출을 포기하는 불출마선언을 발표했다.

1979년의 겨울은 이처럼 숨가쁘게 돌아가고 있었다. 그러나 막연하기는 해도 시간이 흐르면서 난마와 같이 헝클어진 정국도 점차 그 돌파구가 보이는 것 같았다. 적어도 유신체제의 붕괴와 함께 이듬해에 도래할 '서울의 봄'을 의심하는 이는 어느 누구도 없었다. 그것이 비록 담합적 합의에 의한 것일지라도 정·당·군의 삼각구도에서 일부 군부가 선수를 치고 나서기 전까지는 말이다.

명동 YWCA회관 '위장결혼 사건'

1979년 11월 24일 서울 명동 진고개 옆 YWCA회관 강당에서 이른바 '위장 결혼식'이 벌어졌다. 결혼식 주례를 맡은 이로는 운동권 학생들의 결혼식답게 함석헌(咸錫憲) 옹을 모셨고, 결혼식 사회는 기독교학생회총연맹 회장인 김정택이 맡았다. 신랑측 축의금은 최열(崔烈)이 받았고, 신부측 축의금 접수대엔 강구철이 앉았다.

하객도 결코 적지 않았다. '위장 결혼식'에 참여하러 온 사람들도 있었으나 '진짜 결혼식'에 축하하러 온 하객들도 많았다. 이 흥미로운 위장 결혼식은 예정된 시각보다 조금 늦어지고 있었다.

이윽고 1,000여 명의 하객(?)들이 모인 것을 확인한 주최측은 결혼식 시작을 알렸다. 그리고 그 시작은 '통일주체국민회의 대의원에 의한 대통령 보궐선거 저지 국민대회'의 선언이었다. '신랑 입장'이라는 사회자의 발언을 시작으로 준비위원장인 헌정동우회 박종태가 '선언문'을 낭독했다.

"…○○○는 10·26 사태 하루 전날까지 '유신만이 살 길'이라고 공언했던 장본인이며…, 통대(統代) 선출을 통하여 김종필·최규하 체제가 유신 법통을 이어받은 후에 자신들의 재집권이 가능하다고 판단되는 시기(따라서 가능한 한 가장 늦은 시기)에 기만적인 개헌과 총선을 하자는 것이다…."

이어 사회자의 선창 유도에 따라 "유신잔당 물러가라!", "통대선거 결사반대!", "거국내각 수립하라!" 등의 구호가 회관 강당을 가득 메웠다. 그러나 이 흥미로운 위장 결혼식은 거기까지가 전부였다. 구호 소리에 뒤이어 곧바로 들이닥친 사파리 차림의 사복경찰관들의 난입으로 결혼식장 안은 이내 아수라장이 되고 말았다. 하지만 그런 와중에도 누군가에 의해 유인물이 허공에 흩뿌려졌다. '거국내각 민주내각 구성을 촉구하는 성명서', '기자회견 전문을 포함한 윤보선 전 대통령 자택에서 발표된 5개 단체 선언문'이 뿌려진 것이다.

이날 명동 YWCA 위장 결혼식 참석자 가운데 200여 명이 긴급 출동한 전투경찰들에 의해 '닭장차'에 강제로 태워졌다. 그들은 모두 가까운 중부경찰서로 연행됐다. 그러나 연행해 가는 경찰이나 경찰에 잡혀가는 하객(?) 모두 별 심각하게 생각지 않았다. 오히려 연행되어 가고 있는 쪽에서 "박통도 죽었는데 이럴 수 있느냐?"며 큰 소리쳤고, 연행해 가는 중부경찰서 쪽에서 "미안하다. 조금만 기다리면 풀어줄 테니 참아달라"고 마지못해 하는 듯한 기색이었다. 물론 조서 같은 것도 작성되지 않았다. 심지어 이 흥미로운 위장 결혼식을 계획했던 민청 부회장 최열 같은 이는 '그저 시골에서 하객으로 올라온 공해 문제를 연구하는 사람'이라는 말만 믿고 중부경찰서에서 'C등급'으로 분류해 놓을 정도였다. 10·26 사건은 벌써 그만큼 세상을 변화시켜 놓고 있었다.

그러나 계엄사령부측의 시각은 좀 달랐던 것 같다. 10·26 사건이 발생한 지 채 한 달도 되기 전에 터져나온 이 첫 군중집회인 위장 결혼식을 그리 간단하게만 보지 않은 것이다. 말하자면 처음부터 밀리기 시작했다가는 미구에 봇물처럼 터져나올 격류를 막아내기 어렵다는 판단 아래 처음부터 그러한 싹수를 잘라버리겠다는 강력한 의지 표현이었다.

그리하여 당시 계엄사령부는 이 사건을 집권 기도를 위한 '내란음모' 내지는 궁정동에서 울린 총성과 마찬가지로 '국가 반역죄' 쯤으로 몰고 나갔다. 그리고 그러한 낌새는 사건발생 사흘 뒤인 11월 27일 공표된 계엄사의 발표문에도 그대로 드러나 있었다.

'…관계자들은 유신체제의 조기 종식으로 헌법 개정과 신분 제약 해소를 기도하고 나아가 집권까지 기대하는 환상 세력이 주도한 탐욕의 불법집회였다. …전(前) 대통령과 구(舊) 정치인이 배후에 숨어서 순수한 일부 청년들을 선동, 전위대로 삼아 그들의 야망을 달성하려던 정치적 욕망이 깔린 사건이었다. …국가적으로 이러한 무책임한 행위에 고무된 불순분자들이 북괴의 대남 흑색선전에 쓰는 용어 등을 구사하여 그들의 선동효과를 높이고…. …이들을 방치할 때엔 국가안위에 지대한 영향을 끼칠 우려가 있고 그 실증이 바로 이 사건의 발생이다….'

그렇다면 이 흥미로운 명동 YWCA 위장 결혼식은 과연 어떻게 이루어진 것일까? 계엄사령부의 공표처럼 전(前) 대통령과 구(舊) 정치인이 배후에 숨어서 선동했다라는 순수한 일부 청년들은 또한 어떤 이들이었단 말인가? 그 시말은 순전히 유신체제에서 비롯된 것이었다. 사실 유신체제는 전과자 아닌 전과자를 수많이 배출해낼 수밖에 없었다. 그 대부분이 대통령긴급조치 1, 4, 9호 위반자들이었다. 더욱이 '74년 발생했던 이른바 민청학련(民靑學聯) 사건 이후 그 숫자는 눈덩이처럼 불어났다.

바로 그들이 한데 뭉친 것이다. 학생운동으로 말미암아 제적당한 대학생들과 복적된 복학생들이 중심인 유신 전과자(?)들에 의해 '78년 8월 민주청년인권협의회가 결성됐다.

그리고 유신체제에 대한 저항이 더욱 거세어진 그 이듬해인 '79년에는 '인권'이란 한계를 스스로 떼어버리고 민주청년협의회(民靑)로 각종 반 유신집회의 일익을 담당해 나갔다. 그보다 앞서 '76년 3·1절 민주구국선언을 계기로 '민주주의와 민족통일을 위한 국민연합(民靑)'의 형태로 연대를 형성해 가고 있었다. 한데 뜻하지 않은 10·26 사건의 발생으로 말미암아 이들은 자신들의 전과가 일시에 역전되는 계기를 맞이했던 것이다.

당시 민청(회장 이우회)은 10·26 사건에 대한 내부 평가가 이원화되어 있었다. 자연인 박정희의 죽음이기 때문에 기존의 유신 지지 세력이 그 공백을 자연스럽게 메우게 될 것이라는 비판론과 함께, '박정희는 곧 유신체제'의 논리로 유신의 필연적인 붕괴를 확신하는 낙관론이 혼재하고 있었다. 때문에 민청은 국민연합을 형성하고 있는 재야 상층부와 의견 교환을 가졌다. 재야 상층부의 의견은 낙관론쪽의 손을 들어주었다.

상층부가 낙관론 쪽의 손을 들어주었던 데에는 10·26 사건 직후 국민연합쪽의 몇몇 관계자들에게 주한 미대사관측의 면담 제의가 있었다. 그 자리에서 미대사관측은 10·26 사건의 영향을 받게 될 한국의 정정(政情)에 대해 자국 견해를 밝혔다. 한국 정치 상황은 문민화쪽으로 가게 될 것이라고 밝히면서, 따라서 재야 등 반 유신 그룹에선 과격한 쪽으로 흐르지 말아 달라는 당부가 있었다. 이같은 입장을 재야 상층부는 결국 민주화로 갈 것이라고 인식했다. 따라서 박 대통령의 장례가 끝날 때까지는 어떠한 실력행

사도 취하지 말자는 공감대가 이뤄져 있었다. 말할 것도 없이 이같은 인식을 민청쪽에서도 감지하고 있었다.

그러나 민청 내부에선 회의적인 시각이 적지 않았다. 그러던 11월 10일 최 권한대행의 '시국특별담화'가 발표되었다. 유신헌법에 따른 통일주체국민회의 대의원들에 의해서 차기 대통령 선출을 하겠다는 것과 빠른 시일 내에 개헌을 단행하겠다는 내용이었다.

그날 오후 세종로 민청 사무실에선 이우회 회장을 중심으로 8인의 운영위원회가 열렸다. 그리고 그 자리에서 군중집회 시도 방침이 결정되었다. 표면적으로 볼 때에는 성명서 발표 등으론 미흡하니 보다 적극적인 방법으로 통대에 의한 대통령 보궐선거를 반대하자는 게 주된 이유였다. 그러나 작금의 정정(政情)과 계엄사의 대응을 군중집회를 통하여 저울질해 보자는 숨은 이유도 결코 적지 않은 목적 가운데 하나였다. 그리고 그러한 시도 방침의 결정은 곧바로 한국기독교학생회총연맹(회장 김정택)에게 전달되었다.

또한 빠른 시일 내에 대규모 군중집회를 연다는 방침 아래 민주연합쪽과의 연대를 모색했다. 당시 민주연합의 대표격이었던 윤보선 전 대통령 자택인 '안국동 8번지'가 주요 연락처였다. 윤 전 대통령이 가택연금 상태였던 탓에 부인인 공덕귀가 그 전달자(?) 역할을 맡았다.

민청 부회장인 최열은 대회 실천계획을 담당했다. 삼엄한 계엄 하에서 가능한 군중집회는 결혼식이 안성맞춤이었다. 장소도 몇 군데 선정되었다. 하지만 '토요일이나 일요일날 대중 시위로 유도가 가능한 지역' 등의 조건을 고려한 결과 명동 YWCA 강당으로 최종 결정됐다. 시간은 결혼식에 부적합하였지만 오후 5시 30분밖에 예약할 수 없었다.

결혼식의 신랑 역으로는 민청 운영위원이었던 홍성엽이 자임하고 나섰다. 긴급조치 위반으로 복역한 적은 있지만 당국으로부터 크게 주목(?)받지 않고 있었고, 그의 어머니 역시 재야단체인 '구속자가족협의회'에 몸담고 있어 이 흥미로운 위장 결혼식의 필수 조건인 부모님의 양해가 가능했기 때문이다.

한편 신부는 윤정민(尹貞敏)이란 가공의 이름을 넣어 청첩장까지 인쇄를 찍었다. 그리고 그러한 청첩장은 기청의 교회조직과 민청의 학교 선후배 관계를 통해 뿌려졌다. 말할 것도 없이 이 흥미로운 결혼식을 더욱 실감나게 위장하기 위하여 신랑 역의 홍성엽의 친지들에게도 전달되었음은 물론이다. 그러나 신부가 없는 위장 결혼식임을 아는 초청자는 홍성엽의 모친과 여동생 등 단지 몇 명밖에 되지 않을 정도여서 당국의 감시망을 감쪽같이 따돌릴 수가 있었던 것이다. 그러나 위장 결혼식 참석자 가운데 '닭장차'에 태워져 중부경찰서와 용산경찰서에 각기 분산 수용되어 있던 200여 하객(?)들의 처지는 그 다음날 새벽이 밝아오면서부터 상황이 급전되기 시작했다.

모처로부터 '화급한 전통문'이 날아들면서부터였다. 또한 거기에는 20여 명의 명단도 따로 분류되어 있었다. 이어 완전무장한 헌병 지프가 군용 트럭 한 대를 끌고 경찰서에 나타났다. 그리고 인솔자인 듯한 헌병장교가 명단에 적인 이름을 한 사람 한 사람 불러 내려갔다. 민청 부회장 최열은 아침 일찍 귀가할 준비를 하고 있다가 헌병장교가 부르는 명단 속에 자신의 이름도 들어 있다는 것을 알았다.

최열은 하는 수 없이 불려나가 군용 트럭 위에 올랐고, 군용 트럭 위에 오르자마자 난데없이 목덜미를 세차게 얻어맞고서 바닥에 엎어졌다. 옆을 보니 나이 많은 재야인사 몇몇도 자신과 같이 군용 트럭 바닥에 엎어져 있었다.

군용 트럭은 서빙고동 보안사 분실로 향했고 하객(?)들을 한 명씩 분리되어 지하실 방에 수감됐다. 최열은 그제서야 자신이 자유실천문입협 대표 김병걸, KSCF 간사 박종열, 전 공화당 국회의원 양순직, 전 국회의원 박종태, 동아일보투쟁위 임채정(林彩正), 민청회장 이우회, 기청회장 김정택 등 10여 명과 함께 'A'급으로 분류됐다는 사실을 알았다. 서빙고동 보안사 분실에 수감된 사람들은 노소를 불문하고 혹독한 고문을 받았다. 이 흥미로운 위장 결혼식을 계획했던 민청 부회장 최열 역시 예외일 수 없었다.

당시 계엄사는 윤 전 대통령을 포함하여 함석헌·김병걸·박종열 등 4명을 불구속 입건했다고 밝혔으나, 윤 전 대통령을 제외한 3명은 위장 결혼식 사건 직후부터 서빙고 분실로 끌려가 모두가 2주 이상씩 혹독한 조사를 받고 난 다음에야 불구속 처리했다.

이와 같이 10·26 사건 이후 처음으로 열었던 군중집회는 상처도 적지 않았다. 그러나 애당초 작금의 정정(政情)과 함께 계엄사의 대응을 저울질해 보자는 목적 또한 어느 정도 성과가 있었던 게 사실이다. 무엇보다 계엄사쪽의 대응이 유신 때보다도 더욱 과격하다는 것을 알게 되었던 것이다.

다시 말해 10·26 사건 이후 새로운 대체 세력으로서 '신군부'의 실존을 일찌감치 체험하게 되었던 셈인데, 따라서 그후 재야의 요구 사항도 '유신잔당 퇴진'이나 '거국내각 구성'이 아닌 '계엄해제'로 모아지게 된 것이었다.

신군부 12 · 12 사태 결행

그랬다. 10 · 26 이후 갑자기 불어닥친 정국의 혼란 속에 정 · 당 · 군과 국민들의 눈에 정치색이 옅은 최규하 과도정부만큼 안성맞춤인 정치세력도 딴은 또 없었다. 그리고 그러한 공감대가 폭 넓게 확산되어 가면서 정국의 혼란도 점차 안정 기미를 찾아가고 있었다. 머지않아 다가올 '서울의 봄'을 기다리며 유난히도 추웠던 그해 겨울을 다같이 견디어 가고 있었다.

그러나 권력의 생리상 힘의 진공 상태는 결코 오래갈 수 없었다. 마침내 그해 12월 12일 밤, 정승화 육군참모총장의 한남동(漢南洞) 공관에서 울린 수발의 총성 소리와 함께 그러한 인내는 한 순간에 다 날아가 버렸다. 정 · 당 · 군의 삼각 구도는 전연 예기치 않은 엉뚱한 데로부터 그 균열이 가기 시작한 것이었다.

"탕, 탕, 탕!"

"드르르륵!"

정확히 이날 밤 7시 20분이었다. 남산 1호터널과 한남대교를 잇는 도로에는 여느 때처럼 퇴근 차량들의 굉음 소리로 요란스러웠다.

한데 그러한 굉음 소리를 뚫은 강력한 총성이 초저녁의 밤하늘에 난데없이 울려퍼졌다. 총성은 한남동 언덕배기의 육군참모총장 공관쪽에서 들려왔다.

그리고 5분여가 지나서였을까. 다음 순간 검은 승용차 2대가 총장공관 입구 정문을 쏜살같이 빠져나와 앞서가던 차량들 사이를 헤집고 순식간에 시야에서 사라졌다.

이보다 앞서 보안사령관 겸 10·26 사건 합동수사본부장인 전두환(全斗煥) 소장의 명령을 받은 우경윤·허삼수 두 대령은 4명의 보안사 수사관들과 함께 2대의 검은 승용차에 나누어 타고서 곧바로 한남동 총장공관으로 향하여 출발했다. 그리고 그들 뒤에는 합동수사본부의 지휘를 받고 있는 육군 헌병감실 기획과장 성환옥 대령과 육본 헌병대장 이종민 중령이 지휘하는 육군 33헌병대 1개 중대 병력 60명이 선도 헌병 백차와 2대의 버스에 나누어 타고서 검은 승용차의 뒤를 따랐다.

같은 시각, 경복궁 근처 수경사 30경비단에는 '생일집 잔치'라는 암호명 아래 고급 승용차들을 속속 불러모으고 있었다. 번쩍이는 별판을 단 이 승용차들이 수경사 30경비단 안으로 거침없이 들어섰다.

승용차에서 내린 장성들은 군수차관보 유학성 중장, 수도군단장 차규헌 중장, 1군단장 황영시 중장, 9사단장 노태우 소장, 20사단장 박준병 소장, 71방위사단장 백운태 준장, 1공수여단장 박희도 준장, 3공수여단장 최세창 준장, 5공수여단장 장기오 준장 등 9명. 12·12 군사쿠데타 주체인 이들은 수경사 30경비단장 장세동 대령과 33경비단장 김진영 대령의 정중한 안내를 받아 곧바로 단장실로 들어갔다.

역시 같은 시각, 연희동 주택가의 한 비밀요정에는 별판을 단

장성 지프들이 잇달아 집결하고 있었다. 특전사령관 정병주 소장, 수경사령관 장태완 소장, 그리고 비상계엄 선포로 계엄사령부 치안처장을 맡고 있는 육군본부 헌병감 김진기 준장이 지프에서 내려 비밀요정 안으로 걸어 들어갔다.

이른바 반(反) 전두환 세력으로 분류되는 이들을 한 자리로 초대한 이는 보안사령관 겸 합동수사본부장인 전두환 소장. 그러나 어찌된 영문인지 전두환 소장은 보이지 않았다.

그도 그럴 밖에. 이미 출동하기 시작한 이날 밤의 군사 쿠데타를 성공시키기 위해선 그렇듯 덫을 놓아 그들의 발을 꽁꽁 묶어 놓아야만 했으니까.

그 대신 보안사 우국일 준장이 비밀요정 마당까지 나와 그들을 일일이 안으로 안내했다. 우국일 준장은 전두환 소장으로부터 자신이 도착할 때까지 이들 장군들을 접대하고 있으라는 지시를 받은 터였다. 그러나 그 시각 전두환 소장은 연희동 주택가의 비밀요정이 아닌 삼청동 총리공관으로 향하고 있었다. 보안사 수사 1국장 이학봉 중령 등과 함께 최 대통령을 찾아가고 있는 중이었다. 정승화 총장을 연행하기 위한 재가를 받기 위해서였던 것이다.

그로부터 40여 분 뒤, 한남동 육군참모총장 공관쪽에서 적막을 깨뜨리는 총성이 울렸다. 총장을 연행하러간 우경윤·허삼수 두 대령의 병력과 총장공관의 경비를 전담하고 있는 병력 사이에 벌어진 총격전이다.

원래 한남동에는 육군참모총장 공관만이 아니라 외무장관과 국방장관, 그리고 합참의장, 해군참모총장, 해병대사령관 등 그야말로 공관촌을 이루고 있었다.

따라서 공관촌의 경비는 멀찍이 외곽에서부터 매우 삼엄하게 펼쳐졌다. 그리고 그 경비는 60명의 해병대 병력과 1개 분대 규모의 기동 타격대가 전담하고 있었다.

때문에 경복궁 근처 보안사를 떠난 33헌병대 병력을 실은 선도 헌병 백차와 2대의 버스는 일단 공관촌 정문 입구 근처에서 멈추지 않으면 안 되었다.

우경윤·허삼수 두 대령과 함께 육군 헌병감실 기획과장 성환옥 대령과 육본 헌병대장 이종민 중령, 그리고 4명의 보안사 수사관들이 탄 2대의 검은 승용차만이 공관촌 정문 입구 경비초소 앞까지 전진할 수 있었다.

이윽고 2대의 검은 승용차가 공관촌 정문 입구 경비초소 앞에 다다르자 공관촌의 외곽 경비를 맡고 있던 무장한 해병대원들이 다가섰다. 하지만 공관촌 정문 경비초소의 해병대원들은 그리 경계하지 않았다. 이미 보안사를 출발하면서 허삼수 대령이 정승화 육군참모총장 수행부관인 이재천 소령에게 전화를 해놓은 터였다. 또한 공관촌 정문 경비초소의 경비병들 역시 이미 육군참모총장 공관으로부터 보안사 정보처장이 도착하면 그냥 들여보내도 좋다라는 지시를 받은 뒤였다.

그렇기 때문에 경비초소의 해병대원들은 잠시 신분확인을 한 뒤, 보안사 허삼수 대령과 육본 범죄수사단장 우경윤 대령 등이 타고 있는 2대의 검은 승용차를 아무 의심도 없이 그대로 통과시켰다.

그와 같이 외곽 경비초소를 무사히 통과한 2대의 검은 승용차는 어둑어둑한 포장길을 미끄러지듯 너 달려가 이번에는 육군참모총장 공관의 경비초소 앞에 도착했다.

그러나 육군참모총장 공관의 경비초소 경비병들 역시 잠시 신분 확인을 한 뒤 그대로 들여보냈다. 2대의 검은 승용차 가운데 우경윤·허삼수 두 대령과 함께 보안사 수사관 2명이 탄 선도 차량이 먼저 총장공관 안으로 성큼 들어섰다.

승용차는 곧 공관 현관 앞에 멈추어 섰다. 공관 현관에는 정문에서 도착 연락을 받고 뛰어나온 공관 당번병 김영진 병장이 대기하고 서 있었다.

김 병장은 검은 승용차에서 내린 우경윤·허삼수 두 대령을 응접실 안으로 정중히 안내했다. 2명의 보안사 수사관들은 현관 옆 부관실 안으로 들어갔다.

거의 같은 시각, 공관 정문 앞에 멈춰서 있는 또 한 대의 검은 승용차 안에서 4명의 장교가 내려섰다. 육군 헌병감실 기획과장 성환옥 대령과 육본 헌병대장 이종민 중령, 그리고 나머지 보안사 수사관 2명이 그들이었다.

그들은 승용차에서 내려선 뒤 공관 정문 경비초소 안으로 들어갔다. 경비초소 경비병들은 그들의 접근을 조금도 경계하지 않았다. 오히려 자신들의 직속 상관인 육본 헌병대장 이종민 중령과 장교들에게 일제히 부동자세를 취하며 경례까지 하였던 것이다.

한데 그 다음 순간 정말이지 이해할 수 없는 상황이 벌어졌다. 육본 헌병대장 이종민 중령과 육군 헌병감실 기획과장 성환옥 대령을 뒤따라 들어오던 보안사 수사관 2명이 경비병들을 향하여 잽싸게 권총을 뽑아든 것이었다.

2명의 보안사 수사관들은 일거에 분위기를 제압하며 경비초소 경비병들을 위협했다. 더구나 이해할 수 없었던 것은 자신들의 직속 상관인 육본 헌병대장 이종민 중령마저 경비초소 경비병들에게 보안사 수사관들의 요구에 순순히 응하라는 제스처를 하는 것이었다. 그쯤 되자 경비초소 경비병들은 어떻게 저항해볼 의사조차 완전히 상실하고 말았다. 보안사 수사관들이 M16 소총을 빼앗아 자신들의 무장을 해제시킬 때까지 꼼짝도 할 수 없었던 것이다.

무장을 해제시킨 보안사 수사관들은 경비초소 경비병들을 내무반 안으로 몰아넣은 뒤 모두 엎드리도록 명령했다. 그런 다음 경비초소 경비병들로부터 빼앗은 M16 소총을 들고서 그들을 감시했다. 그야말로 그 모든 것이 눈 깜짝할 사이에 진행되었다. 상당한 사전 훈련이 있지 않고서는 불가능한 일이었다.

한편 한남동 공관촌 외곽의 정문 입구 근처에 머물고 있던 2대의 버스가 다시금 움직이기 시작했다. 우경윤·허삼수 두 대령 등이 탄 검은 승용차가 공관촌 정문 입구 경비초소를 통과한 지 정확히 10분 뒤였다. 1개 중대 병력의 육군 헌병대 병력을 실은 2대의 버스는 공관촌 정문 입구 경비초소를 향하여 미끄러져 갔다.

공관촌 정문 경비초소 경비병들이 버스를 정지시켰다. 버스가 멎자 경비초소 경비병들이 다가가 선도 헌병 백차에 타고 있는 33헌병대장 최석립 중령에게 물었다.

33헌병대장 최석립 중령은 육군 참모총장 공관의 경비병력이라고 둘러댔다.

"계엄 상황이기 때문에 총장공관 경비를 강화하라는 상부의 지시다."

"그럼, 잠시만 기다려주십시오. 확인해야만 합니다."

공관 경비병이 경비초소 안으로 들어가 경비전화를 집어들었다. 그러나 다음 순간 버스에서 내린 33헌병대원들이 경비초소 안으로 우르르 뛰어들면서 움직이면 쏘겠다고 소리쳤다.

33헌병대원들은 경비초소 경비병들을 간단히 제압한 다음 무장을 해제시켜 버렸다. 경비전화를 빤히 바라보면서도 어떤 연락도 취할 수 없었다.

그것으로 공관촌 외곽 정문 입구는 33헌병대 수중에 들어가고 말았다. 육군 참모총장 공관에서 미처 눈치채기도 전에 감쪽같이 해치워진 상황이었다.

그럴 시각, 우경윤·허삼수 두 대령을 따라 육군 참모총장 공관 안으로 들어갔던 2명의 보안사 수사관들은 현관 옆 부관실로 들어갔다.

부관실에는 공관 관리장교 반일부 준위가 있었다. 반 준위는 두 수사관에게 자리를 권했다.

한데 뒤늦게 밖에서 들어온 총장공관 경비대장 김인선 대위는 잔뜩 신경이 곤두 서 있었다. 경비대장인 자신도 알지 못하는 검은 승용차가 공관 현관 앞에 서 있는가 하면, 낯선 두 수사관이 부관실에 앉아 있다는 것이 영 마땅치 않은 기색이었다.

그럴 때 참모총장 정승화 대장은 공관 2층 거실에 있었다. 부인과 함께 막 외출을 하려던 참이었다. 마침 이날 장군으로 진급이 확정된 처남 신대진 대령의 진급 소식을 장모에게 전할 생각이었던 것이다.

한데 인터폰이 울렸다. 수행부관 이재천 소령이었다. 육본 범죄수사단장과 보안사 정보처장이 급히 보고드릴 것이 있다고 찾아왔다는 것이다.

참모총장 정 대장은 별 대수롭지 않게 생각했다. 오후 6시 육본 집무실에서 퇴근할 때까지만 하여도 별다른 보고가 없었기 때문에 가벼운 기분으로 1층 응접실로 내려가 두 대령과 마주앉았다.

의례적인 인사말이 오갔고, 허삼수 대령이 본론을 얘기하기 시작했다. 중앙정보부장 김재규에 대한 조사가 진행중인데 총장이 직접 증언할 것이 있다며 동행을 요구한 것이다.

참모총장 정 대장은 발끈했다. 최 대통령이 계엄사령관인 자신을 데려가도 좋다는 승인이라도 했느냐고 버럭 언성을 높였고, 우경윤·허삼수 대령도 물러나지 않았다.

참모총장 정 대장은 자신이 직접 최 대통령에게 전화를 걸어 확인해보겠다고 했다. 수행부관 이재천 소령을 불러 총리공관이나 국방장관에게 전화를 연결하라고 지시했다.

수행부관 이재천 소령은 즉시 부관실로 돌아가 경비 전화기를 집어들었다. 이때 부관실 안에는 공관 경비대장 김인선 대위와 함께 초대받지 않은 손님인 2명의 보안사 수사관들이 그 어떤 순간을 기다리면서 잔뜩 신경을 곤두세우고 있었다.

한데 총장 수행부관 이재천 소령이 다시 돌아와 경비 전화기를 집어드는 순간, 그 때까지 침묵을 지키고 있던 보안사 수사관 2명이 자리에서 재빨리 일어나며 부관실 출입문을 가로막고 섰다.

그럴 때 응접실 쪽에서 다시 고성이 들렸다. 참모총장 정 대장의 고함소리였다. 그러자 공관 경비대장 김인선 대위가 권총을 뽑아들었다. 거의 자동적으로 보안사 수사관들도 재깍 권총을 뽑아들었다.

하지만 공관 경비대장 김인선 대위는 조금도 굴하지 않았다. 부관실 출입문을 가로막고 선 그들을 밀치고서 뛰어나가려고 했고, 보안사 수사관들은 그를 막으려 실랑이가 벌어졌다.

그러나 그들의 실랑이는 수행부관 이재천 소령에 의해 깨어졌다. 그가 경비 전화기를 집어들고 어딘가로 막 통화를 시도할 무렵, 부관실 안에서 강렬한 총성이 연이어 울렸다.

수행부관 이재천 소령이 총탄을 맞고 쓰러졌다. 공관 경비대장 김인선 대위마저 보안사 수사관들이 쏜 총탄에 바닥을 나뒹굴었다.

그보다 조금 앞서 우경윤·허삼수 두 대령은 참모총장 정 대장의 좌우 팔을 각자 끼며 압박했다. 순순히 걸어나가지 않으면 힘으로라도 밀어붙일 태세였다.

그럴 때 공관 관리장교 반일부 준위와 김영진 병장이 응접실 안으로 뛰어 들어왔다. 무장을 하지 않은 둘은 두 대령으로부터 총장을 떼어놓으려고 안간힘을 다했다.

한데 부관실 쪽에서 들려오는 총성을 듣는 순간 둘은 도저히 자신들의 힘만으로는 사태를 해결할 수 없다고 판단했다. 공관 관리장교 반일부 준위는 어둠 속에 몸을 숨기며 마구 뛰었다. 보안사 수사관들의 추격을 받으며 해병대 막사와 경계를 이루고 있는 높다란 담장을 단숨에 뛰어올라 넘었다.

그리곤 해병대 막사까지 한달음에 뛰어가 공관촌 외곽 경비대장 황인주 소령에게 총장납치 사실을 전하면서 도움을 요청했다. 그러나 그때는 이미 최석립 중령이 이끄는 33헌병대원들에게 경비초소를 점거당한 뒤였다.

그러나 공관 응접실 안에서는 그때까지도 가자고 윽박지르는 우경윤·허삼수 두 대령과 가지 않겠다고 버티는 참모총장 정 대장 사이에 실랑이가 계속되고 있었다. 그러다 바깥에서 총성이 끊이지 아니하고 계속해서 들려오자 인명 살상을 막아야 한다는 생각에 참모총장 정 대장이 소리쳤다.

"이게 무슨 짓들이야! 빨리 나가서 당장 사격을 중지시키지 못해!"

 참모총장 정 대장이 계속해서 버티자 마지못해 우경윤 대령이 팔을 풀고 응접실 바깥으로 걸어나갔다. 그때까지도 총성은 계속해서 빗발치고 있었다.

 그 순간 응접실 대형 유리창이 벼락치는 소리와 함께 박살이 났다. 응접실 바깥에서 대기하고 있던 보안사 수사관들이 M16 소총 개머리판으로 응접실의 대형 유리창을 박살내면서 비호처럼 뛰어들었다.

 "다 끝났는데 뭘 꾸물대고 있습니까! 빨리 가시죠!"

 유리창을 박살내면서 뛰어든 보안사 수사관들은 허삼수 대령을 도와 참모총장 정 대장의 어깨를 막무가내로 잡아끌었다. 참모총장 정 대장도 혼자의 힘만으로는 그들을 도저히 당할 수 없게 되자 가서 얘기해 보자고 응접실 바깥으로 밀려나갔다.

 총성은 그제서야 멎는 것 같았다. 공관의 현관 앞에는 허삼수 대령 일행이 타고 온 검은 승용차만이 멈춰서 있을 뿐 별다른 움직임을 찾아볼 수 없었다.

 한데 당장 사격을 중지시키라는 참모총장 정 대장의 고함 소리에 마지못해 응접실 바깥으로 뛰어나갔던 육본 범죄수사단장 우경윤 대령이 부관실 앞에 기다랗게 쓰러져 있었다. 그는 총상을 입은 듯 신음 소리를 가늘게 흘리고 있었다.

 그러나 끌려나오던 참모총장 정 대장도, 끌고 나오던 허삼수 대령과 보안사 수사관들도 부관실 쪽은 보지 못했다. 이미 짙게 깔린 어둠 탓이었는지, 아니면 너무나 숨가쁘게 펼쳐진 긴장 때문에서인지는 몰라도 누구도 그런 우경윤 대령을 목격하지 못한 것 같았다.

 참모총장 정 대장은 공관 현관 앞에 대기시켜둔 검은 승용차 안으로 떠밀려 태워졌다. M16 소총을 든 보안사 수사관들이 참모총장 정 대장을 가운데 끼고 차 뒷좌석에 앉았다. 앞좌석에는 운전을 맡은 또 다른 보안사 수사관과 함께 허삼수 대령이 자리를 잡고 앉았다.

이윽고 차 문이 와락 닫히자 검은 승용차는 그 즉시 어둠 속으로 내달렸다. 초소 경비병 한 명 보이지 않은 공관 정문을 그대로 통과하여 공관촌 입구를 향하여 그야말로 쏜살같이 내닫기 시작했다.

한편 연희동 주택가의 비밀요정에서는 그럴 때 무슨 일이 벌어지고 있었던 것일까? 보안사령관 겸 합동수사본부장인 전두환 소장의 저녁식사 초대를 받고 모여든 특전사령관 정병주 소장과 육본 헌병감 김진기 준장 등과 함께 요정 방안으로 들어서던 수경사령관 장태완 소장은 자신의 휘하에 있는 수경사 헌병단장 조홍 대령을 보고 두 눈을 둥그렇게 떴다.

그러나 그땐 어찌 알 수 있었으랴. 나중에 가서야 밝혀진 사실이지만 이날 밤 조홍 대령이 굳이 그 자리에 와 있었던 것은 자신들의 거사 완료 시각인 저녁 8시 30분까지 특전사령관과 육본 헌병감, 그리고 수경사령관을 그 자리에 붙잡아두라는 전두환의 밀명을 받고 있었다는 것을.

곧 '시버스리갈' 한 잔씩을 스트레이트로 단숨에 들이켰다. 그동안 비상시국 때문에 서로가 너무나 격조했었다는 화기애애한 덕담이 오가며 술잔이 정답게 돌았다. 그러던 저녁 8시 무렵이나 되었을까. 민 마담이라는 비밀요정 주인이 육본헌병감 김진기 준장에게 귓속말로 밖에 전화가 걸려왔다고 전했다.

특전사령관 정병주 소장이나 수경사령관 장태완 소장은 크게 신경 쓰지 않는 얼굴들이었다. 하기는 그 때까지도 하극상이 벌어지고 있다는 사실을 상상도 할 수 없었을 테니까.

잠시 후 육본헌병감 김진기 준장이 전화를 받고 돌아왔다. 한데 그의 얼굴이 여간 심각한 게 아니었다. 그러면서 한다는 소리가 참모총장 공관에서 총격 소리가 들렸다고 하는데 무슨 일이 생긴 것 같다고 말하는 것이었다.

수경사령관 장태완 소장은 즉시 수경사령부로 향하면서 무전호출로 부대 상황실을 연결시켰다. 사령부에 도착하기 전이라도 무언가 조치를 취하지 않으면 안 될 것 같은 조바심에 우선 경장갑차 1대와 헌병특공대 1개 소대를 총장공관으로 보내서 현지 상황을 파악케 하고, 긴급 사태에 대처하도록 전 예하 부대에 비상을 발령하여 모든 지휘관과 참모들을 상황실에 다 집합시키라고 작전 지시를 내렸다.

이처럼 연희동 주택가의 비밀요정으로 초대받았던 장군들이 서둘러 자기 부대로 돌아가고 있을 즈음, 경복궁 근처 수경사 30경비단장실에 모여 앉은 군수차관보 유학성 중장, 수도군단장 차규헌 중장, 1군단장 황영시 중장, 9사단장 노태우 소장, 20사단장 박준병 소장, 71방위사단장 백운택 준장, 1공수여단장 박희도 준장, 3공수여단장 최세창 준장, 5공수여단장 장기오 준장, 그리고 수경사 30경비단장 장세동 대령과 33경비단장 김진영 대령 등 이른바 12·12 군사쿠데타 주역들은 초조한 마음으로 보안사령관 겸 합동수사본부장인 전두환 소장을 기다리고 있었다.

최 대통령, 결재 못한다 10시간 버텨

그럼 과연 합동수사본부 이학봉 중령과 함께 삼청동 총리 공관으로 향한 전두환은 최규하 대통령으로부터 계엄사령관 겸 육군참모총장 정승화 대장을 연행 조사할 수 있게 하는 재가를 받아낸 것일까?

"그런 사항이라면 합동수사본부장이 나에게 직접 보고할 사항이 아니니까 국방장관을 통해서 보고하는 것이 좋겠소."

육척 거구의 최 대통령은 분명한 태도를 보였다. 애시당초 쉽사리 재가를 받아낼 수 있으리라고 생각했던 전두환은 예기치 못한 최 대통령의 꼿꼿한 자세에 일순 당황했다.

전두환은 여러 가지 설명을 늘어놓으면서 최 대통령의 정치적 결단을 간곡히 촉구했다. 어떻게든 최 대통령의 재가를 반드시 받아내야만 했던 것이다.

한데도 최 대통령은 바위처럼 꿈쩍도 하지 않는 것이었다. 전두환의 끈질긴 설득에도 아랑곳하지 않고 그러한 문제라면 국방장관을 통해서 정상적인 보고가 이루어져야 한다는 처음의 입장만을 고수했다.

결국 전두환은 최 대통령으로부터 재가를 받아내지 못한 채 총리공관을 물러나와 경복궁 근처 수경사 30경비단으로 돌아오고 말았다. 말할 것도 없이 그를 추종하는 장군들은 가는 한숨을 깨물었다. 자칫하다간 자신들이 계획한 군사쿠데타를 성공시키지 못할 수도 있는 심각한 상황이었던 것이다.

곧바로 대책회의가 열렸다. 아니 이것저것 생각할 겨를이 없었다. 다시금 전두환을 비롯하여 군수차관보 유 중장, 수도군단장 차 중장, 1군단장 황 중장, 71방위사단장 백 준장, 1공수여단장 박 준장 등 6명이 함께 올라가서 최 대통령께 재가를 요구하기로 의견을 모은 뒤 2대의 승용차에 나누어 타고서 총리공관으로 향했다.

그 시각 수경사 장태완 소장은 필동에 있는 수경사령부에 막 도착하고 있었다. 그러나 상황실에 대기하고 있는 예하 부대의 지휘관은 반공포병단장 황동환 대령 혼자뿐, 당장 동원 가능한 병력이라야 행정병 등 고작 1백여 명 남짓이었다.

서둘러 여기저기 병력 지원도 요청해 보았으나 결국 그 역시 성사되지 않았다. 이제까지 전개된 상황으로 미루어볼 때 전두환 소장의 합수부측은 5·16 쿠데타보다도 훨씬 오랜 기간 그리고 매우 치밀하게 준비한 끝에 기습을 해온 것이라며, 따라서 이제 저들에게 저항해 봐야 아군끼리 서로 희생자가 더 늘어날 따름이라는 얘기만 돌아왔다.

하지만 장태완 소장은 12·12 사태 진압의 소신을 굽히지 않았다. 그는 최후의 돌격 밖에 다른 방법이 없다고 생각했다. 그러나 그는 끝내 그마저 포기하지 않으면 안 되었다. 자신을 사살하라는 무전이 계속해서 들어오고 있다는 비서실장 김수탁 중령의 건의를 받아들일 수밖에는 없었던 것이다.

그리고 그는 다른 대책을 세우기 위해 자신의 집무실로 돌아왔을 때 매우 충격적인 소식을 접하게 된다. 전두환 소장의 신군부 세력인 1공수여단의 병력이 마침내 무력으로 국방부와 육군본부를 유혈 점령하고야 말았다는 비보였다.

이제 신군부는 12·12 사태 성공의 마침표를 찍기 위한 오직 한 가지를 남겨두고 있었다. 계엄사령관 겸 육군참모총장 정승화 대장을 연행해도 좋다라는 최 대통령의 재가만을 남겨놓게 된 것이다.

그리고 그것을 위한 대책회의 끝에 전두환은 자신을 추종하는 6명의 장군들과 함께 이날 밤 최 대통령을 다시 찾아간 것이다. 최 대통령의 표정이 좋을 리 만무했다.

한 사람 한 사람의 소개가 끝나자 가장 선임자인 군수차관보 유 중장이 먼저 입을 열었다. 재가가 되지 않는다면 군의 지휘체계가 무너진다, 수도권의 다른 지휘관들 역시 같은 의견이니 재가해 달라고 최 대통령을 압박했다.

그러나 최 대통령은 완고했다. 전투복 차림을 한 장군들의 압박에도 국방장관의 의견과 사건 경위를 다 들어본 뒤 자신이 판단해서 결재를 할 것이라며 의연하게 버티었다.

그렇게 되자 달리 방법이 없다고 생각한 합수부측 장군들은 백방으로 노재현 국방장관을 찾았다. 그러나 이날 밤 국방장관의 소재는 합수부측의 노력 말고도, 육군본부 B2 벙커에서 참모차장 윤석민 중장이나 또한 수경사령관 장태완 소장이 그토록 찾았음에도 양쪽 모두에게 좀처럼 연락이 닿지 않고 있었다.

그렇다면 이날 밤 노재현 국방장관은 과연 어떤 행적을 보였던 것일까? 그는 같은 한남동 공관촌의 육군참모총장 공관에서 난데없는 총성이 들리자 직감적으로 위험을 느꼈다. 그리하여 가족과 함께 공관의 담장을 넘어 단국대학교 체육관으로 피신해 있다가 합참본부 이경률 소장의 아파트에 가족을 내려놓은 뒤, 밤 10시 무렵에야 국방차관 김용휴에게 전화를 걸어 상황을 파악하고서 국방부로 향했다. 이미 계엄사령관 겸 육군참모총장 정승화 대장이 강제 연행되어 간 지 물경 3시간이나 지나서였다.

그는 그제서야 총리공관으로 전화를 걸었다. 최 대통령은 삼청동 공관으로 즉시 들어와 설명을 좀 하라는 부름을 내렸다.

하지만 이번에는 국방부 수뇌들이 제동을 걸었다. 총리공관으로 갔다가는 전두환 소장의 합수부측 입장을 받아들이는 꼴이 되고 만다는 것이었다. 결국 그는 국방부 수뇌들의 의견에 따라 총리공관으로 가는 대신 합수부측이 보낸 공수부대를 피해 지하 벙커로 자리를 옮겨갔다.

그러나 대세는 이미 돌이킬 수 없을 만큼 전두환의 신군부 세력으로 기울어진 상태였다. 합수부측 노태우 소장의 제9사단과 이상규 준장의 제2 기갑연대가 서울 시내로 진입하기 시작했다는 보고가 날아든데 이어, 역시 동조 세력인 박준병 소장의 제20사단과 박희모 소장의 제30사단이 태능과 고려대 뒷산에, 또한 특전사령부 소속 일부 부대와 수경사령부 소속 일부 부대가 서울 주위에서 움직이고 있는가 하면, 거기에다 박희도 준장의 1공수여단이 국방부와 육군본부를 향하고 있으며, 최세창 준장의 3공수여단과 장기오 준장의 5공수여단이 장충단공원 일대에, 그리고 장세동 대령의 30경비단과 김진영 대령의 33경비단 및 조홍 대령의 헌병단 등 3개 경비단이 경복궁에 집결하고 있다는 보고가 잇따랐다.

이윽고 합수부측 리더인 전두환 소장을 비롯한 그의 측근들과 노 국방장관 사이에 전화통화가 이루어졌다. 전화통화는 곁에 있는 사람들의 귀에도 통화 내용이 들릴 정도로 이쪽이나 저쪽이나 가릴 것 없이 몹시 격앙되어 갔다.

그럴 때 12·12 사태 주동자 가운데 누군가가 노 국방장관에게 소리쳤다. 입 닥치고 자신들 얘기나 잘 들으라고 일갈한 뒤, 계엄사령관 겸 육군참모총장 정승화 대장의 체포 동의서에 서명할 것을 요구했다. 그런 다음 정 대장의 계엄사령관과 육군참모총장 직에서 물러나게 하고, 그 자리에 자신들이 천거한 중앙정보부장 서리 이희성 중장을 임명할 것을 요구했다.

또한 그들은 최후 통첩으로 제3군사령관 이건영 중장과 특전사령관 정병주 소장을 해임할 것도 요구했다. 끝으로 그들은 노 국방장관에게 당장 삼청동 총리공관으로 들어올 것을 요구했다.

그러나 국방부 수뇌들은 노 국방장관이 총리공관으로 가서는 안 된다고 여전히 만류했다. 안전이 보장되는 이곳에 머물러 있어야만 나머지 한국군이나 경찰병력의 연락이 가능할 것이라고 붙잡았다.

그러나 새벽 3시 무렵, 박희도 준장의 제1공수여단에 의해 국방부와 육군본부가 유혈 점령당하고 말았다. 노 국방장관 또한 새벽 4시 무렵 지하 벙커에 숨어 있다 공수부대원들의 눈에 띄어 장관실로 돌아가야 했다. 장관실로 돌아가자 국무총리 신현확과 중앙정보부장 서리 이희성 중장이 최 대통령이 기다린다며 노 국방장관을 재촉했다.

결국 새벽 4시 30분경, 노 국방장관은 보안사에서 전두환 소장이 내미는 박 대통령 시해사건에 관련된 계엄사령관 겸 육군참모총장 정승화 대장을 합수부가 연행하여 조사할 수 있게 해달라는 결재에 응하지 않으면 안 되었다.

그리고 새벽 4시 40분경, 노 국방장관은 전두환 소장과 함께 삼청동 총리공관으로 출발했다. 노 국방장관이 최 대통령에게 보고하는 자리에는 국무총리 신현확과 대통령 비서실장 최광수가 배석했다. 보안사령관 겸 합수본부장 전두환 소장은 접견실 밖에서 기다려야 했다.

최 대통령은 거두절미하고서 정 대장 연행에 관해서 노 국방장관에게 물었고, 노 국방장관은 결재를 하시는 것이 좋겠다고 답변했다.
"그럼 그렇게 합시다."

최 대통령은 노 국방장관의 답변이 그렇게 나오자 힘없이 눈길을 거두며 결재를 재가했다. 전두환 소장이 두 차례나 찾아와서 압박했으나 끝내 결재를 하지 않고 버틴 지 실로 10여 시간 만이었다. 한국 현대사의 흐름을 일거에 뒤바꿔버린 전두환의 신군부 12·12 사태는 그렇게 시작된 것이었다.

그리고 그러한 12·12사태는 10·26 박 대통령 저격사건 이후 살얼음을 걷던 정(최규하 대통령)·당(김종필 총재)·군(정승화 계엄사령관) 삼각 구도의 균형을 여지없이 깨뜨리고 말면서, 그해 겨울 머지않아 불어올 '서울의 봄'을 기다리고 있던 국민들 앞에 낯설은 모습의 전두환 소장이 역사의 전면으로 나서게 된다.

그리고 그와 그의 추종 세력들에 의해서 정·당·군의 권력 장악이 빠르게 재편되어 나가면서, 또한 그런 재편 과정 속에서 우리나라 역사상 일찍이 그 유례를 찾아보기 어려운 5·17 계엄확대 조치, 김대중 내란음모 사건, 5·18 광주민주항쟁 유혈진압, 언론탄압, 삼청교육대, 10·27 법난, 강제징집과 녹화사업, KAL기 실종, 부천서 성고문 사건과 '땡전 뉴스' 등 일련의 강경조치로 이어지는 질곡의 제5공화국 시대가 열리기 시작하는 것이다.

12·12 경복궁 멤버 '6인특위' 구성

12·12 사태를 성공시킨 경복궁 멤버들은 즉각 특별위원회를 구성했다. 유학성·황영시·차규헌 중장과 전두환·노태우 등 5명과 13일 아침에야 합류한 김윤호(金潤鎬) 소장이었다.

물론 이 '6인 특별위원회'는 정식 명칭이 없는 그들만의 임의 기구였으나, 12·12 사태의 핵심 주도 세력들로 구성된 일종의 군사평의회와 같은 성격을 띠고 있었음에는 틀림이 없다.

한데 광주 보병학교 교장이던 김윤호 소장이 이 위원회에 참여하게 된 것은 황영시 중장의 추천에 의해서였다. 두 사람은 육사 10기 동기생으로 만나 의형제를 맺었는데, 4살이 적은 김 소장이 황 중장을 형님으로 깍듯이 모시는 사이였다.

그러나 그보다는 김 소장이 영어에 능통하다는 점에서 뒤늦게 합류했을 가능성이 더 많다. 그는 한때 주미공사를 역임한 바 있는데, 군 내부에서는 친미파로 불리울 만큼 미국 내에 지인이 많았다. 말하자면 신군부측으로선 미국측을 설득하고 이해시키는데 김 소장의 역할이 필요했던 것이다.

그런 때문이었을까. 두 사람과 전두환 소장은 이미 12월 초에 만나 군부의 대대적인 인사 개편에 관해 의견을 나눈 적이 있는데, 이것은 12·12 사태의 중요한 배경이 되었음은 물론이다.

아무튼 김 소장이 황 중장으로부터 급히 상경하라는 전화를 받은 것은 12일 밤 11시경이었다. 황 중장은 서울에 급한 상황이 벌어졌다고만 말할 뿐 더 이상 자세한 내용은 설명하지 하지 않았다. 그러나 김 소장은 사태를 어느 정도 직감할 수 있었다.

김 소장이 지프를 타고 서울에 도착한 시각은 새벽 6시경. 육군본부로 직행하여 육사 동기생인 채항석 교육참모부장 방에 들러 상황 돌아가는 것을 물었으나 보안사에서 일을 저지른 것 같은데 자세한 내용은 모르겠다고 했다.

김 소장은 참모총장실로 향했다. 그곳에는 이미 이희성 총장이 새로 부임하여 회의를 주재하고 있었다.

총장실의 분위기를 대강 살핀 김 소장은 보안사령부로 향했다. 보안사령관실에는 예의 유학성·차규헌·황영시·전두환·노태우 장군 등이 모여 있었다.

이들은 13일 새벽 마침내 최 대통령으로부터 계엄사령관 겸 육군참모총장 정승화 대장의 연행 조사에 대한 재가를 받아냄으로써 성공을 확인하자, 가장 먼저 군 내부 수습부터 들어갔다. 보안사령관실에 모인 이들 6인은 각자 역할을 분담하여, 사단장급 이상의 각 지휘관들에게 일일이 전화를 걸었다. 전화를 걸어 더 이상 문제가 없으니 동요하지 말고 정상적으로 근무하라고 지시했다.

이어 이들은 윤자중 공군참모총장, 김종곤 해군참모총장, 김정호 해병대사령관 등을 보안사령부로 불렀다. 보안사령부로 불러 상황을 설명하는 한편, 각 군의 수습 및 조기 안정에 대한 협조를 구했다.

다음날인 13일 오후에 접어들자 본격적으로 군부의 인사개편 논의에 들어갔다. 관심사였던 육군참모총장의 자리는 이미 체포된 정승화 대장 대신 육군참모차장인 이희성 중장으로 전격 교체됐다.

그러나 합수부측이 12·12 사태를 일으키기 이전부터 정 총장 후임으로 참모차장 이희성 중장을 낙점하고 있었던 것은 아닌 것 같다. 이 차장이 성격이 깐깐한데다 평소 '하나회' 장교들에게 호의적이지 않아 전두환 등과도 사이가 그리 좋은 편은 아니었다. 그러한 그가 전격적으로 참모총장에 기용될 수 있었던 것은 12일 밤 그가 중립적인 태도를 취했기 때문이라는 설이 유력하다.

이 차장은 12일 저녁 시내에서 동기생들과 함께 식사 모임을 갖고 있었다. 그러다 급보를 받고 남산의 중앙정보부 사무실로 돌아가 사태를 파악한 뒤에는 아군끼리 유혈충돌이 있어서는 안 된다며 양측에 병력 출동 자제를 요구하는 입장을 취했다. 결과적으로 이 차장의 이러한 자세는 합수부측에 유리하도록 작용하여 쿠데타 세력이 대세를 장악하는데 보이지 않는 일조를 하였다는 것이다.

주영복 국방장관의 기용도 예기치 않은 인사였다. 원래 최 대통령이 13일자로 단행할 개각 명단에는 노재현 국방장관이 그대로 유임하는 것으로 되어 있었다.

그러나 12일 밤 상황이 벌어졌을 때 노 국방장관이 보여준 그의 처신은 육군본부에서는 말할 것도 없거니와 합수부에서조차 심한 반발을 일으켰다. 말하자면 이쪽도 저쪽도 다같이 실망시키기에 충분했던 것이다.

이와 달리 주영복 국방장관의 기용은 전두환 보안사령관이 적극 추천한 것으로 알려지고 있다. 두 사람은 이미 오래 전부터 개인적으로 잘 아는 사이로, 두 사람의 부인끼리도 친하여 왕래가 잦았다는 것이다. 주영복은 공군참모총장에서 예편한 뒤에도 전두환과 자주 접촉을 가졌으며, 10·26 사건 이후에 보안사령부를 여러 차례 방문한 일이 있었다고 한다.

그렇더라도 전두환이 그를 국방장관으로 기용한 데에는 그러한 친분만이 전부였던 건 아닌 게 분명해 보인다. 퇴역한 전 공군참모총장을 그러한 요직으로 적극 추천한 데에는 군부를 개편해 나가는 과정에서 자칫 육군 출신의 선배를 장관으로 앉힐 경우 껄끄러울 수도 있다는 판단도 적잖이 작용했을 것으로 보인다.

실제로 신임 주 국방방관은 이후 전두환 쿠데타 세력이 정치 전면에 나서는 것에 대해 아무런 제동도 걸지 않았다. 아니 오히려 그들을 충실히 뒷받침하는 역할을 담당했던 것이다.

어쨌거나 이들 '6인 특별위원회'는 12·12 다음날부터 사흘 동안 보안사령관실 옆 회의실에서 거의 숙식을 함께 하며 군 지휘부 개편 문제를 요리했다. '6인 특위'가 인사안을 만들면 선임자인 유학성 중장이 이희성 새 총장에게 가지고 가서 협의하는 절차를 거쳤다.

그렇게 13일 새벽 합수부측에 체포된 수경사령관 장태완 소장은 9사단장 노태우 소장으로, 특전사령관 정병주 소장은 대구에서 올라온 50사단장 정호용(鄭鎬溶) 소장으로, 3군사령관 이건영 중장은 군수차관보 유학성 중장으로 각각 임명했다. 또한 13일자로 보직이 해임된 1군사령관 김학원 중장은 참모차장 윤석민 중장으로, 2군사령관 진종채 중장 역시 수도군단장 차규헌 중장으로 교체됐다.

한데 유학성 중장이 이희성 총장과 협의하는 과정에서 진 2군사령관은 그만 유임시키는 쪽으로 선회했다. 그 바람에 차규헌 중장은 적절한 보직을 차지하지 못한 채 비교적 한직이랄 수 있는 육사 교장으로 밀리게 되었다.

그리고 그러한 과정 속에서 웃지 못할 이런 에피소드도 전한다. 군 개편을 놓고 황영시 중장·전두환 소장·김윤호 소장은 사전에 의견을 교환한 적이 있어서였는지 어느 정도 공감대를 이루고 있었으나, 하지만 유학성 중장·노태우 소장과는 인선 문제를 놓고 상당한 의견 차이를 보였다.

더구나 유학성 중장이 이희성 총장에게 인사안을 가지고 가서 협의하는 과정에서 처음에 의도했던 것과는 많이 달라진 결과가 나오기도 하였다. 그래서 서로의 의견이 분분해지자 한번은 황영시 중장이 12월 초에 작성한 초안을 내보이면서 원래의 군 개혁 취지를 설명했다. 한데 그 초안에 작성되어 있는 유학성(兪學聖) 중장의 성씨가 유(柳)자로 잘못 적혀 있었다. 유 중장이 그걸 보자 버럭 화부터 냈다.

"어떤 자식이 내 이름을 잘못 썼어?"

그러자 곁에 있던 김윤호 소장이 자신이 작성한 것인데 경황 중에 잘못되었다며 정중히 용서를 구했다. 하지만 유 중장은 분을 삭이지 못한 채 김 소장을 보고 다그쳤다.

"김윤호 너, 여차직하면 나도 잡아넣을 놈이구나."

그러한 분위기는 다음 군단장급 인선에서도 예외 없이 의견 충돌로 나타났다. 그리하여 수도군단장에는 종합행정학교 교장인 소준열 소장과 육본 감찰감 권익현 소장 등의 이름이 거명되었으나, 갑론을박 끝에 결국에는 박노영 합참 정보국장이 발탁됐다. 황영시 1군단장은 참모차장으로, 그 뒤를 이어 후임 1군단장에는 김윤호 소장이 자리를 옮겨 앉게 되었다.

신군부 세력의 '별들의 잔치'

12·12 사태로 군권을 장악한 전두환 세력은 가장 먼저 세 가지 일에 착수했다. 12·12 사태의 반대편에 서 있던 장군들은 물론 김재규나 정승화 라인으로 분류된 장군들을 추려내어 군복을 벗게 하는 대대적인 물갈이 작업에 들어간 가운데, 군의 핵심 요직을 자신들의 세력으로 발빠르게 채워나가는 것이었다. 창군 이래 그 유례를 찾아볼 수 없는 별들의 대학살이라 아니할 수 없었다.

말할 것도 없이 이 별들의 대학살을 주도한 곳은 12·12 사태를 성공시킨 경복궁 멤버로 구성된 6인 특별위원회와 보안사였다.

그리하여 12·12 당일부터 이듬해 12월 31일까지 한 해 동안에 군복을 벗은 육군의 장군들만 무려 96명을 헤아렸다. 물론 이 숫자 속에는 전두환·유학성·권정달·허삼수·허화평·이학봉과 같이 새로 출범하는 제5공화국의 국정에 참여하기 위해서 스스로 전역한 경우와 정년예편 등이 포함되어 있다고는 하나, 대부분은 6인 특별위원회에서 내린 일방적인 결정에 의해 군문을 떠나지 않으면 안 되었던 장군들이 다수를 차지하고 있었다.

이들 장군들은 1월 31일 육군회관에서 합동으로 전역식이 열렸다. 전역하는 이들 장군들에게는 1계급씩 올린 보국훈장을 수여하고, 남은 정년 기간 1년에 5백만원 정도씩 계산된 위로금이 지급되었을 따름이다. 원래 장군들은 자신이 근무한 부대 중 가장 사연이 많았던 부대에서 전역식을 갖는 게 관례였지만 이들에게는 그마저 허용이 되지 않았다.

육군회관에서 합동으로 전역식을 마친 장군들은 이희성 총장의 안내로 주영복 국방장관실로 올라가 신고를 했다. 주 국방장관은 아무런 말도 하지 않았다. 납덩이처럼 무거운 분위기 속에서 그저 손을 내밀어 악수를 나누는 것만으로 신고를 마친 것이다.

이날 합동으로 전역한 장군들은 대부분 6·25 전쟁에서 치열한 전투를 치르며 최후까지 살아남은 자들이었다. 때문에 그처럼 하루 아침에 군문을 떠나야 했던 그들로서는 너무도 허망하기 짝이 없는 노릇이었다.

그러나 이들처럼 합동으로 전역한 장군과는 달리 조건부 진급 방식을 통해 군문을 떠나야 했던 장군들도 여럿이었다. 예컨대 계급 정년과는 상관없이 2년 정도 근무한 뒤 전역한다는 조건을 달아 진급을 시키는 방식이었다.

12·12 당시 육본 인사참모부장 천주원 소장, 군수참모부장 송종훈 소장, 동원참모부장 정형택 소장 등이 그런 경우였다. 이들은 각기 별을 하나씩 더 달아 중장으로 진급한 뒤 한직으로 밀려나 있다가 '81년에 모두 전역하여 군문을 떠나야 했던 것이다.

이와 같이 '80년 1월을 기해 반대 추종 장군들을 대대적으로 물갈이한 이후에도 전두환 소장을 비롯한 12·12사태의 핵심 세력은 군부 내 장군들의 동정을 면밀히 감시하는데 긴장을 늦추지 않았다. 그리하여 공사석에서 12·12 사태에 비판적인 견해를 밝힌 장군들을 색출하여 예편을 시키거나 보직을 변경하는 등 압박을 가했다.

그 대표적인 예가 김종찬 장군이었다. 1군 지역에서 사단장을 맡고 있던 김종찬 소장은 '80년 7월 사단장에서 보직 해임된 뒤 두 달 뒤인 9월 30일자로 예편했다.

그는 정승화 장군이 1군 참모장과 육사교장 시절 그 휘하에서 참모를 했었다. 그러나 그는 정 장군의 전임자에 의해서 그 보직을 맡았기 때문에 정 장군의 덕을 본 것은 아니다. 한데 사석에서 12·12에 대해 비난 발언을 했던 것이 그만 보안사에 의해 체크되고 말았고, 결국 그것이 화근이 되어 군문을 떠나지 않으면 안 되었다.

한편 정승화 장군이나 12·12 사태 때 전두환 소장 세력에 저항했던 장군들의 부관이나 비서실장 등 역시 수난을 피해갈 수는 없었다. 12·12 당시 정승화 총장의 수석부관이었던 황원탁 대령 또한 전역 위기에 처했으나, 그는 주한 미군측의 지원으로 가까스로 예편을 모면할 수 있었다.

정승화 총장의 1군사령관 시절 비서실장을 했던 김광석 대령 역시 마찬가지였다. 그는 육사 17기 선두주자로 장차 육군참모총장감이라는 평판을 널리 얻고 있었으나 그만 12·12 이후 뒤로 한참이나 밀려나고마는 바람에 동기생 가운데 막차로 별을 달아야만 했다.

장태완 수경사령관의 비서실장 김수택 중령, 하소곤 육본 작전참모부장의 보좌관 김광해 중령, 문홍구 합참본부장의 부관 구정회 소령 등도 12·12 이후 보직조차 제대로 받지 못한 채 어렵게 군생활을 하다가 끝내 전역하고 말았다.

김수택 중령 같은 경우에는 12·12 이후 보직을 받지 못한 채 4개월 동안이나 집에서 소일하다가 당시 육본 인사운영감실 보병과장이던 편장원 대령의 도움으로 학군단 교관을 거쳐 '80년 말 전방부대 대대장으로 나가기는 하였으나, 결국 대령 진급을 하지 못한 채 '88년 중령의 계급 정년으로 전역하지 않으면 안 되었다.

김광해 중령 같은 경우에는 12·12 이후 무려 9개월 동안이나 무보직 상태로 지내야 했다. 누가 밑에 두겠다고 선뜻 나서는 지휘관들이 없었기 때문이다. 작전참모부장 보좌관 시절에 아주 잘 알고 지내던 수많은 장군들도 12·12 이후에는 전혀 모른 체했다.

그는 결국 다른 장교들이 가길 기피하는 동해경비사령부 참모로 가서 근무하다가 '82년 7월에 전역했다. 하지만 이때 김광해 중령을 참모로 받아들인 것 때문에 동해경비사령관 김상언 소장은 추궁을 받았다.

구정회 소령의 경우 자신이 모시고 있던 문홍구 합참본부장이 서빙고 보안사 분실에서 조사를 받는 동안에 그 충격으로 쓰러진 문 장군의 부인을 위로하러 다니다가 보안사로부터 조치를 취하겠다는 경고를 받은 끝에 결국 '82년 전역하고 말았다.

전두환 소장을 비롯한 12·12 경복궁 멤버들은 '80년 11월에는 국가보위 입법회의를 통해 군인사법을 개정, 준장은 8년으로, 소장은 7년으로 되어 있던 계급정년을 5년씩으로 단축했으며, 이 개정 인사법을 소급 적용하여 다시 한번 대대적인 장군들의 물갈이를 단행했다. 그로써 전두환 소장을 중심으로 한 12·12 사태 세력은 완벽하게 군을 장악할 수 있었던 것이다.

JP의 공화당의 '새 판짜기' 진통

10·26 박 대통령 저격사건은 당시 집권 여당이었던 공화당에게도 적잖은 충격이었음에 분명하다. 하기는 저격사건 직후 야당인 신민당 의원 66명에 대한 전원의 사퇴서를 반려하면서 발빠르게 국회를 정상 가동시키기 시작하였으나 그러나 그것은 오로지 야당의 몫일 수밖에 없었다.

더구나 전두환 소장을 비롯한 소장파 군부세력에 의해 예기치 않은 12·12 군사쿠데타를 지켜볼 수밖에 없었던 공화당 의원들은 언제까지나 원내에만 머물러 있을 수 없었다.

결국 '79년 12월 24일 공화당 초·재선의 박찬종, 오유방, 남재희, 유경현, 이태섭, 정동성, 홍성우, 윤국노, 김수, 하대돈, 노인환, 이호종, 소인수, 감상석, 김재홍, 변정일, 박용기 등 17명의 의원들이 당총재 김종필에게 5개항에 이르는 건의문을 내놓기에 이르렀다.

당시 언론에서 이들의 집단행동을 두고서 '정풍(整風)운동'이라고 일컬었던, 이들의 결의문 형식의 건의문에는 10·26의 책임을 범여권의 내부 사정으로 돌리면서 자가 숙정을 주장하고 있다. 이들은 그 숙정의 대상으로 권력의 그늘에서 부정부패한 자, 정치를 빙자하여 치부한 자, 도덕적으로 타락한 자, 해바라기성 정치 작태로 국민의 지탄을 받는 자 등 구체적으로 예시했다. 물론 이들의 집단행동 뒤에는 당총재인 김종필의 보이지 않는 입김이 작용했던 것도 사실이다.

국회에서 신민당과의 대치 끝에 새해 예산안이 어렵사리 처리된 12월 초순경이었다. 김 총재는 난관에 빠진 공화당의 진로를 모색하기 위한 자리를 마련했다. 각 상임위원회 별로 국회 귀빈식당에서 조찬간담회를 갖기로 한 것인데, 상임위원장급 고참 의원들은 참석하지 말도록 사전에 양해되어 있었다.

따라서 허심탄회한 발언들이 줄을 이었다. 김 총재의 지도력이 부족하다는 발언에서부터 심지어는 김 총재의 부인에 대한 불평까지 거침없이 쏟아져 나올 정도였다.

그러나 조찬간담회가 연속해서 열리게 되면서 초반 인신공격에 가깝던 발언조차 정리 단계를 거치게 되면서 자연스럽게 몇 가지 공감대를 형성해 나갔다.

그러는 사이 12월 17일에는 제10대 최규하 신임 대통령의 취임축하연이 중앙청에서 있었다. 그 자리에는 정치인들은 물론이고 신군부에 의한 12·12 사태의 주역들인 소장 장성들도 대거 참석했다.

이날 저녁 공화당 소장파 의원들은 마포 가든호텔에서 첫 모임을 가졌다. 나흘 뒤인 21일 대통령 취임식이 끝난 뒤에도 같은 장소에 다시 모였다. 앞서 말한 정풍운동의 5개항에 이르는 건의문은 바로 그러한 모임 속에서 만들어졌다.

그러나 그 건의문에 대한 내부의 이견도 없지는 않았다. 숙정 대상 부분과 관련 대상인들에 대한 공개 여부가 새로운 논쟁거리로 떠오른 것이었다.

　다시 말해 실명이 공개되지 않고서는 그러한 주장이 한낱 종이호랑이에 그치고 말 것이며, 결국에는 용두사미로 끝나고 말 것이라는 우려였다.

　하지만 자기 반성의 계기라는 원래의 취지를 잃지 말아야 한다는 견해가 더 많았다. 따라서 어느 특정인에게 돌을 던질 수는 없다는 조심스런 다수의 견해에 따라 일단 실명은 공개하지 않기로 의견이 모아졌다.

　그러나 그런 내부 단속에도 불구하고 결국 숙정 대상자의 명단은 이런저런 소문을 타고서 외부로 새어나갈 수밖에는 없었다. 노장 의원들에 대한 소장 의원들의 불신이 그만큼 거셌던 탓이기도 하였다.

　김 총재는 일단 이들 소장파 의원들이 제출한 결의문 형식의 건의문을 받아들여 이틀 뒤 대대적인 기구 개편과 아울러 당직 개편에 들어갔다. 먼저 10·26 사건에 대한 책임을 묻는 형식의 조치로 이미 사퇴한 전 박준규 당의장과 함께 신형식 사무총장, 현오봉 원내총무, 구태회 정책위의장 등 당 3역을 교체했다.

　그리고 김영삼 신민당 총재의 의원직 제명에 앞장(?) 선 것으로 되어 있는 서상린 국회법사위원장 역시 물러나게 했다. 그로써 박정희 총재 체제의 간판을 깨끗이 지워냈던 것이다.

　김 총재는 그 상태에서 당을 자신의 체질로 바꾸어 일신해 나갔다. 그동안 형식적인 자리였던 당의장 상담역을 당부의장으로 격상시키면서, 그 자리에 자신과 육사 동기생들인 이병희와 길전식 두 의원을 임명했다.

　또한 소속 의원 모두에게 할 일을 만들어준다는 원칙 아래 전체의원의 간부화를 도입했다. 그리하여 33개 분과위원회를 새로이 만들어서 소속 의원 83명 가운데 김 총재를 비롯하여 이후락과 김진만 두 의원만 평의원으로 남겨두고 80명에게 골고루 간부 자리를 나누어 맡겼다.

그러나 그 같은 일련의 기구 확대와 당직 개편은 소장파 의원들이 결의한 정풍운동 이전부터 이미 구상되어 온 것이었다. 그러한 것을 소장파 의원들의 정풍운동을 빌어 김 총재가 밀어붙였다라는 것이다.

어쨌거나 대대적인 당직 개편 뒤 열린 의원총회에서 김 총재는 소장뿐 아니라 노장도 같은 생각이라며 부작용의 우려가 있으니 앞으로는 정풍운동과 같은 내부 분란은 하지 말 것을 공식 요청했다. 그런 한편으로 당시 소장파 의원들에 의해 정풍의 대상자로 지목받았던 10여 명의 의원들을 따로 조용히 불러 아무 일도 없을 테니 염려 말라고 안심시켰다라는 것이다.

아무튼 찻잔 속의 태풍으로 그치고 말았을지언정 소장파 의원들의 정풍운동으로 말미암아 박정희 총재 체제에서 김종필 총재 체제의 분위기로 바꾸는데는 별 무리 없이 성공을 거두었다고 할 수 있다. 그러나 그러한 과정을 겪으면서 이제 노장 의원들은 소장 의원들의 눈치를 살피게 되었고, 소장 의원들 역시 노장 의원들을 의식할 수밖에 없는 묘한 긴장 관계가 폭넓게 형성되어 갔다.

그리고 그러한 긴장 관계는 결국 중간 노장들의 표적이 되면서 역풍을 불러일으켰고, 급기야는 이후락과 임호 의원에 의해 제2차 정풍운동으로 번져나가기에 이르렀다.

또한 제2차 정풍운동은 앞서 소장파 의원들의 정풍운동과는 그

분위기부터가 달랐다. 우선 김 총재를 향하여 직접 공격을 하고 나선 것이다.

더구나 그러한 직접 공격은 제1차 정풍운동과 같이 결코 찻잔 속의 태풍으로 그칠 것 같지도 않아 10·26 이후 가뜩이나 위축된 채 전두환 소장의 12·12 군사쿠데타를 마냥 지켜볼 수밖에 없었던 공화당으로선 그야말로 거센 폭풍 속으로 휩싸이고 말았다.

그리고 그 첫 시작은 10·26 이후 갖가지 소문을 뒤로 한 채 의문의 해외출장(이 의원은 12·12 군사쿠데타 발발 이틀 전에 스리랑카에서 열린 세계불교신도대회에 참석하기 위해 출국) 길에 올랐던 이후락이 95일만인 '80년 3월 14일 돌연 갑작스럽게 귀국 길에 오르면서부터 불이 붙었다.

하기는 그렇지 않아도 소장파 의원 중심의 제1차 정풍운동 속에는 김 총재에게 유신체제의 한 축이었던 이후락 의원의 제거를 요청해 놓은 터였다. 다시 말해 유신체제의 한 축이었던 김 총재에게 이후락이라고 하는 다른 한 축을 제거해 줄 것을 요청한 형국이었다.

이런 상황에서의 그의 귀국은 필연 전운을 예고하는 것이었다. 김종필과 이후락, 그리고 정풍운동의 거센 폭풍이 공화당을 한바탕 전장으로 내몰아 가고 있었던 것이다.

이윽고 3월 24일 귀국 후 내내 침묵만을 지켜오던 이후락이 먼저 김 총재를 향해 포문을 열었다. 아무런 사전 예고도 없이 남산 공화당사에 불쑥 나타나 기자회견을 자청한 뒤 김 총재로는 안 된다고 선포하고 만 것이다. 그 까닭을 묻는 기자들에게 그는 자신이 바깥에 나가있을 때 자신을 정풍 대상자라고 지목했다던데, 만일 자신이 그 대상자라면 JP 그 사람 역시 당연히 정풍의 타킷이 되어야 하기 때문이다고 내친김에 김 총재의 퇴진을 요구하고 나섰다.

이후락 의원은 그 이유에 대해서 JP는 적법 절차도 거치지 않은 채 총재에 취임한 후 박 대통령의 유업을 계승하기는커녕 오히려 부인하려 드는 바람에 당원들이 우왕좌왕하고 있다고 설명하면서, 김 총재가 박 대통령이 타계하자 멋대로 총재 자리에 앉은 후 소장파 의원들을 부추겨 자신을 제거하려 한다는 것이었다.

이후락 의원의 이런 기자회견에 공화당 안은 그야말로 발칵 뒤집혔다. 그 이튿날 당장에 당무회의와 당기위원회가 열렸다.

김 총재가 사회를 사양하여 이병희 당부의장이 사회를 맡은 당무회의의 분위기는 강경론 일변도였다. 반면에 바로 옆방에서 열린 당기위원회는 온건론이 지배적이었다.

결국 당무회의에서 의결한 이후락 의원의 '제명' 방침을 당기위원회에서 이를 받아들여 한 단계 낮춘 '탈당 권유'로 낙착시켰고, 다시 당무회의는 당기위원회의 의결을 받아들여 김 총재가 그 자리서 즉시 결재를 함으로써 이후락 의원의 제명은 일단락 됐다.

말하자면 박 대통령 사망 이후 JP를 중심으로 대권 고지를 향하여 항진 중인데 이번 기회에 단결된 모습을 국민들 앞에 보여줘야 한다는 대의명분을 어느 누구도 거스르지 못했던 것이다.

그랬다. YS와 DJ, JP의 공화당 역시 다가올 '서울의 봄'을 기다리며 우리 현대사의 분수령으로 기억될 '79년의 한파를 그렇게 통과해 가고 있었다.

제2부

1980년, '서울의 봄'은 왔는가

꽃샘추위로 갈라진 DJ와 YS
DJ, 9년만에 대중 앞에 서다
전두환의 중앙정보부장 겸직
어용교수 퇴진에서 거리투쟁으로
서울역 광장에서의 뼈아픈 회군(回軍)

꽃샘추위로 갈라진 DJ와 YS

마침내 새해가 밝았다. 그 어느 해보다 기대에 부풀어 새해를 맞이한 신민당은 너나 할것 없이 모두가 활기에 넘쳐 있었다.

그러나 세간에 떠도는 소문은 흉흉했으며 정국은 표류하고 있었다. 신군부의 12·12 사태 이후 뒤숭숭한 유언비어가 난무하는 가운데 앞을 내다볼 수 없는 '안개정국'이 계속되고 있었다.

정부 일각에서 이원집정제 구상이 흘러나오는가 하면, 보안사령관 겸 합동수사본부장인 전두환 소장을 중심으로 한 신군부의 움직임도 결코 심상치 않았다. 신군부의 12·12 사태와 최규하 대통령의 아리송한 태도는 정국을 안개 속으로 몰아가고 있었던 것이다. 그런 안개 정국 속에 가장 먼저 신민당 총재 김영삼이 포문을 열고 나섰다. '80년 1월 25일 마포 신민당 당사 4층 강당에서 야심에 찬 연두 기자회견을 열었다.

기자회견장에는 국내외신 기자들을 포함하여 1천여 명이 넘는 많은 청중이 몰려들어 성황을 이뤘는데, 참석자 중 절반 이상이 대학생과 일반 시민들이었다. '80년 '서울의 봄'을 기대하는 청중들의 열띤 분위기 속에서 김 총재가 마이크 앞에 섰다.

김 총재는 회견 서두에서 "…길고 어두웠던 역사의 늪을 지나 희망찬 80년대의 여명을 맞이했다"고 밝히고, "공화당은 야당이 될 수 있다는 것만으로도 국민에게 고맙게 생각해야 한다."고 말했다.

최규하 대통령에게도 포문은 열었다. 최규하 과도정부는 조그만 매듭에 불과하므로 하루 빨리 정권을 넘겨야 한다고 결단을 촉구했다.

10·26 이전부터 야권통합 문제가 논의되던 통일당과의 합당에 대해선 "개별적으로 우리 당에 들어오면 그만"이라고 단언, 김 총재와 신민당의 높아진 위상을 한껏 과시하는 듯한 회견 분위기였다.

이날 김 총재의 회견문은 낭독하는 데만 무려 1시간 이상이 걸릴 정도로 정국 전반에 걸친 방대한 것이었다. 또한 그 방대한 분량에 못지 않게 곳곳에서 10·26 이후의 사후 처방을 소상하게 담고 있었다.

특히 신민당의 집권 채비에 대한 견해도 소상하게 밝혔는데, 신민당은 문호를 개방, 재야 민주인사는 물론 국내외의 인재와 참신한 청년·신진 세력을 영입해서 민주세력의 대동단합을 실현하겠다고 선언했다.

또한 당의 체질 개선은 참신한 민주 세력의 영입을 통해 실현하고 순리에 의한 당 정화 분위기를 조성할 것이며, 수권 정당으로서의 정책 개발에 힘쓰는 한편 어떤 형태로든 정치 보복은 없어야 한다고 덧붙여 '서울의 봄'을 맨 먼저 선언하고 나섰다.

야권의 또 다른 강력한 지도자였던 김대중의 '서울의 봄'은 그보다 뒤늦은 2월 29에 가서야 선언이 가능했다. 이른바 2·29 복권

조치로 1월 17일 연금이 해제된 데 이어 정치 재개가 풀리면서 부터였다.

김대중은 곧바로 그 이튿날 동교동 자신의 자택에서 100여 명의 국내외신 기자들 앞에 나섰다.

"…과거에 부당하게 고통을 당했던 피해자들은 반성하고 있는 어제의 가해자들을 용서하고 포용해야 한다."고 서두를 꺼낸 그는 당시 정국의 초미 관심사였던 자신의 '거취 문제'에 대해 회견의 상당 부분을 할애했다. 그러면서 그는 자신의 거취 문제는 재야인사들과 더불어 결정할 것이며, 국민의 뜻에 따를 것이라고 단언했다.

특히 신민당 입당 여부와 관련해서는 지금 신민당에 복귀해 대통령 후보 문제가 가열된다면 야권의 전력을 소모하는 것이 돼 바람직하지 않다고 전제한 뒤, 신민당이 국민 모두가 인정하는 공정한 절차에 따라 '내가 무엇에 필요한가'를 결정해 주면 그 결정에 따르겠다"고 일단 신민당과는 일정한 거리를 두고자 하였다.

이 같은 회견 발표는 김대중 또한 김종필・김영삼에 이은 대권 후보를 향한 선언인 동시에, 그러나 김영삼 총재의 신민당과는 별도의 독자 노선을 갈 수밖에 없는 필연성을 내비치고 있기도 하였다.

실제로 이 두 지도자의 기자회견이 있은 이후 신민당은 내분에 휩싸였다. 박한상 사무총장과 황낙주 원내총무 등 주요 당직을 독점하고 있는 김영삼의 상도동계를 이른바 '당권파'로, 김대중의 동교동계를 '비당권파'로 나누어 부르기 시작하면서부터 당의 양분화 현상이 뚜렷하게 나타나기 시작한 것이다.

뿐만 아니라 당권을 장악하고 있는 상도동계의 당권파는 김대중의 당 복귀를 연일 촉구하고 나섰다. 지난 '79년 5·30 신민당 전당대회에서 윤보선·김대중 두 분을 이미 당 상임고문으로 추대한 만큼 신민당원임을 기정사실화 했다.

말하자면 김대중이 주장하고 있는 이른바 '재야' 쪽이라는 게 그 세력이 확실치 않을 뿐더러, 자신의 주장과 같이 확실한 '리더'의 역할인지조차 알 수 없다는 주장이었다. 그런 만큼 김대중의 논리대로 절반씩 양분하는 그러한 신민당은 결코 있을 수 없다는 것이었다.

그에 반해 동교동계의 비당권파는 2월 30일에 천명했던 기자회견의 주장을 거듭 고수하고 있었다. 김대중이 기자회견에서 밝힌 것처럼 신민당과 재야 모두 일정한 거리를 유지하면서 야권통합을 이루어냄으로써 명실공히 수권정당으로서의 면모를 갖게 된다라는 주장이었다.

당시 동교동계의 주요 인사였던 허경만 전 국회부의장은 자신의 저서 「김대중전집」에서 그때의 상황을 이렇게 증언하고 있다.

'…신민당의 당헌대로 할 경우 대통령 후보 지명대회에서 김영삼 총재가 지명된다는 것은 자명했다. 따라서 동교동 쪽의 주장은 먼저 신민당이 결단을 내려 당헌을 고쳐서 양 계파의 균형을 유지한 다음에 대통령 후보 지명대회를 열거나 김대중씨를 대통령 후보로 영입하라는 것이었다.

…재야가 신민당에 접목되는 것이 아니라 신민당이 재야를 영입함으로써 야권이 민주화 투쟁의 정통성을 확보할 수 있다는 논리였다. 재야의 숫자에 대한 평가에서도 양측간에 엄청난 차이가 있는 것이 사실이었다. 김영삼 총재는 재야에서 신민당에 들어올 사람이 몇 명되지 않을 것이라고 가볍게 말하고 있었다. 그러나

김대중 등 재야에서는 "그래, 뒷짐지고 있던 신민당이 감옥 갔다 온 사람들에 대해 (입당자격을) 심사하겠다는 것인가?"라고 항변하고 있었다. 이래저래 매듭이 풀리기는 어려운 형편이었다.'

결국 3월 6일, 서울 외교구락부에서 두 지도자가 자리를 같이 했다. 오찬을 겸한 2시간 여의 단독 회동이었다. 이 회동에서 두 지도자는 신민당과 재야의 통합 문제 등 민주회복을 위한 공동 대처 방안을 논의할 예정이었다.

그러나 이날 회동에서 두 지도자는 기존의 이견을 한 발짝도 좁히지 못했다. 김영삼은 김대중이 5·30 전당대회에서 당 상임고문으로 추대된 만큼 신민당원임을 거듭 주장하고 나왔고, 김대중 역시 신민당 복귀는 개인 문제가 아니므로 이 자리에서 결정할 수 없다는 주장을 거듭했다.

그러면서 김대중은 두 사람 사이의 현안을 다룰 협의 연락기구를 만들자고 제의했으나 김영삼은 야당총재의 동등한 파트너로 재야 대표를 인정하는 결과가 된다며 거절했다.

2·29 복권 이후 양 김의 첫 회동은 이렇듯 아무런 성과도 없이 끝나고 말았다. 대통령 후보 문제는 논의조차 꺼내지 못한 것이다.

사실 김대중을 지지 성원하는 조직은 웬만한 정당을 뛰어넘는 광범위한 것이었다. 자유실천문인협의회(대표 김병걸), 민주청년인권협의회(이우회), 해직교수협의회(성태운), 백범사상연구소(백기완), 동아·조선일보 자유언론투위(이병주·정태기), 민주회복기독자회(박형규), 정치범동지회(김금동) 등도 직간접적으로 김대중과 깊은 연대를 갖고 있었다.

때문에 당내에선 후보 단일화를 위한 서명운동이 계속되고 있었다. 그러나 이렇다할 결과를 도출하지 못한 채 서명운동 또한 흐지부지될 수밖에 없었다. 그러자 3월 12일 고흥문 국회부의장이 동교동으로 김대중을 찾아갔다. 고흥문은 아무 배석자 없이 김대중과 단 둘이 마주앉았다.

고흥문 국회부의장이 먼저 입을 열었다.

"후광(김대중의 호) 선생님도 잘 아시는 바와 같이 작금의 정국은 캄캄한 밤길을 걷는 것과도 같습니다. 또 무슨 일이 벌어질지 모르는 어두운 장막이 주변을 에워싸고 있습니다. 이 같은 장막을 해결할 수 있는 길은 없겠습니까?"

"민주적인 방법으로 국민이 원하는 야권 후보를 하루 속히 만들어야 하는 것이 아니겠습니까?"

"당연한 말씀입니다. 그것만이 주변을 환하게 밝히는 태양과 같을 것입니다. 제 생각에는 지난번('71년 대통령 선거 때 김대중은 박정희 후보와 대선을 치른 적이 있다)에 후광 선생님이 야당 단일후보로 나가서 아깝게 차점으로 실패하셨으니, 이번에는 김 총재가 나가도록 하시는 것이 어떻겠습니까? 야권의 단일후보로 김 총재를 내보낸다면 그것만으로도 의의가 있을 것 같습니다만."

"한 번 더 기회를 주십시오. JP(공화당 대통령 후보)에 맞서 이길 만한 사람이 나서야 하지 않겠습니까? (김 총재와 내가) 동시에 출마해서 경쟁을 하다가 보면 자연스럽게 판세가 드러날 것입니다. 그러면 그때 가서 (후보) 결정하면 되지 않겠습니까?"

"그 판세를 어떻게 비교할 수 있다는 말씀입니까? 또 판세가 드러나면 어떻게 한다는 말씀이신가요?"

"집회나 유세 때 군중들이 얼마나 모이고, 또 그들의 반응이 어떤지를 저쪽(김 총재)과 비교해 보면 될 것입니다. 그렇게 하다가 판세가 드러나면 선거 직전에 한쪽이 다른 한쪽 후보의 손을 들어주면 되지 않겠습니까?"

"그것이 어떻게 믿을 만한 척도가 된다는 말씀입니까? 군중이란 으레 동원할 수도 있는 것인데 말씀입니다."

"그렇지 않습니다. 충분히 비교가 가능하다고 생각합니다."

"지금 여기저기서 후광 선생님을 중심으로 신당을 만든다는 소문이 많습니다. 신당이 창당되어 버리거나 조직이 짜여지고 나면 지구당 위원장들의 입장도 있고 해서 후보를 사퇴할 수도 없을 것입니다. 기회는 지금뿐입니다. 이 시간이 지나면 두 분이 서로 후회하게 될 것입니다."

"저 혼자서 결정할 문제가 아닙니다. 어쨌든 인지(고 부의장의 호)의 뜻은 충분히 알겠습니다."

고 부의장은 며칠 뒤 상도동으로 김영삼을 찾아갔다. 물론 며칠 전에 동교동으로 김대중을 찾아갔다는 사실을 알리지 않은 채 이번 역시 김영삼과 아무 배석자 없이 단 둘이 마주앉았다.

"후광 쪽에서 신당을 만들 작정인 모양이던데 큰 일입니다. 야당이 이번 기회를 놓치면 다시는 정권교체가 불가능할 것입니다."

"그래서 내가 후광에게(신민당에) 들어와서 표로써 정정당당하게 승부를 겨루자고 하고 있지 않습니까?"

"후광 쪽에서 입당을 포기하고 굳이 신당을 만든다면 총재께서 대권 도전을 포기할 수밖에 없지 않겠습니까?"

순간 김영삼의 표정이 납덩이처럼 굳어진 채 무거운 침묵만을 지켰다.

"어느 누구에게도 발설해선 안 됩니다. 부인과도 상의하지 마시고, 대권 포기각서를 작성해 가지고 계십시오. 저 역시 절대 발설

하지 않을 것입니다. 눈물을 머금고서라도 작성해야 합니다."

"만일 내가 후보를 포기한다면 후광이 JP를 이긴다는 보장이 있습니까? 절대로 이기지 못한다고 생각합니다."

"그것은 아직 얘기할 단계가 아닙니다. 일단 야당이 하나가 되는 것이 급선무가 아니겠습니까?"

"그래서 내가 후광한테 당에 들어와서 우선 야권을 단일화시킨 뒤에 후보 문제를 결정하자는 것 아닙니까? 지난번 대통령 선거('71년) 때도 그렇게 해서 후광이 후보로 나선 것이 아닙니까?"

고 부의장은 이날 이후 두 사람에 대한 후보 단일화 설득을 포기할 수밖에 없었다. 그 날의 면담이 사실상 정치적으로는 마지막 만남이 되어 버렸다고 말한 것이다.

물론 여론에 떠밀려 두 지도자는 그 후에도 한 차례 더 회동을 가졌다. 4월 4일 10시 30분 호텔 신라에서 만나 신민당과 재야의 통합협상을 벌인 것이다.

다음은 회동이 끝난 뒤 두 지도자가 회담 내용을 단독 설명한 내용이다.

김영삼 : 김 동지(김대중)는 100% 신민당에 들어오겠다는 의사 표시를 했다. 그 시기는 재야 인사들과 협의해서 결정하겠다고 했다.

김대중 : 재야 인사들과 협의한 후에 신민당에 들어가도 좋으며, 야권의 구심점을 다툴 이유가 없다고 합의했다. 다만 불유쾌한 일이 없도록 사전 보장을 받자는 얘기를 했다. 그래서 7일의 중앙상위 결과를 보고 입당 문제를 결정하겠다.

김영삼 : 국민들이 최규하 대통령의 과도정부를 묵인하고 있는

것은 신민당이라는 대체 정당이 있기 때문이라고 자부한다. 김 동지도 신민당을 구심점으로 하자는데 대해 전적으로 동감을 표했다.

김대중 : 나 혼자 입당을 못하는 것은 지금까지 함께 행동해 온 재야 인사들에 대한 의리도 있지만, 새로운 재야 정당의 출현을 막기 위해서다. 모든 재야 인사들을 함께 흔쾌히 영입해야 한다.

김영삼 : 김 동지와 재야의 숫자에 대해 얘기하지는 않았지만 폭을 넓힌다는데는 합의했다.

김대중 : 나이 50이 다된 사람들(재야인사)이 새로운 인생을 시작하는 마당에 불행한 일에 부닥치면 감당키 어려울 것이다.

이렇듯 김영삼과 김대중 두 지도자의 발표는 상이하게 다른 것이었다. 그리고 그런 상이한 발표는 곧 두 지도자의 결별을 선언하고 있는 것이나 다름이 없었다.

이로써 '80년 '서울의 봄'은 김종필・김영삼・김대중의 삼각 대권 구도로 점차 치열해져 가고 있었다. 그러나 유난히 기승을 부렸던 그 해 봄의 꽃샘추위 탓이었으리라.

수권야당 신민당은 끝내 대권 후보를 단일화시키지 못했다. 국민의 열망에도 불구하고 YS와 DJ로 양분이 되고 만 상태에서 일찌감치 당을 일신한 뒤 대권 고지를 향해 쾌속 항진중인 JP가 한 발 앞서 나가는, 그리하여 JP는 일순 회심의 미소를 띄고 있었는지도 모른다.

DJ, 9년만에 대중 앞에 서다

그러나 드디어 김대중이 대중 앞에 나섰다. 2·29 복권 이후 처음으로 갖는 대중 강연을 YWCA 수요강좌를 통해 선 보였다. 열 달 전 신민당 김영삼 총재 추대 발언을 한 적이 있긴 하지만 일반 시민을 상대로 한 강연으로는 실로 9년만에 처음이었다.

김대중이 복권 이후 첫 강연을 한 '80년 3월 25일은 70년 전 안중근 의사가 여순감옥에서 순절한 뜻깊은 날이었다. 이날 저녁 7시부터 1시간 반 동안 청중들의 땀을 쥐게 한 이 대중 강연은, 비로소 복권된 김대중의 심경을 엿보게 하는 대목이기도 하였다.

"나는 그동안 유신체제 7년 동안에, 혹은 망명 생활에서, 혹은 납치를 당하면서, 혹은 3년의 감옥 생활에서, 혹은 병중에서, 연금 생활에서, 공민권을 박탈당하면서 여러분과 함께 아픔을 같이 하여 왔고, 여러분의 고난에 동참할 수 있었습니다. 그러나 이제 10·26 사태 이후 오늘, 이 사람이 독재자의 칼날에서 죽지 않고 살아서 '병신이 되었다' '식물인간이 되었다' '머리가 돌았다' 하던 그 김대중이가 건강한 모습으로 여러분의 힘에 의해서 공민권을 부활해서 오늘 이 자리에, 여러분 앞에 나오게 된 것을 감사하게 생각합니다.

여러분! 어떤 사람이 말하기를 '민주주의는 한국 민족에게는 적합지 않다'고 그럽니다. 과연 민주주의가 우리 민족에게 적합지 않은가? 민주주의가 이 땅에서 뿌리박을 수 없는가? 양자강의 유자가 북방으로 가면 탱자가 되듯이 민주주의는 여기에 자리잡을 수 없는가? 나는 여러분에게, 우리의 역사에 나타나는 사실을 통해서 우리가 민주주의를 할 수 있는 민족이고, 우리 민족의 내부에 서구 민주주의는 예수 그리스도의 자유 의지 - 예수가 예루살렘의 십자가에 못 박히러 올라가면서…."

이 때쯤 청중들의 열띤 환호로 강연이 잠시 중단되었다.

"여러분 질서를 지켜 주십시오…. 말씀을 계속하겠습니다. 우리 역사에 단군은, 하늘의 환인이 그 아들인 환웅을 이 땅에 내려보낼 때 홍익인간을 하라고 내려보냈습니다. 민본주의, 백성이 주인이라는 이 사상이 그때 이미 싹터 있었던 것입니다. 가락국 수로왕은 자기 왕비에 대해서 자식을 하나 그쪽에서 점지해 주면서 왕비 성으로 허씨를 주었습니다. - 여권 사상과 통하는 것입니다.

그 뿐만 아니라 우리의 근대사상, 근대화의 길을 연 동학혁명! 독일 사람들이 자랑하는 1530년대의 '뮌쩌의 농민혁명'보다는 몇 배나 위대한 이 동학혁명! 전봉준 장군은 이 혁명을 통해서 노예해방과 과부의 해방과 토지개혁과 탐관오리의 징치와 민중의 직접통치와 반제국주의 투쟁과, 이러한 위대한 근대화와 반외세, 민주주의의 문을 열었다는 것을 우리는 알아야 합니다.

기독교와 서구 민주주의가 들어온 이후에 이것은 더욱 발전해서 독립협회의 반외세 근대화 운동, 3·1운동의 반제국주의 민주화운동, 이것은 4·19의 민주주의와 연결되고 박정희 치하의 반유신 투쟁과도 연결이 되고, 부마사태와도 연결이 되는, 이러한 민주주의 사상이요, 민본사상인 것입니다.

여러분, 민주주의가 우리 풍토에 적합지 않다고 하는 사람은, 수천년 전 단군 때부터 싹튼 이 민주주의의 싹, 적어도 동학혁명이래 이 나라의 근대화와 민족 자주독립 정신이 100년을 우리 민족에 뿌리박아온 이 사실을 무시한 것으로서, 이러한 사람이야말로 우리 민족과 조상에 대한 모독이요, 역사에 대한 무식이요, 자기들의 이기적인 목적을 달성하기 위한 민족 현혹의 궤변이라는 것을 나는 여러분에게 지적하고 싶습니다.

우리는 민주주의를 두 번 실패했습니다. 8·15 이후의 민주주의는 미국이 주었지만 우리 힘으로 하지 않았기 때문에 이승만 박사가 이것을 짓밟았습니다. 4·19 후의 민주주의는 국민 전체가 아닌 학생이 중심이 되었다가 혁명 후에 학원으로 돌아갔기 때문에, 곧 혁명 주체 없는 민주주의였기 때문에 박정희 장군이 이것을 쉽사리 박탈해 버렸습니다. 우리 국민은 유신 치하에서 마침내 반성하고 깨달았습니다. '내 힘으로 하지 않는 민주주의는 진짜가 아니다. 내가 피와 땀과 눈물을 바치지 않은 민주주의는 진짜가 아니다'라고.

이렇게 해서 수많은 사람들이 목사, 신부님들을 앞세우고 감옥에 가고, 밖에서 기도로서 싸우고, 직접 참여하지 못한 국민들은 마음으로부터 이것을 성원했습니다. 그리하여 이것이 응결해서 폭발한 것이 바로 부산·마산 사태요, 따라서 10·26 사태는 누가 무슨 소리를 해도 어떤 분이 말한대로 '사고'가 아니라, 10·26 사태는 7년간의 우리 민족의 끈질긴 반유신, 반독재 투쟁의 연장선상에서 일어났다는 것을 나는 말할 수 있습니다.

그런데 아직도 우리 국민의 민주주의 의욕과 역량을 무시하고 이것을 우습게 보는 사람들이 있습니다. 전시하에서도 국민소득이 50불 밖에 안 될 때도, 공산당과 싸우면서도 직접선거를 하고, 지방 선거를 해낸 우리 국민을 30년 전에도 그것을 해낸 국민을, 지금 우리에게 직접선거가, 지방자치가, 민주주의가, 안보를 위해서, 경제건설을 위해서 부적당한 양 데마고기를 퍼뜨린 지도자들이 있습니다.

여러분! 나는 국민에게 충성을 다하는 것을 정치인으로서의 최대의 기본으로 생각하기 때문에 나는, 지금 신문에서 대통령 후보 운운하지만, 무엇이 되기 위해서 사는 것이 아니라 국민과 내 양심에 충실하기 위해서 사는 사람입니다.

국민과 하나님이 주신 내 양심에 충실하다가 기회가 있어서 대통령을 맡게 되면 봉사할 것입니다.

그러나 국민도 양심도 버리고 '무슨 수단을 쓰든지 대통령이 되겠다는 것, 이것은 내가 죽으면 죽어도 추구할 수 없는 길입니다.

여러분! 무엇이 된다는 것이 대단하지 않습니다. 이완용이는 영의정이 되었습니다. 총리대신이 되었습니다. 나라도 팔아먹을 권세를 가진 사람이 되었습니다. 안중근 의사는 불과 서른에 목숨을 바쳤습니다. 그러나 누가 최고로 이완용이가 위대하고 현명했고, 청춘에 목숨을 버린 안중근 선생이 실패했고 어리석은 사람이었다고 말할 사람은 없습니다. 나는 여러분에게 솔직히 이야기한다면, 다음 정권, 그렇게 대단한 매력이 없습니다. 왜? 첫째, 경제만 보더라도 박정희씨가 아주 온통 망쳐 놓았습니다.

나는 망명생활 속에서도 매일 기도를 하고 주님이 나와 함께 계시기를 바라고, 나를 지켜주기를 바라고, 밤마다 일기장에다 우리

조국과 내 자신을 위해서 기도를 했습니다.

  나는 1973년 8월 8일(일본에 있는) 그랜드 팔레스 호텔에서 납치되었습니다. 그 사람들은 복도에서 나를 끌고 옆방으로 가서, 목욕탕에서 나를 토막 살해해 가지고 륙색에 담아서 지고 나가려고 했습니다. 그러나 환경이 여의치 않아서 나를 마취시켜 가지고, 끌고 엘리베이터로 해서 지하차고까지 가서, 차에 태워 대여섯 시간 달린 후에, 어느 항구 가까운 도시의 건물 3층으로 데리고 갔습니다. 거기서 또 나를 다시 묶고, 전 얼굴에 코만 빼놓고, 포장용 테이프를 붙이고, 이렇게 해 가지고 나를 다시 끌고 바다로 가서 란취에 태워서 큰 배에 실었습니다. …'나는 이제 죽는구나…! 그까짓 한 1~2분 물 속에서 허우적대면 죽겠지' 하고 생각했습니다. …그런데 다음 순간, 인간은 천박한 것이어서 '상어에게 반 토막을 물리더라도 반 토막만이라도 살았으면 좋겠다!' 하는 생각이 들었습니다. …그런데 갑자기 그때 예수님이 옆에 섰습니다. 내가 예수님을 생각한 게 아닙니다. 그래서 예수님의 그 옷소매를 붙잡고, 두 손으로 이와 같이 붙잡고 '나를 살려주시오! 내가 우리 민족을 위해서 아직도 할 일이 있는데 내가 여기서 죽으면 어떻게 합니까? 나를 살려주시오!' 이와 같이 예수에게 매달린 순간에 '펑!' 소리가 나면서 눈에 빛이 들어왔습니다. 그러니까 옆에 섰던 사람들이 '비행기다!' 하고 뛰어나갔습니다. 나중에 보니까 그것이 나의 생사의 갈림길이었습니다.

  나는 분명히 믿습니다. 옥중에서 내가 몸에 병이 걸려가지고 몸을 제대로 움직이지 못했습니다. 치료도 못 받았습니다. 나는 마지막에 우리 주님께 매달려서 내 몸을 건강하게 해달라고 기원을 했습니다. 마침내 1년 후에 나는 몸이 회복되었고, 3년 전에 들어갈 때는 지팡이를 들고 절뚝거리면서 들어갔는데, 3년 후에는 지팡이를 던지고 건강한 몸으로 나왔다는 것을 여러분에게 말씀드립니다.

하느님이 나와 같이 계신 것을 나는 말씀드릴 수 있습니다. 내가 그동안 연금생활에 있을 때 도처에서 말하기를, '김대중이가 폐인이 되었다더라', '반신불수가 되었다더라', '머리가 좀 이상해졌다더라'고 했습니다. 아마 여러분도 다 들었을 것입니다. 요새도 내가 가끔 신문에 나도 '정말로 건강해졌느냐' 하는 사람들이 있습니다. 그래서 오늘 내가 여기 나온 것은 이 강연이 첫째 목적이지만 또 하나 부대적인 목적은 내 '현품'을 여러분에게 보이고 정말로 내가 건강한지, 건강하지 않은지 여러분이 확인해 주십사 하고 온 것입니다.

여러분! 우리는 흔히 말하기를 '나는 정치에 관심이 없다', '나는 정치를 하지 않는다'고 말하며, 이것을 마치 자랑같이 얘기하는 사람이 있습니다. 그러나 경제도, 교육도, 법률도, 종교도, 그 어떤 분야도 정치가 바로 되지 않고는 결코 바로 될 수 없습니다. 장치에 관계 없다지만 정치의 밀접한 영향하에 있는 것입니다. 따라서 내가 정치를 외면할 때, 나쁜 정치는 그것을 악용해서, 프리패스로 진행하는 것입니다. 내가 외면하기 때문에 외면하지 않고 싸운 사람까지도 희생되는 것입니다.

열 사람 국민 중에 열 사람이 다 반대하면, 집권자는 태도를 바꿔야 합니다. 그러나 두 사람만 반대하고 나머지 여덟 사람이 모른 척하면 집권자는 그 둘만 차버리면 되기 때문에 탄압하는 것입니다. 그렇기 때문에 내가 항상 여러분께 말합니다. 우리는 이 사회의 일원으로서 '이 사회가 어떻게 되어 가느냐?', '정부가 무엇을 하느냐?', '정부가 어떤 계획을 가지고 어떠한 정책을 가지고 어떠한 음모를 가지고 우리에게 임하고 있느냐?' – 이것을 항상 감시하고, 옳지 않을 때는 과감하게 반항하고 싸우는 '행동하는 양심'이 되어야 한다는 것입니다. 그러기 때문에 내가 여러분에게 '행동하지 않는 양심은 악의 편'이라는 것을 되풀이 강조하는 이유가 거기에 있는 것입니다.

어떤 사람들이 말하기를 '김대중이가 여당이 되면 정치보복을 할 것이다!' 왜? 제가 워낙 당했기 때문에 정치보복을 하지 않고 가만 두겠느냐? – 일 리가 있는 말입니다.

그런데 여러분! 요새는 시어머니가 며느리에게 구박하는 예가 좀 적지만, 옛날에는 시집살이가 여간 고되지 않았습니다. 그런데 시집살이를 고되게 하던 며느리가 나중에 시어머니가 되었을 때 자기가 당한 만큼 며느리한테 시어머니 노릇을 했습니다.

그러나 자기가 당해 보니까 천하에 시집살이 고되게 하는 걸 못 당하겠더라 해서, 오히려 자기 경험 때문에 며느리에게 잘한 시어머니가 있습니다.

김대중이가 반드시 전자만 되고 후자가 되지 말란 법이 어디에 있습니까?

나는 기독교 신도입니다. 예수는 자기 제자가 자기에게 '잘못한 자를 일곱 번까지 용서할 것입니까?' 하고 물으니까, '일곱 번의 일흔 번까지도 하라고 했습니다. 뿐만 아니라 나도 지금 이렇게 쉽게 말이 술술 나오지만 감옥에 있을 때 여러 가지 당한 일을 생각하면, 이 놈도 밉고, 저 놈도 밉고, 이 놈도 한 번 해보고, 저 놈도 한 번 해보고… 그런 생각이 굉장히 있었습니다.

그런데 앉아서 보복할 사람들을 세어 보니까 수십 명, 수백 명 되었습니다.

그래서 제가 옥중에서 생각했습니다. 내 믿음을 기초로 해서 내가 결심했습니다. 나를 납치사건으로 죽이려고 했던 사람들, 나를 자동차로 깔아 뭉개서 죽이려고 했던 사람들, 무모하게 법정으로 끌고갔던 사람들, 내 가족과 내 친척과 내 친구들을 괴롭힌 사람들, 이 모든, 우리 민족의 이조 이래 내려온 보복, 이것을 만일 김대중이가 용서한다면 이것은 김대중이 대로에서 정치보복을 끊는 단호한 계기가 되지 않겠느냐 하고 생각했습니다.

그래서 이미 나는 지난 3월 1일 기자회견을 통해서, 납치사건을 중심으로한 나에게 가해한 자들을 모두 전적으로 용서하고 불문에 붙이겠다고 전세계와 국민에게 선포했습니다.

앞으로 1년, 우리는 산을 넘고 강을 건너는 고비를 넘겨야 할 것입니다. 지금 민주 헌정지켜 줄지도 확실치 않습니다. 내년 봄의 선거가 과연 있을지도 단언할 수 없습니다. 그러나 나는 국민이 민주주의의 감시병으로서 지금처럼 철통같이 단결해서 나간다면, 모두가 우리의 의사를 숨기지 않고 주장해서 국정에 반영시킨다면, 그 누구도 도도히 흐르는 역사의 물결을, 우렁찬 민중의 전진을, 하늘도 땅도 바다도 울부짖는 민주주의의 함성을 누구도 막지 못할 것이라는 것을 나는 여러분에게 단언할 수 있습니다. 국민이 있는 곳에, 여러분이 있는 곳에 김대중이가 있습니다. 국민이 필요로 하는데 김대중이는 있습니다. 김대중이는 천 번 죽어도 국민을 떠나지 않습니다.

만일, 여러분이 필요로 하면, 우리 민족의 혼이 내게 명령하면, 나는 다시 열 번 납치당하는 한이 있더라도, 백 번 감옥에 가는 한이 있더라도, 천번 연금당하는 한이 있더라도 나는 여러분에게 봉사할 것을 다짐합니다."

전두환의 중앙정보부장 겸직

보안사령관 전두환 중장을 핵심 세력으로 한 신군부는 '80년 3월까지만 하여도 자신들의 속내를 애써 밖으로 드러내지 않았다. 그러나 내부적으로는 이미 3김 등 기성 정치인들에게 정권을 맡길 수 없다라는 결론을 내려놓고 있으면서, 권력 장악을 위한 다양한 방안을 활발히 검토하고 있었다. 그리고 그러한 기류는 정국을 혼돈 속으로 내몰았다.

'80년 3월 초순경이었다. 강창성(전 국회의원)이 보안사령관 전두환 중장을 만났을 때 벌써 그러한 낌새가 역력하게 묻어나고 있었다.

강창성은 자신이 보안사령관 재직 시절 윤필용 소장 사건을 수사하면서 전 사령관이 주도하던 군부내 사조직인 '하나회'를 뿌리 뽑으려 한 적이 있었다. 그러나 강창성은 되레 전두환으로부터 강력한 반격을 받아 보안사령관 자리에서 물러나야 했다.

그러다 강창성이 항만청장으로 있다가 10·26 직후 그만 해임되어 집에서 쉬고 있을 때였는데, 보안사령관 전두환 중장이 한번 만나보고 싶다고 연락을 해온 것이다.

보안사령관 전두환 중장은 강창성에게 시국수습책을 조언해 달라고 부탁했다. 강창성은 주저 않고 이번만큼은 국민이 자유롭게 선출한 문민 정치인에게 정부를 이양하는 것이 가장 현명하다고 의견을 밝히자 그가 대뜸 이렇게 반문하더라는 것이다.

"3김 저것들이 설치고 있는데 저 사람들 가지고는 어디 되겠습니까? 선배님, 많은 사람들이 저에게 군이 당분간 정권을 맡아주어야겠다고 졸라댑니다. 심지어 지도급에 있는 몇몇 야당 정치인까지 저를 찾아와 제가 직접 대권을 맡아야 한다고 주장하고 있습니다. 박종규 실장도 저를 찾아와 '만약에 전 장군이 아닌 사람이 정권을 잡겠다고 나서기만 하면 당장 쥐도 새도 모르게 없애 버리겠다.'고 흥분하면서 저를 적극 지지하겠다는 것입니다."

'80년 4월 중순에 접어들면서 정국은 더욱 혼돈 상태로 빠져 들어가고 있었다. 그리고 그러한 혼돈의 안개 정국 속에서 결국 또 하나 커다란 사건이 전해졌다.

최규하 대통령은 4월 14일 신군부의 12·12 사태 핵심 리더인 보안사령관 전두환 중장을 공석 중이던 중앙정보부장 서리로 겸임 발령한 것이다. 이 자리는 10·26 직후 당시 육군참모차장이던 이희성 중장이 임명됐으나, 이 차장이 신군부의 12·12 사태 다음날 '경복궁 멤버'들에 의해 전격 대장으로 승진하여 육군참모총장으로 옮겨간 이래 무려 4개월 동안이나 공석으로 남아 있었다.

이보다 앞서 3월 말 보안사령관 전두환 중장은 신현확 국무총리를 찾아가 자신이 중앙정보부장도 겸하겠다고 말했다. 10·26 이후 김재규 부장이 합수부에 체포되고 나서 활동이 침체되어 있던 중앙정보부를 정비해 보안사와 함께 자신의 정권창출을 위한 양대 축으로 삼고자 한 것이다.

그러나 신현확 국무총리의 생각은 달랐던 것 같다. 신 총리는 그보다 앞서 이미 3월 중순경에 최 대통령에게 중앙정보부를 내버

려두지 말고 책임자를 임명하는 것이 좋겠다고 건의했다.

또한 정보부장은 군인이 아닌 민간인을 임명하여 보안사와 함께 양립화를 꾀하는 것이 바람직할 것 같다라고 했다. 때문에 신 총리는 전두환 중장에게 중앙정보부장 겸무는 하지 않는 것이 좋겠다는 의견을 말했다.

한데 보안사령관 전두환 중장은 4월 14일 중앙정보부장 자리를 차지하고야 말았다. 중앙정보부법에 보직을 가진 현역 군인이 중앙정보부장을 겸할 수 없도록 규정하고 있기 때문에 '서리'라는 편법으로 밀어붙인 것이다.

전두환은 소장에서 중장으로 진급할 적에도 그와 같이 밀어붙였다. 소장에서 중장으로 진급하려면 최소한 6년은 경과해야 하는 것이 관례였으나, 전두환은 소장으로 진급한지 불과 3년 밖에 되지 않았음에도 자기 마음대로 3월 1일자로 별을 하나 더 달아 중장으로 진급을 한 터였다.

아무튼 보안사령관과 중앙정보부장을 겸임하게 된 전두환 중장은 이로써 12·12 사태로 군부를 완전 장악하게 된 데 이어 명실상부하게 국가의 핵심권력을 틀어쥠으로써 집권 의지를 가시화하고 나섰다.

그러나 집권을 하기 위한 막대한 자금이 문제로 남아 있었다. 이에 대해 '80년대 당시 특전사의 보안반장으로 정호용 특전사령관의 정보보좌역을 담당했던 김충립의 증언이다.

"'80년 4월 중순께 정호용 사령관은 전 장군이 정치권을 움직이려면 자금이 있어야 할 텐데 전 장군은 물론 보안사에도 돈이 없는 모양이니 자금을 좀 마련해 줄 수 있겠느냐고 나에게 말했다. 전 장군 주변에 능력있는 사람들이 많은데 왜 내게 이런 부탁을 할까 의아스럽기도 했지만 주위의 사업하는 친구들에게 부탁해 상당액의 자금 지원을 약속받아 놓았다. 그런데 그로부터 며칠 후 정 사령관은 자금이 필요 없게 됐다고 말했다. 전 장군이 중앙정보부장을 겸하기로 했기 때문에 자금 운용에 걱정이 없게 됐다는 것이었다."

당시 중앙정보부 예산은 약 800억 원 정도였다. 한데 전두환은 정권창출을 위한 준비 자금으로 이 가운데 120억 원을 빼내 썼다.

그러나 이처럼 부쩍 분주해진 전두환의 행보에도 3김이 반응은 그리 대수롭지 않다라는 진단이었다.

김종필은 보안사령관 전두환 중장의 중앙정보부장 겸직에 대해 묻는 기자들에게, "철학에 문제가 되지 않은 것을 문제로 삼는 것이 바로 문제라는 말이 있다."라고 특유의 선 문답식으로 피해가고 말았다.

김영삼은 4월 15일 설악산관광호텔에서 "전 장군의 중정부장 서리 겸임이 민주화 일정에 관계가 있을 것으로 보느냐"는 기자들의 질문에 이렇게 대답했다.

"상관없다. 민주화 일정은 예정대로 진행될 것이다."

반면에 김대중은 깊은 우려를 표명했다. 김대중은 4월 16일 한국신학대학 강당에서 열린 강연에서, "전 부장서리 임명은 국민의 판단이나 기대와는 차이가 있는 것으로 국민간에 상당한 우려가 대두되고 있다."고 말했다. 또한 훗날 그는 자신의 자서전에서 이 때의 우려를 이렇게 덧붙이고 있다.

"…이것은 심상치 않은 일이었다. 나는 국민에게 이번 겸직으로 민주주의의 앞날이 걱정된다고 경고했다. 그 경고는 신문 구석에 조그맣게 실렸다. 그러나 당시 신문을 보면 알겠지만, 나의 경고를 어느 한 사람도 진지하게 들어주지 않았다. 공화당은 물론 신민당 내에서도 전두환 소장이 막강한 권력 기관을 두 깨씩이나 장악한 것에 대해 걱정할 필요가 없다고 말했다. 더욱이 신민당에서는, '민주주의는 반드시 실현된다. 그렇게 되면 권력은 반드시 우리에게 온다. 이것이 옳은 수순이다. 민주주의 실현을 의심하는 자는 소신이 없는 자이다.'라며 나를 비난하고 있었다."

그러는 동안에도 대학가에서는 연일 최 대통령을 규탄하는 시위가 이어졌고, 4월 21일에는 강원도 사북의 동원탄좌에서 '사북항쟁'이 발생했다. 탄광 노동자들의 어용노조 반대 및 임금 인상 폭 항의 투쟁이 들불처럼 일어난 것이다.

그러나 신군부의 발빠른 언론 통제로 탄광 노동자들의 열악한 참상은 왜곡 보도되었고, 사태가 수습된 이후 신군부에 의해 주모자로 몰려 불법으로 체포되어 갖은 폭행과 고문을 당한 피해자가 110여 명에 이르렀다.

4월 24일에는 신 총리가 자신과 최 대통령은 다음 대통령 선거에 출마하지 않겠다고 밝히고 나섰으나 정국은 여전히 안개 속이었다.

4월 28일에는 김영삼이 신민당 당직자를 대동하고 충남 현충사를 참배하러 나서자, 같은 날 김대중 또한 신민당 내의 동교동계 의원들을 대동하고 현충사 인근 윤봉길 의사 생가를 방문했다.

더욱이 이날 YS와 DJ의 행렬은 공교롭게도 현충사 입구에서 그만 서로가 마주치게 되었다. 하지만 서로가 '소 닭 보듯' 그냥 지나치고 말았고, 수백 명씩 몰려나온 양측 지지자들은 피켓과 플래카드를 흔들며 자신들의 세력을 과시하여 마치 대선 전야를 방불케 했다.

어용교수 퇴진에서 거리투쟁으로

3월 개강과 함께 불붙기 시작한 대학가의 시위는 끊임없이 이어지고 있었다. 그리고 그 첫 외침은 다른 시위 구호와 함께 '어용교수 퇴진!'이었다. 3월 말까지 어용교수 퇴진을 둘러싸고 갈등을 일으킨 대학은 모두 18개 대학으로 시위 참가 인원만 8천여 명에 이르렀다.

마침내 김옥길 문교장관의 발언이 뒤따랐다. 국가의 장래를 위해 바람직하지 않은 일이라는 것을 알면서도 당장의 이익을 위해 어용한 교수들이 있다고 지적한 뒤, 이런 교수들은 스스로의 양심에 물어 물러나야 한다고 말했다.

김 문교장관의 이 같은 발언은, 다시 말하면 '돈 벌고 출세하기 위해 유신정권 옹호에 나선 사람'이 바로 어용교수이며, 이러한 사람은 퇴진해야 한다는 취지였지만 당시 스스로 물러난 교수는 단 한 사람도 없었다.

학원 민주화 열풍은 4월까지 계속되었다. 4월 18일 문교부가 집계한 학원 민주화 투쟁 상황은 시위나 농성이 진행중인 학교 중에서 학원 민주화를 거부하는 총학장 퇴진 요구가 21개 대학에서, 어용교수 퇴진 요구가 11개 대학에서, 학생회 인정 및 학내 언론 자유 요구가 20개 대학 등이었다.

이들 학생들의 투쟁 양상을 보면 총학장실 점거농성 12개 대학, 교내 철야농성 24개 대학, 가두시위 진출 시도 2개 대학, 총학장이 사퇴나 사의를 표명한 경우가 14개 대학, 임시휴강 조치 19개 대학 등으로 집계되었다.

물론 어용교수의 반대편엔 민주화 교수들이 있었다. '80년 4월 24일 서울 14개 대학 361명의 교수들은 학원 민주화를 요구하는 성명서를 발표했다.

그 내용은 사학의 족벌체제 비판, 군사교육 개선책 모색, 재임용 제도 철폐, 교수회의 기능강화, 대학별 교수협의회 결성 등 대학교육과 직간접적으로 관련된 사항들이었다.

한데 이러한 학원 민주화 투쟁은 마침내 병영 집체훈련을 거부하는 사건으로까지 확산되어 갔다. 당시 학생들은 교련교육의 일환으로 열흘 동안 군부대에 입소하여 훈련을 받도록 돼 있었는데, 4월 9일 성균관대 학생들이 일제히 이를 거부한 것이었다.

이러한 병영 집체훈련 거부는 곧 폐지를 요구하는 농성과 시위로 이어졌는데, 성균관대 다음으로 입소할 차례였던 서울대와 서강대로 이어지면서 여러 대학으로 확산되어 나갔다.

급기야 5월 2일 서울대에선 개교 이래 최대 인원인 1만여 명 이상의 학생들이 참석한 가운데 비상학생총회가 열렸다. 1만여 학생들은 전날 총학생회 운영위원회가 병영 집체훈련 반대투쟁을 철회하는 대신 '계엄해제' '유신잔당 퇴진' '정부 개헌중단' 등을 슬로건으로 내걸고 본격적인 정치 투쟁을 벌이기로 결정한 것에 대해 격렬한 찬반 토론을 벌였다.

결국 학생들은 '더 큰 것을 얻어내기 위해 작은 것은 버리자'는 총학생회의 결정을 추인했다. 이날 서울대 비상학생총회는 신군부와 유신 잔당의 대표적인 인물로 지목되었던 전두환과 신현확의 허수아비를 만들어 화형식을 거행하는 등 본격적인 정치투쟁에 나설 것임을 예고했다.

한편 이와 같은 서울대의 정치투쟁 노선은 곧 다른 대학들에서도 받아들여졌다. 그리하여 그 다음날부터 각 대학 총학생회가 대학간 공식적인 연대 방안을 모색한 끝에, 5월 9일에는 고려대 총학생회장실에서 전국 23개 대학의 대표들이 모인 가운데 '총학생회장단 회의'를 개최하기에 이르렀다.

이들은 계엄해제와 유신잔당 퇴진을 요구하면서 관제언론을 비난하는 성명을 발표했다.

그러나 학생들은 신중했다. 항간에 유포된 '대학생들의 5·15 총궐기설'이 자칫 신군부에게 쿠데타를 일으킬 구실을 줄 수도 있다는 등의 이유로 당분간은 교내 시위만을 계속하기로 합의했다. 그리고 그와 같은 원칙은 5월 12일 서울대에서 열린 제2차 회의에서도 재확인되었다.

한데 총학생회장단의 그와 같은 신중한 결정을 뒤집어엎게 만든 사건이 발생했다. '5·12 군사 쿠데타설'이 그것이었다.

신군부의 공작이 개입되었던 것인지 쿠데타설은 꽤나 그럴 듯했고, 때문에 그를 믿은 총학생회장단은 그 날밤 농성장의 학생들에게 피신하라는 연락까지 취했다.

그러나 5월 12일 아무런 일도 일어나지 않았다. 학생들은 일순 배신감에 휩싸였고, 그로 인해 그동안 온건 노선을 지향하던 총학생회장단의 주류측은 치명적인 타격을 입게 되었다.

다음날인 5월 13일 학생들은 드디어 교내를 벗어나 너도나도 거리로 뛰쳐나가기 시작했다. 연세대생들이 주축이 된 서울 시내 6개 대학생 2,500여 명이 광화문 세종로 일대에서 야간 가두시위를 벌이는가 하면, 고려대 등 서울 시내 7개 대학이 철야농성에 들어감으로써 대학생들과 신군부의 충돌은 전면전으로 접어들기 시작했다. 거리로 뛰쳐나간 학생들은 최규하 대통령과 신현확 국무총리, 그리고 보안사령관 겸 중앙정보부장 전두환 중장의 화형식을 벌이기도 하였다.

한편 신군부는 이런 학생들의 시위를 '불순분자들의 책동'으로 몰아갔고, 이런 상황에서 주한 미국대사 글라이스틴은 김대중과 김영삼을 만나 학생들의 자제를 위해 노력해 줄 것을 당부했다.

그러나 신군부는 학생들의 시위가 북한의 사주에 의한 것이라고 주장하면서, 북한의 남침설 위협까지 유포시켜 불안감을 조성시켰다. 이미 5월 12일 비상국무회의에선 중앙정보부 담당 국장이 휴전선 동태에 대해 다음과 같이 보고한 마당이었다.

"일본 방위청으로부터 북괴 특수 8군단이 자취를 감추었다는 연락을 받았습니다. 미국측으로부터는 직접 확인하지는 못했으나 중공을 통해 간접적으로 확인했습니다. 북괴 내에서는 상당수의 친소 인물들이 부상하고 김일성은 외교부장 허담을 대동, 유고에서 브레즈네프를 만났습니다. …이 같은 상황으로 보아 북괴의 침투 가능성이 높습니다."

또한 그런 상황 속에서 의문의 '휴전선 총격전'이 일어났다. 미 국방부가 발표한 내용은 다음과 같다.

"주한 미군 순찰대가 5월 12일 밤 10시 30분, 남북한을 갈라놓은 비무장 지대 공동관리 구역의 남방에서 '정체불명의 사람들'과 소규모 총격전을 벌였으나 사망자는 없었다. 미군 순찰대가 이날 비무장 지대 공동관리 구역 남방에서 정체를 알 수 없는 사람들과 자동소화기를 동원한 소규모 총격전을 잠시 벌였다."

한데 이상한 일은 곳곳에서 감지됐다. 그러한 '휴전선 총격전' 발표를 통해 정국의 위기감은 고조되었지만, 이 사건의 진상은 그 이후 전혀 밝혀지지 않았다.

또한 누구도 밝히려 들지도 않았다.

다음은 당시 상황에 대한 미국 정부의 설명이다.

"…한미연합사령관 존 위컴 장군은 5월 13일 전두환 장군과 만났습니다. 전 장군은 북한이 학생시위를 뒤에서 조종하고 있고 남침의 결정적인 시기가 가까워졌을지도 모른다고 말했습니다. 위컴 장군은 북한으로부터 침공이 임박했다는 징조는 없다고 대답했습니다. 위컴 장군은 그가 북한으로부터의 위협을 강조하는 것은 청와대의 주인이 되기 위한 구실에 불과한 것 같다고 보고했습니다."

서울역 광장에서의 뼈아픈 회군(回軍)

5월 14일 새벽 4시 30분, 고려대 총학생회장실에 모인 서울 지역 27개 대학의 총학생회 대표 40명은 학생시위의 가두 진출 여부를 놓고 토론을 벌였다. 그 끝에 총학생회 대표 40명은 다음과 같이 결의했다.

'우리의 평화적 교내 시위는 이제 끝났다. 교문을 박차고 나가 싸울 것이다.'

김 문교장관은 학생들의 이러한 결의를 전해 듣고 즉시 기자회견을 열어 학생들의 자제를 당부했다.

"교문 밖을 뛰쳐나와 가두시위를 벌이는 일은 자율화의 한계를 벗어난 것입니다. 교문 밖 시위는 현실적으로 계엄령하의 포고령 위반입니다. 사태가 악화되면 법대로 처리할 수밖에 없습니다."

김대중 또한 학생들의 자제를 당부하고 나섰다.

"5월 13일 학생들의 시위를 보고 14일 학생들에게 자제를 촉구하는 원고 8장을 써서 동아일보에 보냈습니다. 동아일보에서도 1면 톱으로 보도하겠다고 했습니다. 그러나 계엄 당국은 나의 평화 호소문을 신문에서 삭제해 버렸습니다. 그래서 15일에 기자회견을 해 다시 호소했습니다. 혼란은 일부 정치군인들이 집권을 위해 조성한 것입니다."

　김대중은 자신의 자서전에서 5월 14일에 있었던 '간담이 서늘한 일'을 다음과 같이 밝히고 있다.

　'오후 2시쯤 재야 민주세력 지도자 문익환, 이문영, 예춘호, 이해동 씨가 찾아왔다. 그들은 몹시 흥분해 있었다. 전날의 집회에 고무되어 금방이라도 세상이 뒤집힐 것 같은 환상을 갖고 있었다. 문 목사는 나에게 성명서를 보이면서 서명을 요구했다. 이미 윤보선 전 대통령은 서명한 뒤였다.

　그 서명에 실린 요구는 엄청난 것이었다.

　「모든 군인들은 무기를 놓고 병영을 나와라. 모든 노동자들은 해머를 놓고 공장을 떠나라. 모든 상인들은 문을 닫고 철시하라. 모든 국민들은 가슴에 검은 리본을 달고 장충단 공원으로 모여라.」

　이런 내용이었다. 나는 어처구니가 없었다. 그들이 상황을 얼마나 자의적으로 해석하고 있는지 성명서 속에 그대로 반영되고 있었다.

　군인에게 전선을 방치하고 나오라는 것은 도대체 무엇이란 말인가? 물론 당사자들로서는 계엄군과 후방 부대에 한한 것이겠지만, 문서 내용은 그냥 '군'으로 되어 있었다. 비상계엄 중에 이런 성명을 낸다면 즉결처분되어도 불평할 수 없었다.

　나는 강경하게 반대하고 3시간 격론 끝에 일반적인 국민의 요구인 '계엄령 즉시 해제'와 '전두환, 신현확 퇴진'으로 압축한 성명을 다시 썼다. 나중에 안 사실이지만, 만약 그때 그런 성명을 냈더라면 목숨이 몇 개 있어도 부족했다고 나를 담당했던 수사관이 슬쩍 말해 주었다.

"상부에서는 원안대로 성명이 나갔더라면 하고, 얼마나 아쉬워 했는지 모른다."고 말했다.

어쨌든 5월 14일 서울 지역의 대학생들이 이날 새벽에 있었던 총학생회 대표들의 결의에 따라 총궐기 및 가두시위에 나선다고 알려지자 신군부 역시 즉각 조치에 나섰다. 오전 8시 30분에는 '소요진압본부'를 개설하고 진압군 투입 지시를 내렸다.

한데도 이날 정오 무렵엔 무려 7만여 명을 헤아리는 대학생들이 서울 중심가에 운집했다. 같은 시각 지방의 11개 대학 수만여 학생들도 가두로 진출했다.

이날 신민당은 국회의원 이기택을 비롯한 66명의 명의로 '비상계엄해제 건의안'을 국회에 제출했으며, 다음날 발표된 지식인 134인의 시국선언문도 다음과 같이 비상계엄 해제를 요구하고 나섰다.

"오늘의 난국은 기본적으로 19년간 독재정권의 반민중적인 경제시책과 철권정치의 소산이다. 이는 민주발전을 저해하는 비상계엄령의 장기화로 빚어진 필연적인 사태 악화다. …비상계엄령은 즉각 해제되어야 한다. 비상계엄령은 10・26, 12・12 사태 등 전적으로 집권층의 내부 사정에서 선포된 것으로써 이는 분명히 위법일 뿐만 아니라 정치발전을 저해하는 가장 큰 요인으로 최규하 과도정권은 평화적 정권 이양의 시기를 금년 안으로 단축시키는 것은 물론 그 일정을 구체적으로 밝힐 것을 요구한다."

이윽고 오후 3시경, 서울역 도로엔 서울 시내 30개 대학의 10만여 학생들이 구름처럼 모여들어 '계엄철폐'를 외치면서 민주화 일정을 제시할 것을 요구했다. 같은 시각, 신군부의 진압군도 시내 도처에 속속 진주했다.

그리고 그와 같은 대결 상황은 비단 서울뿐만이 아니었다. 같은 시각 부산, 대구, 광주, 인천, 청주, 춘천 등지에서도 마찬가지 풍경이었다.

서울역 앞 도로를 가득 메운 대학생들은 '임을 위한 행진곡'을 부르며 신군부와 최규하 과도정권에 대한 대규모 성토대회를 열었다. 임시 연단으로 설치한 버스 지붕 위에 올라선 연사들이 "서울역을 사수하자!"고 외치면 시위대는 일제히 박수로 호응했다.

총학생회장단은 서울역 도로에 있던 서울대 마이크로 버스와 서울역 대합실 그릴을 임시본부로 정하고 사후대책 논의에 들어갔다. 그러나 의견은 둘로 나뉘었다.

신군부에 대해 극우반동의 구실을 주지 말되 학원 내에서 상대방에게 끊임없이 압력을 가하자는 서울대 중심으로 한 의견과 학생운동 세력을 적극적으로 동원해야 한다라는 의견이 그것이었다.

하지만 당시 학생운동에서 서울대의 영향력은 절대적이었다. 그리하여 다소 반대 의견이 없지 않았음에도 불구하고 결국 오후 8시 30분경 시위를 해산하고 철야농성을 위해 교내로 돌아가기로 결정했다.

이윽고 오후 8시 50분부터 서울역 앞 도로를 가득 메웠던 시위대는 썰물처럼 빠져나가기 시작했다. 9시 40분경에는 해산에 반대하며 끝까지 자리를 지켰던 고려대(총학생회장 신계륜) 학생 2천여 명이 시청 앞까지 행진한 뒤 해산함으로써 이날 서울역 앞 가두시위는 막을 내렸다. 이것이 소위 말하는 5·15 '서울역 광장에서의 뼈아픈 회군(回軍)'이었다.

그러나 어느 누가 알았으랴. 그로부터 이틀 뒤 5·17 계엄확대에 이은, 그 다음날부터 광주에서 대학살이 저질러질 줄을….

당시 5·15 '서울역 광장에서의 뼈아픈 회군'을 두고 이도성은 이렇게 말했다.

"시민들의 호응이 없는 상황에서 야밤중에 군인들과 충돌하는 것은 현명치 못하다고 학생 지도부는 판단했다. 신군부의 여론 조작이 그 위력을 남김없이 발휘한 결과였다. 시위가 거짓말처럼 사라지고 평온을 되찾은 가운데 5월 16일이 밝았다. 그러나 신군부의 쿠데타는 멈추지 않고 계속됐다."

당시 서울대 총학생회장이었던 심재철은 훗날 그때의 상황을 이렇게 말했다.

"5월 15일 서울역에서 학생들이 퇴각을 하게 됩니다. 그것은 이 운동에 있어서 결정적인 과오였습니다. 그같은 결정적인 오류가 광주에서의 대학살로 이어져버렸습니다."

제3부

신군부의 5·17 계엄확대

신군부의 무차별 진격
고문으로 얼룩진 '김대중 내란음모'
5·17과 김옥두의 피와 눈물
JP와 YS, 그리고 DJ의 운명
DJ 고문 현장을 지켜본 전두환

신군부의 무차별 진격

5·15 '서울역 회군'이 있은 그 다음날이었다.

5월 16일 오후 5시, 전국 55개 대학의 학생대표 95명이 이화여대에 모여 제1회 전국대학총학생회장단 회의를 열었다. 이날 회의는 저녁을 지나 그 다음날까지 계속되었다.

하지만 당시 정국을 주도할 만한 실질적인 세력은 공백 상태였다. 최 대통령이 원유가 폭등에 대처하기 위해 5월 10일 출국해 중동 지역을 순방중이었기 때문이다. 또한 신현확 국무총리는 결단을 내릴만한 위치에 있지 않았다. 그들은 다 같이 난국을 헤쳐 나갈 권위와 능력이 모자랐다.

거기에다 실권은 보안사령관 겸 중앙정보부장인 전두환 중장과 그의 추종 세력인 육군참모총장 겸 계엄사령관인 이희성 대장에게 있었으나 이들은 두꺼운 베일 속에 가려져 있었다.

최영희가 이끄는 유정회와 공화당의 김종필은 여전히 다수당을 이끌고 있는 집권 여당이긴 하였으나, 이들은 신군부에 대한 영향력은커녕 국민적 지지를 받을 만한 위치에서 한참 벗어나 있었다.

정국은 이와 같이 힘의 공백 상태였다. 이는 힘의 균형을 상실하고 있음도 아울러 입증하고 있는 셈이기도 하였다. 결국 실질적인 힘은 신군부와 학생들이 가지고 있는데도 이들이 당장 정치 세력화할 여건은 성숙되지 않은 것으로 보여 정국은 더욱 살얼음을 걷는 것처럼 보였다.

재야 지도자인 김대중은 이날 아침 일찍 신민당 총재 김영삼에게 전화를 걸었다. 시국 수습에 대한 공동 대책을 발표하자고 제의했다.

신민당 총재 김영삼은 곧바로 동교동으로 달려왔다. 이날 김 총재는 신민당 제주도지부 결성대회에 참석하기로 되어 있었으나, 대회를 무기 연기했다. 안개 정국에 심상치 않은 난기류가 흐르고 있었다. 정국에 돌발적인 변수가 발생하는 것을 막아보기 위해 김대중을 찾은 것이었다.

두 사람은 1시간에 걸친 회담 끝에 당시의 상황을 비상시국으로 규정, 공동발표를 했다.

첫째, 비상계엄의 즉시 해제.

둘째, 정부가 주도하는 개헌 포기.

셋째, 정치 일정의 연내 완결을 위한 일정표의 발표 요구가 그 주된 내용이었다.

그리고 이를 관철하기 위해 두 사람은 공동 보조를 취한다고 선언하고, 학생들에 대해서도 질서와 평화를 지키면서 최대한 자제력을 발휘해 달라고 호소했다.

그런 한편으로 김 총재는 공화당과 협의해 국회를 5월 20일에 소집하기로 조치했다. 5월 20일 국회개원 때까지는 어떻게든 혼란 사태가 오는 것을 막아야 한다고 생각한 것이다.

그러나 이런 일련의 호소에도 불구하고 학생들과 양김 모두 신군부의 음모를 저지하기엔 역부족이었다.

무엇보다 신군부에 의해 이미 언론이 장악당하고만 터여서 일반 국민과의 소통이 전연 불가능했다. 다음은 당시 동아일보 기자였던 김재홍의 기록이다.

5월 16일 아침, 서울시청 2층.

계엄사 검열단의 실무 총책임자인 '강(姜) 보좌관(당시 이상재의 가명)'의 사무실은 1층에 따로 있었다. 그 방에서 그날 그날의 검열지침이 정해진다.

"아니 데모하는 놈들이 담배꽁초를 주웠다니?"

"그래서 어쩌겠다는 거야? 박수라도 치라는 거 아냐?"

이날의 검열지침은 이렇게 정해졌다.

- 학생들의 행위를 미화 또는 지지하는 식의 보도불가
- 시위 학생이 청소, 교통 정리했다는 보도불가
- 학생 구호 중 '김일성은 오판 마라' '반공정신 이상 없다' 등은 불가
- 경찰이 동료 부상에 흥분, 학생들과 육탄전을 벌였다는 것 등은 불가

이 검열지침은 즉시 시청 3층에 있던 검열반의 흑판에 쓰여졌다. 당시 각 대학의 학보들도 이곳에서 검열을 받았다. 검열받으러 왔던 모 대학 학보사의 기자가 고개를 갸우뚱하며 물었다.

"저런 행동을 보도하는 것까지 왜 안 된다는 것입니까?"

거기에 대해 정훈장교인 검열관들은 답변하질 못했다. 그 이유를 잘 알고 있을 정치군인들도 말을 하지 않았다. 그것은 곧 있을 5·17 조치를 정당화하기 위해 함정을 만드는 것이었다.

바로 그날 저녁 10시 10분, 5월 10일 출국해 중동 순방 길에 올랐던 최규하 대통령이 예정보다 하루 일찍 급히 김포공항에 도착했다. 이미 신군부가 결정한 계엄확대 조치를 발표하기 위해 '얼굴마담' 노릇을 하기 위해 그랬던 것은 아닐까?

같은 날 국방부에선 군단장급 이상 전국 주요 지휘관회의가 긴급 소집되었다. 회의 안건은 시위대 진압에 군을 투입할 것이냐 하는 것이었다.

이보다 앞서 당시 계엄사령관 겸 육군참모총장 이희성은 자신의 집무실로 주요 지휘관들을 모아놓고 이날의 안건에 대해 리허설을 가져 사전 입맞추기를 시도하려 했다. 그러나 합의를 이끌어내지 못한 채 지휘관회의가 이어졌고, 그 자리에서도 군수기지사령관 안종훈 등 몇몇 소수의 반대 의견이 있었다.

하지만 이날 회의는 군을 떠날 각오를 하지 않고서는 반대 의견을 낼 수 없는 분위기였으며, 결국 회의에 참석한 44명의 육·해·공군의 주요 지휘관들은 군 투입과 관련하여 별다른 이견을 제기하지 못한 채 아무런 내용도 적혀 있지 않은 백지에 서명을 하고 자리를 떴다.

이보다 조금 늦은 시각, 각료들 역시 비상국무회의 소집을 통보받았다. 신현확 총리와 주영복 국방장관이 국무회의실로 들어섰다. 신 총리가 의사봉을 세 번 두드리자 주 국방장관이 현 계엄령은 전국으로 확대되었다고 발표했다. 전 각료들은 서명하도록 요구받았다.

비상국무회의가 열린 지 10분만인 저녁 9시 40분에 이른바 5·17 계엄확대 조치가 의결된 것이다.

밤 11시 40분, 중동 순방 중에 서둘러 급거 귀국 길에 올랐던 최 대통령은 신군부가 써준 원고 그대로 정부 대변인 이규현 문공장관을 시켜 5월 17일 24시(5월 18일 0시)를 기해 비상계엄을 전국으로 확대한다고 발표했다.

'…이 중대한 시기에 일부 정치인, 학생 및 근로자들의 무책임한 경거망동은 이 사회를 혼란과 무질서, 선동과 파괴가 난무하는 무법지대로 만들고 있어 우리 국가는 중대한 위기에 직면해 있다. …이러한 상태가 더 이상 계속된다면 우리의 국가마저 흔들리게 할 우려가 없지 않아 단안을 내리지 않을 수 없다.'

같은 날 신민당 김영삼 총재는 인천에서 열린 신민당 경기도지부 개편대회에 참가했다가, 친구와 함께 저녁 식사를 한 뒤 밤 11시쯤 귀가했다.

한데 당직자들로부터 전화가 끊임없이 걸려왔다. 아무래도 계엄당국의 낌새가 심상치 않다는 것이었다.

자정이 가까워지면서 전화는 더욱 잦아졌다. 신민당 출입기자들의 전화도 이어졌다. 김대중과 김종필이 계엄군에 끌려갔다는 것이었다. 그러면서 그들은 하나같이 어서 피신할 것을 권유했다. 그러나 김 총재는 결연히 거절했다.

"아니 이 사람아, 도대체 정신이 있는 건가? 내가 잡혀가면 잡혀갔지 어디로 피하나? 그리고 내가 왜 피신하나? 내가 죄인인가?"

계엄확대 사실이 확인되고 김종필·김대중의 연행 사실이 퍼지면서 기자들 4, 5명이 몰려왔고, 여러 당직자들도 뒤이어 상도동으로 모여들었다.

새벽 2시가 되도록 긴박한 상황에 대한 보고가 이어졌다. 김 총재는 당 사무총장에게 정무회의 소집을 지시했다.

18일 오전, 정무회의가 열렸다. 회의에서는 김대중과 김종필 등

밤새 연행된 인사들의 석방과 계엄군의 시내로부터의 철수, 국회와 당사에 배치된 계엄군의 월권행위 중단 등을 결의했다.

그러나 그러한 결의는 휴지 조각에 불과한 것이었다. 신군부의 계엄군에 의해 이미 모든 상황이 종료된 뒤였다.

그보다 앞서 18일 새벽 계엄사는 포고령 10호를 발표했다.

정치 활동 중지, 정치 목적의 옥내외 집회 및 시위 금지, 모든 대학의 휴교 조치를 담은 내용이었다.

계엄확대 선포에 대한 정부의 공식 발표가 있기 전부터 이미 계엄 당국은 필요한 조치를 모두 취해 놓고 있었다. 증원된 계엄군은 벌써 주둔지를 출발하여 점령 목표를 향하고 있었다.

보안사령부는 계엄확대 조치 선포 하루 전에 전군 보안부대 수사과장 회의를 소집, 17일 자정을 기해 계엄이 전국으로 확대된다는 사실과 검거 대상자 명단을 통보했다.

검거 대상자들은 계엄확대 방송이 나가기 전에 검거를 완료하라는 지시도 하달됐다.

17일 오후 6시 무렵, 합수본부 수사요원들이 전국대학총학생회장단 회의가 열리고 있는 이화여대를 급습했다. 김대중·김종필 등 정치인과 재야 인사들을 체포하기 위한 합수본부 수사요원들도 벌써 행동 개시에 들어갔다.

말할 것도 없이 병력 배치 계획은 오래 전부터 결정되어 있었다. 강원도 지역에 주둔해 있던 특전사 11, 13여단이 5월 8일과 10일 서울 지역으로 이동하여 거여동 특전사령부와 김포 1여단에 배치됐다.

5월 14일에는 재경 지역 특전여단에도 점령 목표 지역 부근으로의 이동 명령이 하달됐다. 전북 금마에 주둔하고 있던 7공수여단에는 이날 전투교육사령부로부터 31대의 트럭이 배속됐다.

광주 등지로 출동하기 위한 준비 조치였다.

이처럼 신군부는 대통령의 결단이나 국무회의의 의결이 어떻게 나올 것인지에 대해서는 아무 안중에도 없었다. 5·17 계엄확대를 계기로 무차별 철권을 휘둘러 자신들의 정권 창출에 장애가 되는 정치권, 재야, 노동계, 학계 인사와 학생들을 그야말로 일거에 싹쓸이하고 말았다.

10·26 이후 민주화를 갈망하는 국민의 저항을 총칼로 짓밟고야 말았다. 광주의 비극은 여기서부터 시작되고 있었던 것이다.

고문으로 얼룩진 '김대중 내란음모'

신군부의 고문으로 얼룩진 '김대중 내란음모 사건'에 연루된 인사는 DJ를 비롯하여 문익환, 이문영, 예춘호, 김상현, 이신범, 조성우, 이석표, 설훈, 심재철, 서남동, 김종완, 이해동, 한완상, 유인호, 송건호, 이택돈, 김녹영, 김홍일, 한화갑, 김옥두, 한승헌, 이해찬, 고은, 이호철, 김윤식, 송기원 등 모두 37명.

시인 고은(高銀)은 신군부에 의해 무참히 자행되었던 '김대중 내란음모 사건'을 다음과 같은 기록으로 증언하고 있다.

…1980년 5월은 뜨거웠다. 나는 5월 14일과 15일의 서울역 대시위에 문익환 목사 부인 박용길 장로 등과 함께 참여했다.

버스 한 대가 불타올랐다. 이 사건은 신군부가 세상에 나오는 여론 조작의 기반이 되고 있었다. 이에 앞서 신세계와 미도파 백화점 일대에서 벌어진 학생시위 행진에서는 '북은 오판말라'는 방어적 구호를 내걸기도 했지만 '전두환은 물러가라'가 시위의 주제였다.

전국 총학생회장이 서울로 집결하고 광주·부산 등지의 지역시위도 그 기세가 등등했다.

나는 자실(자유실천문인협의회)을 재가동시켰다. 국민연합 성명서 기초 작업으로 문익환 목사, 함세웅 신부 등과 자주 만나야 했다.

5월 17일 저녁이었다. 나는 모르는 사람의 전화를 받았다. 물론 내 전화는 오랫동안 도청되고 있었다.

"너 죽을 날이 왔다! 고은, 너 몸조심해라!"

이따금 오는 협박전화의 하나라고 여겼다. 내 대답 역시 거칠었다.

"너 누구야! 너야말로 내가 장사지내 주마!"

그 전화가 있고 나서 시인 이시영의 다급한 목소리가 수화기를 타고 들려왔다.

"지금 올림픽 주경기장에 군대가 집결되어 출진을 앞두고 있습니다. 빨리 피하십시오."

나는 이시영의 침착하지만 다급한 목소리를 듣고 '알았다'고만 대답했다.

가만히 생각했다. 뭘까? 서재 안을 한번 돌아보았다. 열 번도 넘게 가택수색을 겪었던 서재였다. 3·1절이나 8·15 혹은 4·19 같은 날들엔 그 날을 앞뒤로 5일 내지 7일간을 함께 '동거'하던 중앙정보부 요원과 관할 경찰서 정보과 형사의 체취까지도 스며 있는 서재였다.

나는 도피하지 않기로 결심했다.

내 살림을 도와주는 숙자와 복순이에게 생활비를 주고 집을 잘 지키라는 말도 해두었다. 그런 다음 소주 한 병과 깍두기 접시가 놓인 개다리소반 앞에서 천천히 자작하기 시작했다.

하지만 곧 술 마시는 일도 그만두었다. 말콤엑스의 책을 읽었다. 그러다가 잠들었다.

그날 밤 자정 무렵 대문 두드리는 소리가 났다. 숙자가 나갔을 때는 이미 그 문을 넘어 사람들이 들어와 있었다. 정보부 수사국 간부와 내 담당 이××, 그리고 한두 사람이 더 있었다.

서재와 다른 방들을 마구 뒤지기 시작했다. 나는 이미 검은 차에 실려 있었다. '갑시다' 따위의 말도 없었다.

1980년 5월 18일 0시 30분 나를 태운 계엄사 합수본부 호송차는 화곡동, 김포, 여의도, 마포를 경유하여 수사본부에 도착했다.

호송차가 마포대교를 건널 때 '봐요, 세상 확 바꿔졌소.'라는 한마디를 들었다. 군대가 교통통제를 하고 있었다.

한밤중의 국회의사당 앞에는 탱크가 서 있었다. 모든 것을 군대가 진행시키고 있었다.

수사본부 지하 2층.

나는 맨 구석에서 두 번째 방이었다. 1970년대 이래 열 번쯤 드나든 지하실이었다.

방음장치가 된 하얀 벽돌. 네 모서리를 방안의 동작을 관찰할 수 있는 스크린으로 두른 천장. 그리고 조사관 앞에 책상 하나를 둔 피의자의 의자.

그날 새벽, 지하실에서 조사관 아홉 명이 나를 에워싸고 서 있었다. 주무 수사관은 침착했다.

그러나 나머지 여덟 명은 나를 인간으로 취급하지 않았다. 온갖 협박과 폭언이 이어졌다.

나는 한 마리 물고기처럼 도마 위에 놓여 있었던 것이다. 다른 방에도 사람이 잡혀오는 것 같았다. 나는 한마디했다.

나는 고문당할 각오가 되어 있다. 그러나 나는 한쪽 귀를 수술하고 다른 한쪽 귀 수술을 예약한 상태의 환자다. 내가 왜 귀 환자인지는 이곳에서 더 잘 알지 않느냐(고은은 이미 미 카터 대통령 방한 반대를 주도하다 한쪽 고막이 망가진데 이어, 고문을 받고 또한 YH노조 사태 배후 조정자로 재구속되었다가 '79년 12월 주거 제한의 병보석으로 석방된 상태였다). 그러니까 내 수술 부위만은 건드리지 말기 바란다.

이 말은 고문하되 그곳만은 피해 달라는 뜻이었다.

"짜아식! 되게 살고 싶은 모양이구나!"

"임마, 너는 이제 다 끝장이야. 너하고 김대중하고 문익환하고는 끝장이야. 뭐? 귀 두쪽이 그리도 아깝냐."

"너 1933년생이지…. 이 정도로 네 일생은 충분해…. 새로운 세상에서 너 같은 건 필요 없어!"

천장의 형광등 불빛은 무정했다. 그 불빛은 그때부터 나에게 낮과 밤을 잃어버리게 했다.

인혁당 도예종을 담당했던 수사관이 나에 관한 몇 가지 사안의 조사관이었고, 간첩담당의 조사관도 내 사상쪽 사안을 맡아 신문했다.

내 옆방에 김동길 교수가 들어온 것 같았고, 그 뒤로 송건호(전 한겨레신문 발행인) 씨가 들어온 것 같았다. 다른 방들도 채워지는 것 같았다.

내 첫 오만은 한동안의 구타로 인해서 한풀 꺾여 버렸다. 새벽 4시쯤 주무 수사관이 쉬는 동안 다른 수사관이 자신이 쓰는 간이침대에 나를 눕혔다. 나는 이미 녹초가 되어 있었다.

그런데 지상에서 야근중이던 수사과장이 지하실 순찰을 위해 내려와 구둣발로 잠든 나를 짓이겼다.

"이 새끼를 왜 VIP 대접이야…."

나는 시멘트 바닥에 떨어졌다.

첫 수사 기록부에는 국기문란 사건이었다. 국기문란이라면 사형선고까지 염두에 두어야 했다. 이 국기의 주요 내용은 국가보안법 적용이었다.

나는 그때까지 두 차례 감옥에 간 적이 있었지만 '77년 대통령 긴급조치령 제9호 위반과 '79년 국가보위에 관한 특례법 위반이었지 국가보안법 위반은 아니었다.

그 당시 국가보안법 위반은 가장 치명적인 것이었다. 국가보위법 또는 오래 잠들어 있다가 '79년에 다시 적용시킴으로써 국가보안법과 같은 수준까지 된 조항이었다.

내 초기 수사는 국가보안법 위반 적용이었다. 그런 과정에서 나는 내가 잡혀오지 않았으면 결행했을 5월 18일 장충단공원 대집회와 그 집회 뒤 청와대까지 진격할 때 쓸 화염병 제작에 관해 얘기했다.

화염병은 가장 충격적인 이름이었다. '80년대엔 누구나 만들 수 있는 것이었지만 그때는 무기의 개념이었다.

내 입에서 화염병이란 말이 나오자 방안의 수사관들은 새로운 사실을 알아낸 듯 집중적으로 나를 추궁했다.

문익환, 이문영 교수들과 장충단공원에서 대집회를 선동한 뒤 거기 모인 사람들을 앞장서서 화염병을 던지며 데모 진압부대를 뚫어가려던 내 생각을 얘기했다. 장기표가 대회를 위해 활동한 것은 이미 그들도 알고 있었다.

그런데 문익환 목사 수사관도 장충단공원 집회를 발설했다. 이렇게 되자 국가보안법 적용을 슬그머니 철회하고 내란음모쪽으로 적용하기 시작했다.

지하실의 주무 수사관들은 회의 때문에 지상으로 자주 올라갔다. '국기문란 사건'이란 이름도 '내란음모 사건'으로 바뀌었다.

그런데 이는 5월 18일의 광주민주화운동과 깊이 관련된 것이었다(나는 이 사실을 그 당시는 알 수 없었다).

나는 하루 하루를 머릿속에 새겼다. 그러나 곧 그만 두었다. 지하 2층에서 단 한 번도 지상으로 나가본 적이 없이 2개월 이상을 보냈다.

철야심문은 계속 되었다. 이미 진술한 것을 다시 반복하며 새로운 사실을 이끌어내고 조작하는 과정이 한두 번이 아니었다.

내란음모 사건은 어느새 '김대중 내란음모 사건'으로 고착되었고, 내가 노동자들을 선동해 국가를 전복하려 했다는 혐의가 상대적으로 축소된 대신 수사의 주요 목표는 김대중 의장과 관련된 사건에 치중되어 있었다.

나는 하루 내내 서 있어야 하는 관과 같은 사방 1미터도 안 되는 방에 넣어진 일이 있었다. 정신착란이 왔으나 참선으로 그 조건을 이겨냈다.

6월 중순쯤 국가보안법 적용을 폐기하고 내란음모죄 적용과 계엄법 위반, 그리고 서울대생 이해찬(현 국무총리) 등을 교사한 혐의로 계엄교사 위반 등 세 가지 사항으로 내 죄의 범위를 확정하는 것 같았다.

나는 극한 상황을 체험하고 있었다. 시멘트 바닥에 꿇어앉힌 채 다리를 찍어대는 고문은 내 감수성에 절망을 가득 채워주었다. 햇빛을 보지 못해서인지 내 손등에는 없던 털이 나기 시작했다.

변소에서 만난 서남동 목사는 나를 보아도 눈인사도 하지 못하고 천치 바보처럼 무뚝뚝했다. 리영희 교수도 얼핏보았다.

나는 더 이상 버티어낼 수 없었다. 극도로 쇠약해진 심신에 '60년대까지 나를 따라다니던 죽음이 다시 솟아나 자살에 대한 생각이 커져갔다.

첫째, 이 절망적인 상황에서 내가 죽으면 그 죽음이 하나의 반전을 가능케 할 수 있다는 것.

둘째, 시인이란 이러한 현실에서 죽어감으로써 시적 의무를 다할 수 있다는 것과 나에게는 다행히 처자가 없으므로 유족에 대한 부담이 없다는 것 등으로 내 자살을 합리화하고 있었다.

죽어야 산다! 이것이 내 결심의 내용이었다. 하지만 이 죽음은 이전에 내가 네 번이나 자살미수를 거듭했던 그 허무주의는 아니었다.

그런데 내 앞 머리를 칠 벽면이나 모서리가 없었다. 책상 모서리엔 고무를 부착해 놓았고, 벽이나 문에도 충격을 흡수하는 장치가 있었다. 화장실에서도 가능하지 않았다.

결국 혀를 깨물어 버리는 방법 밖에 없었다. 그런데 한 조사관으로부터 간첩 하나가 혀를 잘못 깨물어 감옥 속의 여생을 말을 할 수 없는 반벙어리로 보냈다는 얘기를 들었었다. 혀를 깨물려면 확실히 깨물어야 했다.

6월 하순, 나는 혀깨물기보다 이마를 철문 모서리에 찧어 뇌를 파괴시키는 자살이 가장 적당하다고 생각했다. 화장실에 다녀오는 길에 화장실 입구의 쇠모서리를 보아 두었다.

이 결심을 하고 나자 비장한 심정이었다. 역사의 제물이 될 거라는 생각 때문에 나를 에워싼 조사관들에 대한 공포가 사라졌다. 아니 그들이 불쌍하기까지 했다.

때때로 그들은 수사와 수사, 고문과 고문 사이에 한 인간으로 돌아가 '언제 이놈의 지하실을 면한단 말이냐' '이 지긋지긋한 지하실 신세라니…, 네놈들 때문에 내가 지하실 귀신이 되었단 말이야'라는 한탄과 욕설도 퍼부었다.

고문기술이 뛰어난 홍××는 딸의 약혼자를 만난 얘기와 아스토리아호텔 뒤 섹스 목욕탕에 대한 얘기도 했고, 새로 맞춘 구두를 자꾸 신어보기도 했다.

수사가 장기화되자 조사관과 피의자 사이의 인간 관계도 이루어져 밤참 시간에 나갔다 오면서 주스도 사다주는 것이었다. 나는 한 수사관으로부터 '광주사태' 얘기를 얼핏들었다.

"광주는 지금 피바다란 말이오. 당신도 총탄 선물을 받을 거요. 이왕 죽을 바엔 당당하게 죽어야지…. 사내 대장부가 말이야."

이런 소리를 듣자 나는 사는 것보다 죽는 것이 더 많은 일을 하는 것이라고 여기게 되었다. 요컨대 내 죽음이 역사 혹은 시대에 하나의 의미가 되고 싶었던 것이다. 이 허영은 처절했다.

다음날 낮 12시 정각, 점심 쟁반이 오느라 어수선할 때 화장실 용변을 청해서 그곳에서 자결하기로 확정했다. 다행히 그날 밤은 조사가 없었다.

나더러 무엇이든 쓰라고 했다. 그런 것도 진술조서에 포함시키려는 의도였다. 써 나갔다.

백열등 불빛은 언제나 꺼지지 않았다. 새벽녘이었다.

꾸벅꾸벅 졸았다. 조사관들도 좀 느슨해졌다.

그런데 꿈속에서 어머니가 나타났다.

어머니의 모습은 의젓했다.

"얘야, 괜찮다! 죽지 마라!"

이 말씀만 남기고 어머니의 모습은 사라졌다. 꿈속에서 깨어났다.

 하얀 불빛 아래 수사관이 눈뜬 나를 쳐다보고 있었다. 내 뇌리에서는 어머니의 단호한 만류가 사라지지 않았다.
 다음 날 점심 때가 가까워오자 내 자살 결심은 사라져 버렸다. 그때까지 잊어버리고 있던 어머니의 모습을 꿈속에서 보았고, 어머니의 말은 나에게 아주 운명적이었던 것이다.
 결국 자살은 포기했다.
 7월 하순 무렵, 2개월 이상 진행된 합수본부 수사가 종결되었다. 나는 태양을 잃어버린 상태였고, 이미 회복하기 어려운 환자였다. 일어서면 바로 쓰러질 것 같았다.
 나는 거울을 보고 싶었다. 도대체 나 자신이 어떻게 되었는가를 알고 싶었다.
 여느 때와 달리 수사관들이 놀랍도록 친절해졌다. 맥주와 안줏감을 사왔다.
 내일 송치되니 이별주를 마시자는 것이었다. 그들은 재판 절차를 거쳐 사형당할 간첩도 송치 전야에는 소주 한 잔을 따라준다고 했다.
 나는 이문영 교수와 리영희 교수 생각이 났다. 옆방의 김동길 교수와 리 교수는 송치되지 않는다는 사실을 알았다.
 나는 이문영 교수를 내 방으로 모셔다 달라고 부탁했다. 내 수사관이 이 교수 수사관에게 이 말을 전해 주었다.
 얼마만인가. 구속되기 전에 거의 날마다 만나던 동지이고 형제였던 그 무덤덤한 얼굴을 실로 2개월 만에야 같은 지하실에 갇혀 있다가 만난 것이었다.
 그는 술 한 모금 마시지 않는 기독교인이었다. 하지만 그날 밤

만은 거품이 없어진 맥주를 몇 모금 마시는 것이었다.

다음날 김대중, 문익환, 이문영, 예춘호, 고은, 다섯 명은 육군교도소로 갔다. 호송관은 계엄사 헌병이었다.

이미 입고 있던 군복을 다른 군복으로 갈아 입히고 군화발로 차면서 고개를 숙이게 했다. 중죄인의 혁수정(가죽으로 만든 수갑)을 채웠다. 이어 지프 선도하에 각각 한 사람씩 합수본부 수사관들과 계엄사 호송관이 함께 송치하는 것이었다.

고개를 허벅다리에 처박아버려서 어디로 가는지 몰랐다. 남산터널을 빠져나와 경부고속도로에 접어들자 수사관이 고개를 들 수 있게 했다.

남한산성 육군교도소. 기관총좌가 정문쪽으로 향해 있었다.

육군교도소 특별감방 7호실. 그곳은 교도소 감방처럼 복도를 두고 이어지는 감방이 아니라 미로를 돌아가서 막다른 곳에 있는 감방이었다.

창살이 없었다. 마치 사진을 현상하는 암실과 같았다. 변기통만이 있었다.

이틀 뒤 30촉짜리 불이 갑자기 꺼졌다. 한 평짜리 암흑의 작은 공간이었다. 숨이 막혔다.

나는 참선을 했다. 헌병이 왔다.

"갑자기 정전이 되었습니다."

그러나 그것은 정전이 아니라 이곳에 들어온 사람들의 기운을 녹이려는 하나의 술수였다.

육군교도소 소장 조×× 대령이 시찰하러 왔다. 조 대령은 이렇게 말했다.

"이 방은 금강경 읽는 방이군."

뒤에 안 일인데 바로 내가 있는 방이 박정희 대통령을 쏴 죽인 김재규 중앙정보부장이 갇혀 있다가 서대문구치소로 옮겨가 처형당할 때까지 있던 곳이었다.

김재규 부장은 여기서 금강경 독송으로 간염을 치료했고, 염주를 굴리며 죽음을 대기하고 있었다. 그래서 내가 승려였다는 사실과 그의 금강경 사연을 연결시켜 말한 것이었다.

방안에는 불교경전(요약본)과 재래의 성서가 있었다. 그러나 나는 그것에 손대지 않았다.

병사에게 주는 밥말고 일주일에 한 번은 라면이 있었다. 그때까지 나는 라면을 먹어본 적이 없었다.

그것은 취사반에서 운반되어 오는 동안 충분히 불어서 라면 특유의 쫄깃한 맛이 없었다(나는 그 맛에 길들여져서 지금도 라면은 푹 삶은 것이어야 입에 맞는다).

왼쪽 귀에 문제가 있었다. 수술 예약 날짜는 지나가 버렸다. 이따금 귀의 상태가 좋지 않았다. 의무실 군의관들은 성실했으나 치료 실력은 만성중이염 정도의 수준이었다. 게다가 2개월간 조사를 받는 동안 얻은 위염은 거의 궤양 쪽으로 악화되었다.

아직도 나에게 큰소리 치던 간첩반 조사관의 목소리가 사라지지 않는다.

"야, 광주 빨갱이 놈들도 다 죽었다. 네놈도 사잣밥으로 먹힐 날이 내일 모레란 말이다."

그런 상황에서 나는 하나의 원칙을 세웠다.

그 극한적인 지하실의 고난 속에서도 끝내 나는 신이나 타력적인 불타를 찾지 않았다.

내가 무교동에서 술에 취해 있을 때에도 신 따위는 찾은 적이 없었다. 내가 지극히 행복하다고 여길 때에도 부처를 생각한 적이 없었다.

그런데 이런 고통 속에 있다 해서 신불에게 의존한다는 것은 하나의 인간적 비열함을 내보이는 것 밖에는 아무것도 아니었던 것이다. 이대로 죽어도 나는 아무런 절대자나 대상 없이 죽고 싶었다.

손가락을 깨물었다. 아팠다. 그 아픔만이 내 것이고 내가 살아 있다는 증거였다.

군법회의(군사재판)에 앞서 군검찰관 조사가 있었다. 내가 작가 송기원에게 그의 어린 딸에게 주라고 건넨 돈 5천 원이 0을 몇 개 더 붙여 50만 원이 되었다. 5천 원이 50만 원이 되는 동안 나는 말할 수 없는 닦달을 당했다.

도저히 견딜 수 없게 되면 0이 하나씩 늘어났다. 그래서 50만 원이 되어갔다. 아니 내가 그렇게 늘려가기 전에 송기원 쪽에서도 고문 끝에 0이 늘어났고, 그곳에서 늘어나면 내 조서에도 늘어났다. 그런데 이것을 가지고 나와 김대중 의장을 연결시켰던 것이다.

내가 동교동에서 데모 공작금 50만원을 받아 송기원에게 두 번이나 나눠 전달하여 서울역 데모를 지령한 것으로 만들어 세 피의자의 진술서에 똑같이 조작된 공작금 50만 원 부분이 명기되었다.

나는 국가보안법 적용보다 내란음모의 일반 형법 적용이 유리하다고 보았다. 상피고인(相被告人) 전체는 국보법 적용을 피할 수 있었으나 김 의장에게는 여전히 국보법 적용을 첫째로 하고 내란음모와 연결시켜 그를 이번 사건의 '수괴'로 확정했던 것이다.

또한 나를 노동운동과 연결시켜 노동절 기념식에서 읽은 시 '노동자들이여 일어나라'를 해석할 때 글씨 '파도여 파도여'를 '파'가 아닌 '타'로 우겨서 정권타도를 외치는 자술로 조작했다.

이런 조작을 양보화하는 대신 내 용어들이 북한 용어 그대로라는 억지만은 몇 차례 벗어날 수 있었다.

문제는 김대중 의장과의 회합이었다. 세검정호텔의 2인용 객실이나 식당, 그리고 아카데미하우스 등 몇 군데와 함세웅 신부의 용산성당, 김승훈 신부의 동대문성당, 그리고 문익환 목사의 집과 나의 집 회합 등에서 '음모'한 것에 대한 추궁 조작이었다. 이와 함께 국민연합 성명서 초안 경위와 발표 경위가 과장되고 있었다.

군법회의는 용산 국방부 부근의 군사법정에서 열렸다. 육군교도소에서 김대중 의장을 한 차에, 문익환 목사와 나를 한 차에, 이문영 교수와 예춘호 의원을 한 차에 태워 외부와 차단된 장치로 호송했다. 나는 그 긴 시간이야말로 갇힌 자의 해방감을 누릴 수 있었다.

피고끼리 말해서는 안 된다. 호송 헌병이 둘 사이를 막았다. 그런 속에서 문 목사는 나더러 '장가가'라고 결혼을 권유했다. 그는 '나 면회 온 박용길하고 입맞췄다'라고 말했다. 잠원 땅에 고속버스 터미널이 지어지고 있는 것이 드리워진 차단막 사이로 얼핏 보였다. …〈중략〉…

어느 날 예고 없이 아침에 복도로 불려나갔다. 이감이었다.

김대중 의장이 혁수정을 차고 끌려갔다. 이어서 우리 네 명도 혁수정을 차고 끌려가서 각각 호송차에 태워졌다.

그때 김 의장은 우리에게 책을 읽으라고 말을 했다. 나는 그를 살린 서방에 감사하며 그가 평화상을 탈 사람이라고 생각했다.

다른 사람들은 일반 수갑을 차고 흩어졌다. 경부고속도로의 거울 풍경과 함께 이 세상에서 가장 외로운 날이었다. 그러나 나는 울지 않았다.

나는 대구교도소로 갔다. 나 하나를 위해 6동 2층 열두 개의 방을 다 비워 놓았다. 밤에만 기결수들이 공장에서 돌아왔다.

내 방과 그들 사이의 감방은 비워 두었다. 완전 격리 상태였다.

나는 다음날 특수반에 불려나갔다. 전향서를 쓰라는 것이었다. 검은 전화기가 담당관의 책상 위에 놓여 있었다. 그것을 집어 방바닥에 내던졌다.

"뭐야, 전향서! 이 개새끼들!"

한참 뒤 담당관이 소리쳤다.

"아주 악질분자로군!"

5·17과 김옥두의 피와 눈물

내친김에 신군부의 고문으로 얼룩진 '김대중 내란음모 사건'에 연루된 인사 가운데서 DJ의 오랜 측근이었던 김옥두(전 국회의원)의 증언을 하나 더 옮겨보기로 한다.

김옥두의 증언은 앞서 살펴본 시인 고은과는 달리 DJ의 주변을 낱낱이 증언하고 있다는 점에서 이 사건의 실체를 이해하는데 한 발 더 다가설 수 있을 것이다.

1980년 5월 17일 운명의 토요일이었다. 저녁 여덟 시가 조금 넘은 시각이었다. 갑작스런 전화벨 소리에 나는 수화기를 들었다. 중앙일보 기자였다.

"전국 대학생 대표들이 이화여대 강당에서 회의중이었는데, 계엄사에서 덮쳐 이들을 모두 연행했습니다. 그 과정에서 많은 학생들이 개머리판에 머리를 다쳐 피투성이가 되어 끌려갔습니다."

나는 섬뜩했다. 그러고는 곧이어 이름을 말하지는 않았지만 목소리가 익은 듯한 한 정보부 요원한테서 전화가 걸려왔다.

"지금 천지개벽이 됐습니다. 김대중 선생님이 위험합니다. 피할 수 있으면 빨리 피하십시오."

그는 특급비밀이라면서 속히 말하더니 전화를 끊는 것이었다.

나는 즉시 김대중 선생에게 이 두 가지 사실을 보고했다.

김 선생은 응접실에서 저녁 식사를 마치고 파이프 담배를 피우고 있었다. 담배 연기를 깊숙이 빨아 쉬면서 말없이 고개를 끄덕였다.

나는 전화를 받고난 즉시 동교동 방명록과 수첩 등을 동교동 안방 장롱 뒤에 숨겨 놓았다. 만일의 사태에 대비하기 위해서였다.

한 10분쯤 지났는데 또 다시 전화벨이 울렸다. 이번에도 내가 수화기를 들었다. 역시 익명의 전화였다.

"모두 끝장났습니다. 신변을 조심하십시오."

선생님은 날 쳐다보더니 이내 무슨 내용인지 알겠다는 표정을 지었다.

동교동 응접실엔 이내 무거운 침묵이 흘렀다. 선생님은 침통한 표정으로 앉아 있었다. 뭔가 깊은 생각에 잠겨 있는 듯했다.

권노갑, 한화갑, 이협 비서 등이 시내 동정을 한 번 살피고 와야겠다며 밖으로 나갔다.

이어 박성철 경호실장과 이세웅, 정승희 등 몇 사람이 동교동 집 밖으로 나갔다 왔다. 동교동 골목 주변의 보안등이 꺼져 있고 검은 세단 여덟 대가 주위에 대기해 있다고 했다.

열 시경이었다. 갑자기 초인종 소리가 들렸다. 거실에 있던 정승희는 밖에 나간 권노갑 특보가 돌아온 줄 알고 문을 열었다.

순간 검은 그림자들이 문을 밀치고 쏟아져 들어오면서 착검한 개머리판으로 정승희의 머리를 후려쳤다. 그는 윽 하고 비명을 지르며 계단으로 쓰러져 버렸다. 그의 머리에서는 피가 흥건히 흘러 나왔다.

곧이어 이세웅이 다급한 목소리로 물었다.

"누구요?"

"이 새끼들 까불면 모두 죽여버리겠어!"

착검한 40여 명의 군인들이 역시 개머리판으로 이세웅을 짓이겨대며 동교동 마당을 가로질러 응접실쪽으로 몰려들어 왔다. 몹시 치밀하고 잘 훈련된 조직이었다.

중앙정보부 요원인 듯한 몇몇 사람이 권총을 들이밀고 나타났다. 그들은 문이 열리자마자 마당 안을 점령하듯 쳐들어오면서 욕부터 내질렀다.

나와 김대현 씨, 박성철 경호실장을 비롯한 대여섯 명이 그때 마당에 서 있었다. 그들은 마당에 선 우리들에게 명령했다.

"머리 위에 손을 얹고 저 벽쪽으로 가라! 움직이면 죽인다!"

우리들의 머리 위로 싸늘한 총검이 얹혀 있었다.

곧이어 일곱여덟 명의 군인들과 두어 명의 장교들이 흙발로 응접실에 올라섰다.

군인들은 김대중 선생 가슴에다 총칼을 겨누었다.

책임자인 듯한 장교 한 명이 김대중 선생에게 다가섰다.

그는 거칠게 쏘아붙였다.

"합수부에서 나왔습니다. 잠깐 가셔야 하겠습니다."

"어디요?"

김대중 선생이 침착하게 되묻자 그는 신경질적으로 맞받아쳤다.

"계엄사란 말입니다!"

김대중 선생은 양복 윗도리를 가지러 안방으로 들어갔다. 옷을 입고 거실로 나오자 착검한 군인들은 김대중 선생의 양팔을 잡아끌었다. 김 선생은 군인에게 잡힌 팔을 뿌리치면서 낮은 소리로 한마디씩 끊듯 말했다.

"내 발로 걸어갈 테니까, 걱정말고 가만히 있게."

그러고는 탁자 위의 담배를 집어 호주머니에 넣은 후 마당으로 내려섰다. 착검한 군인들이 선생의 등뒤를 겨누고 있었다.

이때 사모님은 총을 겨누는 군인들을 향해 "가자는 말 한마디면 따라나설 사람인데 왜 총은 겨누느냐"며 큰소리로 항의했다. 이어 연행되어 가는 김대중 선생을 향해 "하느님이 당신과 함께해 주실 것입니다."라고 외쳤다.

우리들은 김대중 선생이 연행되어 가는 모습을 빤히 지켜보면서도 그 어떤 말이나 행동도 취할 수 없었다. 조금이라도 몸을 움직인다면 등뒤의 총검이 목덜미를 사정없이 찌를 분위기였다.

김대중 선생이 마당 밖으로 끌려나가자 응접실에서 맨 마지막으로 걸어나온 장교가 명령했다.

"그래도 앉은 채 호명한 사람만 일어선다. 김대현, 김옥두, 이세웅 이상 세 사람 앞으로 나와!"

세 사람이 쭈뼛쭈뼛 일어나자, 그는 다시 거칠게 쏘아붙였다.

"끌어내라!"

군인들이 동작 빠르게 우리의 양팔을 끼고서 대문 밖으로 끌고 나갔다. 우리들 세 사람의 등뒤에는 여전히 날카로운 총검이 어둠 속에서 빛을 내뿜고 있었다.

우리 세 사람은 대문 밖으로 끌려가자마자 각자 한 사람씩 나뉘어 검은 승용차에 태워졌다. 그 장교가 다시 말했다.

"나머지는 저기 한쪽에 다 집어넣고, 별도 지시가 있을 때까지 잘 지키도록 한다. 서툰 짓 못하게 하고, 알았나!"

그의 철모에 희미한 표식이 보였다. 대위 계급장이었다.

머리가 깨진 정승희도 짐짝처럼 끌고 가더니 던져 넣었다. 승용차 뒷좌석 가운데에 앉자마자 정보부 요원인 듯한 두 사람은 양쪽에서 수도로 내 목을 후려갈겼다. 그러고는 무릎을 맞대 목을 조르면서 쏜살처럼 남산 중앙정보부 지하 3층으로 끌고 갔다.

지하실에서 잠깐 이세웅의 얼굴을 볼 수 있었다. 그는 반팔 와이셔츠 차림의 나에게 자신의 트레이닝복 윗도리를 벗어주었다. 그들은 나를 어느 조사실로 처박아 놓고는 밖으로 나갔다.

18일 새벽 2시경이었다. 네 사람이 한꺼번에 들이닥치더니 주머니 속의 소지품을 모조리 꺼내놓으라고 했다.

나는 잡혀올 것을 미리 예상하고 있던 바, 동교동 안방 장롱 뒤에 소지품을 모조리 던져버려서 갖고 있는 게 없었다. 내가 아무것도 없다고 하자 그들은 대뜸 쏘아붙였다.

"이놈은 악질이어서 아무것도 없는가보다."

그들은 군복을 내 앞에다 던져주었다. 갈아입으라는 거였다. 팬티 위에 군복바지를 입자 그들은 일순 옆구리를 주먹으로 가격했다.

"야 임마, 다 벗으란 말야."

나는 그들이 빤히 쳐다보는 앞에서 팬티까지 벗고는 군복으로만 갈아 입었다. 그러고 나자 기다렸다는 듯이 네 사람이 한꺼번에 달려들었다.

"이 빨갱이 새끼! 왜 잡혀온 지 알지?"

그들은 이 한마디를 내뱉더니 각목을 가져왔다. 그러고는 수갑을 채운 채 한참 동안 정신 없이 후려갈겼다. 유신 쿠데타 직후보다 그들은 더욱 더 잔인해져 있었다. 아무 말 없이 그들은 18일 새벽부터 20일경까지 시시때때로 와서 후려팼다.

직사각형의 그 방은 한 서너 평 정도 될까말까 했다. 백열등만

이 음산한 빛을 발하고 있었고, 방 전체가 조금은 어두컴컴했다.

책상 2개가 방 가운데에 놓여 있었고, 캐비닛이 모서리에 1개 있었다. 그리고 야전침대가 하나가 펴져 있었고, 소리나는 것은 아무 것도 없었다.

시계도 없었고, 아무튼 방음장치는 철저하게 잘 된 듯했다. 시계가 없다보니 낮인지 밤인지 분간할 수 없었고, 하루 세끼 정도의 식사는 제때 제때 나오는 듯했다.

들어오자마자 시작된 정신 없는 구타 속에서 한 번쯤 기절한 것 같았다. 그러고는 한 여섯끼 정도의 식사가 들어오고 난 뒤였다.

그날부터 웬일인지 한 5, 6일간 갑자기 구타가 중단되었다. 나를 조사하는 4명의 수사 요원이 무엇인가 쑥덕거리며 나 몰래 필담으로 이야기를 나누고 있었다.

이때가 5·18 광주민주항쟁 기간이었지만 난 밖에서 무슨 일이 벌어지고 있는지 전혀 알 수가 없었다. 한 수사관은 별로 말도 하지 않고, 얼굴에는 잔뜩 불안과 초조가 배어 있었다. 뭔가 풀이 죽어 있는 표정이었다.

잠도 잘 재워주고 해서 5, 6일간 편하게 지낼 수 있었다. 나는 밖의 동정을 살펴보러 화장실을 자주 다녔다. 그들 중 한 명이 화장실까지 따라나서는 통에 박성철 장군을 중간에 만났으나 얘기를 나눌 수는 없었다.

그러다가 갑자기 수사 요원이 교체되었다. 교체된 정보부 요원은 먼젓번 요원들보다 더욱 더 거칠게 나왔다.

그들은 인상부터가 기분 나쁘게 생겨 있었다. 얼굴에는 잔뜩 개기름이 끼어 있었고, 손은 마치 솥뚜껑처럼 컸다. 눈초리는 뱁새처럼 찢어져 있었다.

또 다시 고문이 시작되었다. 고문을 자행하면서 나에게 들이민 내용은 15가지 정도였다.

다음을 시인하고 답하라는 것이었다.

1. 김대중은 빨갱이다.
2. 김대중의 지시로 이북에 몇 번 갔다 왔느냐.
3. 이북 가서 김일성을 몇 번 만났느냐.
4. 김대중은 조총련 자금 가지고 정치하고 있다. 조총련 관련 인사들의 명단을 대라.
5. 군부 내 김대중 인맥은 누구냐.
6. 김대중이 학생 선동자금으로 누구에게 얼마 주었느냐.
7. 경제인 중에서 김대중에게 돈 준 사람은 누구냐.
8. 김대중이 재야 누구에게 운동자금을 얼마나 주었느냐.
9. 동교동에 출입한 사람들의 신상명단을 내놔라.
10. 김대중과 친한 언론인이 누구냐.

등등이었다. 한결 같이 터무니없고 인정할 수 없는 내용들이었다.

나는 죽기를 각오해야만 했다. 그들의 요구는 결코 들어줄 수 없는 사안이었다. 그들은 어서 시인하라고 또 다시 몽둥이 찜질을 가해 왔다.

첫 번째 항목에 대한 조사가 시작되었다. 김대중은 빨갱이라는 것을 너는 알지 않느냐, 이것을 어서 시인하라고 했다. 나는 어처구니가 없었다.

"왜 김대중 선생님이 빨갱이란 말이냐?"

나는 저항했다. 그러자 그들은 빨갱이를 선생님이라고 부른다면서 더욱 더 가혹하게 매질을 해왔다.

내가 '차라리 죽여라' 하면서 의자를 들어 그들에게 던지려고 하자, 갑자기 야전침대를 해체시키더니 받침봉 6개를 가지고 와 두들겨 팼다.

야전침대는 밤에만 침대였지 낮에는 고문기구였다.

그 바람에 머리통이 터지면서 피가 쏟아져 나왔다. 그래도 그들은 눈 하나 깜짝하지 않고 더러운 걸레 조각으로 내 머리를 대충 닦고는 의자에 앉혔다.

그러고는 양팔을 의자 뒤로 돌린 뒤 수갑을 채웠다.

"야 빨갱이 새끼야, 너 오늘 죽어버리겠어. 지금 앰블런스가 밖에 대기 중이다. 네까짓 놈 하나 죽여 한강 지하통로로 내버리면 쥐도 새도 모른다. 네 마누라도 지금 잡혀와 있다!"

마누란 소리에 흠칫 놀랐지만 '난 여기서 너희들한테 맞아 죽어야겠다'고 저항했다. 그러면서 나의 소신을 이야기했다.

"김대중 선생은 불의와 타협하지 않고, 민주화를 위해서, 인권을 위해서, 그리고 우리 국민들을 위해서 일해 오신 분이다. 지금 전두환이 정권잡기 위해서 이러는 것 아니냐?"

내 말이 끝나자마자 그들은 다시 야전 침대 받침봉을 빼내 어깻죽지를 내려치면서 입에 재갈을 물렸다.

"이 빨갱이 새끼, 정말 말 그대로 악질 아니야? 참, 맡아도 더럽게 재수 없는 놈 맡았네."

그들은 분통을 참을 수 없다는 듯 다시 한번 군화발로 조인트를 깠다. 그러고는 양 무릎 안에 각목을 대고 무릎 위를 발로 사정없이 짓밟으면서 눌러댔다. 발목이 부러지는 것 같아 통증을 참아낼 수가 없었다.

그들은 1번 조항을 가지고 한 3일 동안 정신 없이 두들겨 패면서 온갖 종류의 고문을 해댔다.

내가 이를 악물고 버텨내자 결국은 2번과 3번 조항을 묶어서 "좌우간 김일성을 몇 번 만났느냐?"며 새롭게 다시 시작했다. 그리고 나서 벗어놓은 내 구두를 가지고 와서 얼굴과 머리통을 가리지 않고 쳤다. 차라리 어서 죽고 싶다는 심정뿐이었다.

그런 죽음의 유혹 속에서도 언뜻언뜻 정신이 들 때마다 '안 된다. 절대로 굴복해서는 안 된다'고 스스로를 다그쳤다. 김대중 선생님과 동교동 사모님이 저들의 조작된 음모에 결려들지 않도록 내 목숨을 내놓는 한이 있더라도 절대 굴복해선 안 된다고 다짐을 하고 또 다짐을 했던 것이다.

이 더러운 날조와 조작을 그리고 이 살인적인 고문을 반드시 살아서 나가 폭로해야 한다고 나 스스로에게 굳게 맹세했다.

온갖 상념 속에서 시달리며 그래도 살아야 한다는 각오 때문에 밥을 억지로 먹었다. 하지만 밥 먹는 일도 고통이었다. 그들은 내가 저희들 뜻대로 시인하지 않는다고 입 속에 각목을 넣고 휘저어서 입안이 온통 헐어버렸던 것이다.

그들은 일주일 단위로 조사한 것을 가지고 상부로 올라갔다 올 때마다 험상궂은 표정을 하고 왔다. 아무 말도 않고 담배만 피워대면서 보안사 내 최고의 고문 기술자인 마산 출신의 그 전 대위란 요원에게 신호를 보냈다.

그들은 차마 입에 담을 수 없을 정도의 온갖 잔혹한 고문도 서슴치 않았다. 나의 소중한 그 부분을 톡톡 치면서 성적 모욕을 주기도 했다.

그들은 며칠째 잠 한숨 재우지 않고 "너는 빨갱이 악질이니까 내 손으로 반드시 죽이겠다"고 소리쳤다. 마치 미친 개처럼 침을 질질 흘리면서 방안을 휘젓고 다녔다.

그들은 인간의 탈을 썼으되 도무지 인간이라고 부를 수 없었다. 마치 악마와도 같았다. 그들과 한 하늘 아래에 살고 있다는 것이 아주 치욕스럽게 느껴졌다.

5월 말쯤의 어느 날이었다. 몇 놈이 들어오더니 다짜고짜 윽박질렀다.

"동교동 방명록과 네 수첩은 어디다 뒀느냐?"

"방명록은 어디 있는지 모르고, 수첩은 안 가지고 다닌다."

그러자 그들은 서랍을 열면서 "그럼, 이것은 뭣이냐?"며 방명록을 내보였다. 그들은 그 방명록의 한 페이지를 나에게 펼쳐 보였다.

거기엔 '전남대 복학생 정동년'이라고 크게 페이지 가득 씌어 있었다. 그들은 그 페이지를 내 코앞에 내밀었다.

"야! 네가 정동년을 김대중에게 소개해서 김대중이 안방에서 정동년에게 돈 5백만원 주는 것 봤지? 여기 와 있는 사람들한테 물어보니까 네가 총무 겸 의전비서라고 너한테 물어보면 다 안다던데 사실대로 말해라! 이건 절대로 그냥 못 넘어간다!"

나는 그들에게 김대중 선생의 의전비서로서의 기본 원칙을 얘기해 주었다.

"첫째, 선생님의 신변을 보호하기 위해서 초면인 사람은 절대로 면담을 시키지 않는다. 둘째, 학생들은 일절 면담 안 시킨다. 셋째, 단독 면담시키지 않는다."고 얘기해 주었다.

그리고 이것은 김대중 선생님의 지시 사항이라 내가 어길 수 없는 일이라고 덧붙였다.

그러자 그들은 사납게 쏘아붙였다.

"그럼, 이것은 뭐냐? 이게 동교동 방명록 맞잖아? 설마 이것이 가짜라고는 않겠지? 다른 사람들은 다 불었는데, 왜 너는 무조건 모른다고만 하는 거야!"

화가 단단히 난 그들은 한참을 구타한 뒤 다시 물었다.

"너는 못 봤지만 온 것은 확실하잖아! 바른대로 얘기해!"

나는 똑같은 말을 되풀이했다. 그러면서 설령 동교동을 찾아왔다고 하더라도 내가 이런 면담 원칙에 따라 김 선생에게 절대 면담시키지 않았을 것이라고 재차 얘기했다.

그들은 거짓말로 작성된 정동년의 조서를 가지고 와 나에게 보여주었다. 그러면서 "여기 봐라. 김대중한테 5백만 원을 받았다고 써 있잖아! 이래도 거짓말할 거야!" 하면서 다시금 잘 생각해보라고 했다. 나는 왜 정동년 문제 때문에 저들이 야단법석인지 알 수가 없었다.

그들은 그러면서 "내가 김대중 선생한테 정동년을 소개해 돈 5백만원 준 것을 봤다. 돈을 줘서 광주에서 봉기토록 지시했다"라는 내용을 쓰라고 혹독한 고문을 자행했다.

내가 완강하게 그러한 사실이 없다고 부인하자 그들은 이 문제를 가지고 한 5일간 온몸이 피투성이가 되도록 만들었다.

깨어나 보니 팔뚝에 링거가 꽂혀져 있었다. 이마는 일곱 바늘이나 꿰매져 있었고, 왼쪽 고막은 터져 진물이 흐르고 있었다.

온몸이 성한 데가 없었다. 팬티와 러닝셔츠는 핏물이 스며들어 마치 걸레 조각처럼 지저분했다.

모든 게 슬픔뿐이었다. 그런데도 한편으론 이들이 오히려 불쌍하고 가련해 보이는 건 왜일까…. 스스로 인간이기를 포기하고 마치 백정처럼 길길이 날뛰는 이들이 하염없이 가련하게 보였다.

그들은 나를 고문하면서 아이들을 걱정하고, 어제는 마누라하고 싸웠다느니 하면서 별의별 이야기를 늘어놓았다.

그들도 집에 가면 인면수심을 벗고 한 가정의 가장으로서 다정한 남편과 자상한 아버지가 될 수 있을까? 참으로 믿을 수 없었지만 아마 그럴 것이라고 생각되었다.

자기들 요구대로 들어주지 않으면 빨갱이고, 틈만 나면 때려죽일 놈이라고 외쳐대는 저들…. 인간의 탈을 쓰고 인간으로서 지녀야 할 최소한의 도덕적 양심도 없이 정권을 잡아서 뭘 어떻게 하겠다는 것인지, 또한 국민의 신임 없이 오로지 총칼로 억누르는 저들이 과연 천년 만년 부귀영화를 누릴 수 있다고 생각하는 것인지, 아… 모든 게 한심스러웠다.

…〈중략〉…

그렇게 고통받는 사람은 나뿐이 아니었다. 잠깐 그들이 방문을 열고 밖으로 나갈 때면 한화갑 동지가 옆방과 저 어딘가에서 부터 몸부림치며 울부짖는 소리가 아련히 들려왔다.

아아, 그 지옥 같은 60일…. 무려 15가지에 이르는 조사 내용은 두 달이 가까워지자 2개 항목으로 줄어들었다.

1. 김대중은 사상적으로 빨갱이다.
2. 김대중은 학생들에게 돈을 줘서 데모를 조종했다.

그러나 난 단 한 가지도 끝내 인정할 수 없었다. 이것은 김대중 선생을 죽이기 위해 조작된 사실이었기 때문에 나는 절대 인정할 수 없었던 것이다.

기력은 더 이상 견딜 수 없을 만큼 떨어졌고, 귓속에서는 환청이 들려왔다. 눈앞에서 그림자가 언뜻언뜻 스쳐갔지만 눈을 뜨면 날 잡아먹을 것처럼 노려보는 전 대위라고 불리는 그 고문기술자 뿐이었다.

…〈중략〉…

어느덧 7월이 왔다. 어느 날 중앙정보부 수사 요원 2명이 오더니 다정하게 말했다.

"김 선생, 지금까지 하나도 대답한 것이 없습니다. 우리도 자식이 있는 수사관입니다. 위에서 이런 것을 알아오라고 하는데 김 선생은 말하지 않고 있습니다. 위에서 볼 때 우리가 무능한 수사관이 된 게 아니겠습니까? 그래서 우리가 고문하지 않을 수 없는 것입니다. 김 선생이 참 얄밉습니다. 그냥 '아닙니다'라고 해도 될 말을 왜 '절대로 아닙니다' 하면서 쓸데없이 '절대로'란 말을 덧붙이는 것입니까?"

그러면서 그들은 자기들 입맛대로 제발 좀 써달라고 사정사정했다. 내가 또다시 그럴 수 없다고 하자 "우리 처음부터 다시 시작하자! 당신 때문에 도저히 못 살겠다. 다른 수사팀은 일이 다 끝나 편히 술 마시고 있는데 우리만 이게 뭐냐? 당신하고 전생에 원수가 졌느냐?" 하면서 울분을 토했다.

중앙정보부 그 지하실에서 쓴 나의 진술서는 몇 천 페이지 분량이 되었을 것이다. 똑같은 소리를 쓰고, 또 쓰고, 자기들 입맛에 맞지 않는다고 처음부터 다시 또 쓰고….

약 두 달간 열다섯 자루의 볼펜이 소모됐고, 그 두께가 15센티미터정도 됐다. 그들은 내 자필 진술서를 보더니 내 것이 제일 두껍다면서 투덜거리는 거였다.

중앙정보부 지하실에 온지 약 60여 일이 지난 어느 날이었다.

아마 7월 14일쯤 되었을 것이다.

수사관 두 명이 와서는 다정하게 손목을 잡았다. 그리고는 악수를 청하는 거였다.

"김 선생, 존경합니다. 김 선생 같은 분이 있으니 김대중 선생처럼 훌륭한 분이 있는 거 아닙니까? 우리 여기 있었던 일, 남자 대 남자로 잊어버립시다. 내일 서대문구치소로 이송될 거요."

그 말끝에 나에게 담배를 권했다. 내가 못 피운다고 하자 상처를 보면서 알약을 주고 갔다.

그토록 악독하게 날 짓이겨 놓았던 그 전 대위란 요원이 나중에는 오더니 자못 얼굴을 누그러뜨리고 정중하게 한마디 건네는 거였다.

"김 선생님, 정말로 훌륭합니다. 우리들 입장을 이해해 주십시오. 존경합니다. 김 선생님같이 우둔한 사람은 처음 봤습니다. 우리도 마음이 아픕니다. 이 모두가 김대중 선생을 지키기 위하여 그토록 고통당한 것 아닙니까?"

그는 믿기지 않을 정도로 고개를 숙여가며 날 달래려고 했다. 나는 한편으로 어처구니가 없어서 얼굴을 쳐다보면서 쏘아붙였다.

"당신네들 이렇게 한 것에 대해 법정에서 모두 말하겠소."

그는 아무렇지도 않은 표정으로 대답했다.

"네, 법정에서 얘기하십시오."

그렇게 해서 나는 그 지옥의 집을 빠져나올 수 있었다. 들어올 때 84킬로그램 나가던 몸무게는 72킬로그램으로 줄어 있었다. 얼굴은 광대뼈만 앙상히 보일 정도로 바짝 말라붙어 있었다.

나중에 서대문구치소에서 한화갑 동지와 김종완 씨를 만나니 그들이 내가 고문받다가 죽은 줄 알았다면서 무척이나 안쓰러워할 정도로 나는 그 죽음의 집에서 만신창이가 다된 몸으로 빠져나올 수 있었다. 참으로 음산하고 너무나 소름끼치는 지하실의 나날이었다.

각목으로 맞아 일곱 바늘이나 꿰맨 곳에선 상처가 덧나 있었다. 상처 때문에 세수를 할 수 없고, 이를 닦을 수 없고, 귀에선 한없이 고름이 흘러나왔다. 걸음마저 걸을 수 없어 한 발짝 한 발짝씩 간신히 내디뎌야 했던 나….

하지만 기어이 살아서 서대문구치소로 가게 된 것이다. 나는 너무나 기쁘고 고마워서 감사기도를 드렸다.

JP와 YS, 그리고 DJ의 운명

보안사령관 겸 중앙정보부장 전두환 중장을 핵심 세력으로 한 신군부에 의해 5·17 계엄확대가 선포된 이날 밤, 계엄군에 의해 연행된 자는 모두 2,700여 명에 달했다.

그 가운데에는 민주 인사들을 검거하는 것에 대한 관심을 돌릴 목적으로 권력형 부정축재라는 허울좋은 미명 아래 집권 여당인 공화당의 수뇌부도 다수 포함시켰다.

그런 시나리오 속에 공화당의 실력자들인 이후락, 박종규, 김진만, 김치열, 오원철, 이세호, 장동운 등은 권력형 부정 축재자로 몰아 그날 밤중으로 체포되었다.

공화당 총재 김종필의 운명 또한 다르지 않았다. 그 역시 신군부의 계엄군에 체포되어 군 지프에 태워지는 운명에서 벗어날 수 없었다.

같은 시각, 신민당 총재 김영삼의 상도동 자택 주위에도 긴장감이 맴돌았다. 그보다 앞서 그날 오후 늦게 계엄사령부에서 대령 계급장을 단 장교가 상도동으로 찾아왔다.

그는 김영삼에게 "군은 불안 요소만 제거하고 돌아갈 것입니다. 기자회견이나 성명서 발표 같은 것은 하지 말아 달라는 게 전두환 장군의 요청입니다."고 말했다.
 김영삼이 발끈했다. 대령 계급장을 단 장교에게 화를 버럭 내며 말했다.
 "무슨 소리하는 거야? 안정은 너희들이 깨뜨린 것이다. 너희들은 지금 용서받을 수 없는 일을 하고 있다. 누가 하지 말란다고 기자회견을 안 할 수는 없다."
 5·17 계엄확대를 선포한 이틀 뒤인 5월 19일, 신민당 총재 김영삼은 이때까지도 비교적 자유롭게 움직였다. 그날 그는 마포 신민당사에서 당직자들과 회의를 가졌을 장도였다.
 물론 당사는 계엄군에 의해 봉쇄된 상태였다. 바깥과의 접촉은 일체 차단되었다.
 결국 김영삼은 다음날 아침 9시에 기자회견을 하겠다고 각 언론사에 연락토록 지시한 뒤 상도동으로 돌아왔다. 그러나 그는 다음날 마포 당사로 향하지 못했다.
 그날 아침 8시경 무장한 헌병 중대 병력이 집 주변을 에워쌌다. 그 중 20여 명은 대문을 밀고 들어와 10여 평 남짓한 비좁은 마당이 꽉 차게 늘어섰다. 이틀 전 찾아왔던 대령 계급장을 단 장교가 응접실에 다시 나타나 말했다.
 "총재님, 나중에 기회가 있을 텐데 꼭 오늘 하셔야 됩니까?"
 "이 헌병들은 뭐야. 당장 철수해라. 전두환에게 가서 얘기해라. 전두환이 제2의 박정희가 되고 싶은 모양이구나."
 김영삼은 야단을 쳐 장교를 응접실에서 내보냈다. 그런 뒤 응접실에 들어와 있던 내외신 기자들에게 서둘러 회견문을 배포하고, 미처 집안으로 들어오지 못한 보도진에게는 담장 너머로 유인물을 던졌다.

'5·17 사태는 민주회복이라는 국민적 목표를 배신한 폭거입니다. 나는 양심이 가리키는 바에 따라 위기를 딛고 나라를 건지기 위한 모든 노력을 다할 결의를 밝힙니다.'
"이 시간부터 가족 이외의 출입은 금지된다. 기자, 비서, 당원, 그리고 친척들도 즉시 나가라."

김영삼이 서둘러 회견문을 읽으려는데, 군 책임자의 지시가 떨어졌다. 다음 순간 무장한 헌병들이 집안에 있던 사람들을 모두 몰아낸 뒤 집 안팎을 완전히 봉쇄했다.

이날 회견 내용은 언론 검열로 국내 언론에는 한 줄도 보도되지 못했다. 일본의 '아사히신문'만이 담 밖으로 던져준 회견문을 받아 보도했다가 기자가 추방되기도 했다.

군인들은 그날부터 집 주변을 개미 한 마리 얼씬할 수 없도록 지독하게 통제를 했다. 김영삼만 집 밖으로 나갈 수 없는 것이 아니라, 어느 누구도 그를 만나러 집으로 찾아올 수 없었다. 이른바 '가택연금' 조치였던 것이다.

그러나 김대중의 운명은 보다 더 가혹한 것이기만 하였다. 그 전에도 더러 잡혀가고 죽을 고비도 겪었지만, 무장한 군인들에게 끌려간 것은 이날이 처음이었다.

그리고 잠깐 다녀오겠다고 하던 그 길은 자신에게 사형선고가 기다리던 그 길이었고, 잠깐 가야 되겠다던 그 길은 육군교도소와 청주교도소에서 사형수와 무기수 그리고 20년 징역형을 받은 죄수로서 2년 7개월의 감옥살이를 한 끝에, 미국으로 공수되어 다시 2년여의 사실상의 망명 끝에 집으로 돌아올 수 있었던 것은 그날로부터 무려 4년 7개월이나 지난 1985년 2월 8일에서였다.

이와 관련해 손호철 교수는 이렇게 진단했다.

"…여기에서 주목할 점은 두 야당 지도자 중 김영삼 신민당 당수는 구속 대상에서 제외됐고 김대중만이 구속됐다는 사실이다. 신군부는 정권장악의 마지막 장애물인 민중 세력을 공격, 세칭 '시민사회'를 장악하기 위해 민주화 진영을 분열시켜 그 힘을 약화시킬 필요성이 있었고, 이를 위해 재야 민중세력과 좀더 직접적인 연계를 유지해 왔고 박정희 정권의 오랜 정치공작에 따라 '급진적' 이미지가 국민들 사이에 유포되어 있으며 지역 기반 역시 소외된 호남인 김대중을 내란혐의의 구속 대상으로 삼는 전략적 선택을 한 것이다. 따라서 그것이 의도된 것이든 그렇지 않든 신군부는 광주·호남민들의 강한 반발이라는 효과를 초래할 '전략적 선택'을 했다고 볼 수 있다."

DJ 고문 현장을 지켜본 전두환

김대중 역시 이날 밤 이문영, 송건호, 예춘호, 김종완, 한승헌, 이해동, 김상현, 이택돈, 한완상, 한화갑, 김옥두, 설훈, 이석표, 이호철, 송기원, 고은 등 재야 민주인사와 함께 무장한 군인들에 의해 그날 밤 중앙정보부 지하실로 끌려갔다.

그리고 실오라기 하나 남김없이 발가벗겨진 채 수사관들이 내던진 군복으로 갈아입어야 했다.

이어 곧바로 한 줄기 햇빛도 들지 않는 컴컴한 지하실에서 욕설과 폭언이 난무하는 폭력적인 분위기 속에 하루 18시간씩 조사가 강행되었다. 때때로 수사관들은 자신들이 꿰어맞춘 시나리오대로 진술하지 않는다며 몇 차례나 옷을 발가벗긴 채 '고문하겠다'는 협박을 속절없이 당할 수밖에는 없었다.

그러나 김대중은 자신이 무슨 혐의로 이곳까지 끌려왔는지조차 알 수 없었다. 바깥 세상이 어떻게 돌아가고 있는지 모를 뿐만 아니라, 집안이 어떻게 되었는지도 깜깜 무소식이었다.

부인이나 세 아이들, 그리고 집에서 자신을 도와주던 비서들은 또 어떻게 되었는지 도무지 알 수 없었다. 알아야만 할 일을 알 수 없을 때의 고통은 머리를 벽에 기대어 처박고 싶은 심정이었다.

재야와 당 동지들 또한 어떻게 되었는지, 모두 자신과 같은 처지에 있지는 않은지, 가슴이 미어질 것만 같았다.

이 무렵 신군부는 앞서 증언 기록을 통해 알 수 있었던 것처럼 혹독한 고문을 통해 어떻게든 김대중 내란음모 사건과 연결시키려고 혈안이 되어 있었다.

동아일보투위 마지막 수배자 2명 가운데 한 명이었던 정연주 기자의 경우에도 다르지 않았다. 그의 얼굴과 약력이 담긴 수배용지에는 '체포하면 1계급 특진, 2백만 원 포상'이라는 문구가 붙어 있었다.

그러나 동아투위 정연주 기자는 신군부가 왜 그토록 자신을 붙잡지 못해 안달이 났었는지 그 이유를 알 수 없었다. 그러다가 계엄령이 해제된 이후에야 비로소 그 전모를 이해할 수 있었다.

'…때는 5·17 근방이었다. 그즈음 경북 지역에서 학생 시위가 있었으며, 거기서 성명서가 뿌려졌다. 경희대 본교생 일부와 분교생 일부가 성명서를 뿌리며 시위에 적극 가담했다. 성명서에는 신군부를 격렬하게 비난하는 문구가 들어 있었으며, 권력에 굴종하고 아부하는 당시 제도언론에 대한 비판도 담겨 있었다.

그런데 제도언론을 비판하는 대목에서 성명서는 내가 경희대학보에 기고한 '70년대 한국언론'의 일부를 그대로 인용했다. 시위를 주도했던 경희대생들이 잡혀갔으며, 이들은 계엄사 대구분실로 잡혀가 죽도록 얻어터졌다. 조사 과정에서 당연히 성명서 작성 문제가 나왔고, 제도언론 비판 대목과 관련하여 내 이름과 동아일보 해직기자 출신이라는 전력도 드러났다.

계엄사 대구분실은 학생시위 배후 세력으로 나를 지목했으며, 나는 김대중 씨로부터 돈을 받아 학생시위 거사 자금으로 사용했다는 '작품'을 만들었다.

그러니까 '경희대생 3명이 해직기자 출신인 정연주와 모월 모일 모시에 모처에서 만나, 김대중이 정연주에게 학생시위 거사 자금으로 건네준 수십 만원을 전해 받았으며, 이 자금으로 정부를 전복하기 위한 학생시위를 주도했다'.

…그런 얼개였다….

그제서야 계엄군과 경찰이 왜 그토록 지독하게 나를 잡으려 했는지 의문이 풀렸다. 김대중 내란음모 사건의 한 부분으로 조작돼 있었던 것이다. 그랬기에 그들은 나를 절실하게 '필요'로 했다. 게다가 김대중 씨가 해직기자인 정연주를 통해 학생들에게 시위 자금을 댔다는 '자백서'까지 받아놓은 상태가 아니었던가? 나는 그 중간 고리로 되어 있었다.'

전남대 복학생 정동년 또한 신군부에 의해 고문으로 조작된 '작품'이었다. 그의 이름이 그 해 4월 13일 동교동의 김대중 자택을 방문했었다는 방명록에서 발견되자 신군부는 그를 김대중 내란음모 사건에 엮어 넣은 것이다.

이미 5월 17일 예비 검속으로 광주보안사 지하실로 연행돼 있던 정동년은, 합수본부에서 내려온 수사관들에게 참혹한 고문을 받은 끝에 어쩔 수 없이 그들이 작성한 시나리오대로 진술서를 작성하지 않을 수 없었다.

그 시나리오란 다른 게 아니었다. 앞서 얘기한 대로 5월 5일 김상현의 안내로 동교동 김대중 자택으로 가 3백만 원을 받았고, 그로부터 사흘 뒤 김상현으로부터 2백만 원을 받았다는 내용이었다. 앞서 동아투위 정연주 기자와 같이 김대중이 전남대 복학생 정동년에게 학생시위 거사 자금을 건네주어 결국 광주에서 소요 사태가 발생케 되었다라는 말 같지도 않은 엉터리 각본이었다.

　하지만 정동년은 참혹한 고문을 이겨내지 못해 어쩔 수 없이 그들이 작성한 시나리오대로 진술서를 작성할 수밖에 없었고, 그러한 자괴감에 끝내 자살을 기도했다. 철제 숟가락을 뾰족하게 갈아 동맥을 끊고, 배를 10여 군데나 찌르고 만 것이다.

　그러나 그의 처절한 자살 기도는 미수에 그치고 말았다. 감시원에 의해 발각되고 말았던 것이다.

　수사관들은 그렇게 날조된 진술서를 받아들고 이번에는 김상현 의원에게로 갔다. 그리곤 6월 3일부터 김상현 의원에게 이루 말할 수 없는 고문을 가한 끝에 이윽고 6월 15일에는 허위 진술서에 서명을 받아내기에 이르렀다.

　같은 날, 수사관들은 정동년과 김상현을 참혹하게 고문하여 받아낸 조작된 진술서를 김대중 앞에 내밀었다. 그런 뒤 정신적인 고문을 가한 끝에 진술서를 받아들일 수밖에 없게끔 만들고야 말았다.

　훗날 김대중은 당시 중앙정보부 지하실에서 자신이 겪었던 고초를 다음과 같이 말했다.

　"며칠이고 잠을 안 재우고 질문하는 것은 매맞는 것보다 더 힘들었습니다. 정말 질식할 것도 같고 미칠 것 같은 심정이었지요. 저도 심신양면으로 인간의 한계에 이르렀고, 법정에 가서 진실을 말하겠다는 생각을 하며 그들의 요구대로 응해 주었습니다."

　이때 그 현장에는 당시 보안사령관 겸 중앙정보부장 전두환 중장이 있었다. 중앙정보부 지하실의 바로 위층에서 모니터 영상 화면을 통해 이러한 광경을 낱낱이 지켜보고 있었다.

　7월 초였다. 5월 17일 밤 아무 영문도 모르는 채 일단의 무장 군인들한테 중앙정보부 지하실로 끌려온지도 두 달이 다 되어갈 즈음이었다.

어느 날 문득 점잖게 보이는 40대 중반의 신사가 김대중을 환한 방으로 끌고 갔다. 그리곤 부드러운 음성으로 입을 열었다.

"김 선생님, 고생 많았습니다. 우리가 오해가 있었던 것 같습니다. 이제 마무리 단계이니 너무 심려하지 마십시오."

키가 훤칠하고 눈이 퀭하게 뚫린 그는 자신이 계엄사 합수본부의 고위직에 있는 '아무개'라고 자기 소개를 했다. 담배도 손수 빼어주고 커피까지 권했다.

김대중은 우선 조금은 숨통이 트이는 것 같았다. 그래서 그에게 이렇게 부탁했다.

"한 가지 당신한테 부탁합시다. 사람을 데려왔으면 무슨 혐의로 데려왔다는 말은 있어야 할 것 아닙니까. 변호인을 접견할 권리라든가, 가족과 면회할 권리라든가…."

계엄사 합수본부의 고위직에 있다는 그 대머리는 김대중의 말을 갑자기 가로막았다.

"그만 하시오! 선생은 다른 사람과 다릅니다. 선생은 이곳에서… 놀라지 마십시오. …살아서 돌아갈 수 없습니다. 선생에게는 사형이 기다리고 있습니다."

김대중은 순간 억! 하고 소리를 내지를 뻔했다. 당치도 않는 말이었다.

"아니 내가 왜 사형이란 말이옷! 당신 말이면 다 하는 줄 알아. 이 나라가 아무리 계엄하의 군법회라 하더라도 법치국가야! 국민이 지켜보고 있어. 세계의 자유 우방이 지켜보고 있어. 당신 말이면 다 말인 줄 알앗!"

김대중은 그 순간 본 정신이 아니었다. 그러나 그 대머리는 아무 일도 없었다는 듯이 둘둘 만 신문지로 자신의 손바닥을 두어 번 탁탁 치더니 그 신문을 책상 위로 던지고는 사라졌다.

김대중은 불현듯이 그 신문을 펴들었다. 거기에는 계엄사 발표문이 신문 한 면 뿐만 아니라 세 면에 걸쳐 가득 메우고 있었다.

김대중 사형과 함께 5·18 광주의 그 처참한 정경을 컴컴한 지하실에서 처음으로 목격하게 된 것이었다.

세상에 이럴 수가 있단 말인가. 김대중의 머리는 힘없이 힘없이 떨구어졌다. 다음 순간 온몸이 부들부들 떨려왔다.

이날 사형으로 처단될 김대중을 찾아온 40대 대머리 신사는 이른바 12·12 군사 쿠데타의 주역의 한 사람이자 합수본부를 한 손에 쥐락펴락 한다는 현역 대령이었다.

김대중은 자신이 광주사태의 주모자라는 것을 알게 된 그 날의 충격을 그로부터 3년이 지난 1983년 3월 미국 워싱턴의 한 집회에서 강연을 통해 다음과 같이 술회했다.

"…그들은 한쪽에서 나를 때려잡아 놓고, 그 또 한쪽에서는 나를 찾아왔어요. 5월 17일 구속됐는데 7월 10일 날 처음 찾아왔어요. 지금 청와대 고위층에 있는 그 당시 보안사의 간부가 왔어요. 나한테 하는 말이 우리하고 손을 잡읍시다. 당신이 우리하고 손을 잡으면 살고 손을 안 잡으면 반드시 죽소. 죄가 있고 없고가 문제가 아니라 손을 잡고 안 잡고 하는 것이 결정된다는 거에요. 그러면서 손잡자는 이유가, 하나는 지방색을 무마하는데 필요하고, 또 하나는 좌경하는 젊은이나 학생들을 설득시켜서 용공화하지 못하도록 막는데 필요하다. 그래서 내가 지방색 이야기는 알아듣겠소. 그렇지만 당신들이 나를 용공이라고 몰면서 용공분자가 용공분자를 설득할 수 있겠소. 그랬더니 이 양반 말이, 그건 그거고 이건 이거 아니오. 그러고 가면서 신문을 넣어 줍디다. 그 신문을 보고서야 내가 어마어마한 죄인인 줄 알았고, 180 몇 명되는 사람이 죽었다는 것도 알았습니다. 광주사건이 나고 2개월만에 알게 된 것입니다. 그런데 그 신문에 보니까 5월 17일에 잡혔는데 광주사태는 5월 18일날 났어요. 5월 17일 중앙정보부에 들어간 김대중이가 5월 18일 날 사태를 조정했더란 말이에요. 홍길동이가 다시 살아난다고 해도 이 짓은 못할 거에요.

나는 광주의 그 많은 영혼들이 죽은 것을 보고 거의 기절하다시피 했습니다. 의사가 와서 링겔 주사를 놓고 여러 가지로 간호해 주었습니다. 그리고 결심했습니다. 그후 (그 자가) 두 번 더 찾아왔지만 나는 내 마음에 결심하기를 이 수백 명의 광주 시민들이 민주주의를 염원하다가, 더욱이 김대중이가 구속되었다는 말을 듣고 싸우다가 이렇게 됐는데 명색이 대통령 후보까지 나갔던 자가, 명색이 한 나라의 국회의원을 몇 번 치른 자가, 명색이 국민의 정치적 지도자의 말석이라도 차지한 자가 한번 죽으면 죽어도 이 거룩한 광주 시민의 영혼을 배반할 수 없다고 생각했기 때문에 나는 죽음을 걸고 일체의 타협을 거부했다는 것을 여러분에게 말할 수 있습니다."

사실 김대중을 사형의 구렁텅이로 몰아넣으려는 신군부의 음모는 일찍부터 그 시나리오(?)가 꾸며졌었다. 무려 1만 자가 넘는 계엄사가 발표한 김대중 내란음모 사건 수사 중간발표는 계엄사가 노리는 목표가 오직 김대중 한 사람임을 노골적으로 드러내고 있었던 것이다.

계엄사령부가 5월 31일 '광주사건의 전모'에서 '피의 광주 소란의 배후에는 반정부 지도자, 김대중의 열렬한 신봉자와 북한의 스파이가 있었다'면서 광주사태의 책임을 김대중에게 뒤집어 씌우는 발표를 했다.

김대중은 광주사태 직전 17일 계엄사령부에 구속되었는데, 발표에 따르면 '소란'은 광주시에 있는 전남대와 조선대의 김대중 지지 학생이 선동하여 일어난 것으로써, 두 명의 학생 지도자가 4월 중순 서울에서 김대중 씨와 김씨를 지지하는 변호사와 만났다고 한다. 이 변호사는 광주사태 발생 후 급진파와 반정부 시민에게 1백만 원의 자금을 제공했다고 되어 있다.

또 '김대중은 그의 불순한 정치 목적을 추진하기 위해 학생들을 배후에서 조종했다.' '현재 진행중인 수사에 의하면, 김대중의 지지자가 계획적인 방법으로 상황을 악화시켜 그것이 소란으로 변해 간 것이 분명해지고 있다.'고 강조, 북한 스파이도 소란 때 한몫을 단단히 한 징후도 있다고 했다.

특히 계엄사령부 발표가 얼마나 엉터리였는가 하는 것은 '4월 중순 김대중과 면담하여, 소위 민주화 시위를 일으키도록 조종된 정동년(37세, 전남대 4년생) 등 복학생들이 휴교령 발동 다음날인 18일 오전 9시 반, 전남대 정문에 모여 투석전을 전개 운운'하고 기술되어 있는 것을 보아도 알 수 있다.

정동년 등은 이미 17일 밤 계엄군에 의해 구속되고 말아 18일의 시위를 지휘하지 않은 것이 확실한 것이다.

또 전남대의 시위가 우발적인 것이 아니라 사전에 짜여진 '음모'로서 세밀히 계획된 것이라면, 전남대생 2백여 명으로 된 가두 진출은 우선 그 숫자가 너무 보잘 것이 없다. '5·17 비상 계엄령 확대'에 대한 항의와 분노에 의한 자연 발생적인 투석전이며, 이것을 기다리고 있었다는 듯이 무차별 무력탄압이 시작되어 결국 시민의 동정과 호응을 얻어 확대된 것으로 보는 것이 자연스럽다.

또한 동원된 계엄군은 보통의 부대가 아니라, 월남전에 투입되었던 아시아 최강의 전투부대인 '특전단'으로 불리는 공수부대였다는 것에서도 신군부가 만든 시나리오의 저의를 엿볼 수 있게 하고 있다. 한국군의 지휘권은 주한 미군사령관이 장악하고 있으나, 특전단과 수도경비사령부 두 부대에 한해서는 한국의 대통령이 움직일 수 있게 되어 있다.

'79년 10월 16일의 부마항쟁 때에도 이틀 사이로 공수부대가 투입됐었다. 광주에서는 18일 오후 4시에 이미 시민들 앞에 그 모습을 나타냈으니, 얼마나 신속히 파견되었는가 알 수 있다. 18일 이전에 이미 광주에 진입, 유혈사태를 일으키게끔 준비하고 있었는지도 모른다.

같은 18일, 광주 뿐 아니라 소규모이긴 하지만 부산, 청주, 전주 등 각지에서도 똑같은 시위가 일어날 징후가 보였었는데, 거기에는 눈도 돌리지 않고 광주에만 특전단을 투입했다.

5월 21일 밤 서울의 라디오방송은 계엄사령부가 발표한 광주 지역에 전해지고 있는 시위대에 의한 '유언비어'를 다음과 같이 보도했다.

- 이 사태가 악화될수록 김대중은 한국의 위인이 된다.
- 최 대통령도 계엄군에 의해 연금되어 있다.
- 김대중의 가택수색에서 거액의 돈과 외화가 발견되었다.
- 광주에서는 많은 시민이 사망했고, 군은 발포명령을 내렸다.
- 광주 시내의 버스 터미널에는 시체가 즐비했으며, 도청 앞 광

장과 전남대 앞은 피바다가 됐다.
- 공수부대가 총검으로 시민을 찔러 죽이고, 여학생은 나체가 되게 했다.
- 경상도 출신 군인이 계엄군에 편승하여 전라도민을 죽이고 있다.
- 광주 소요는 경상도와 전라도의 지역전쟁으로, 경상도 출신 군인이 전라도 출신 군인을 소멸시킨다고 위협하고 있다.

비상 계엄령 확대에 따라 유언비어의 유포는 물론 국내 언론에 대하여는 엄한 사전 검열을 하고, 외국 보도진에도 연일 경고와 견제를 강화시킨 가운데서 행한 의도적인 방송이었다. 광주로부터의 정보는 모두 밑도 끝도 없는 소문에 불과하니까, 현혹되지 말라는 교묘한 여론 조작을 한 것이었다.

진짜와 가짜를 혼합한 이 유언비어 발표는 계엄군의 무력 행사로 사상자가 급증하고 있는 사실을 은폐하고, 현지의 진상이 정확하게 전달되기 전에 봉쇄하려는 음흉한 수법이었다. 더욱이 그러한 소문 가운데에는 김대중을 모함하기 위한 금전 은닉과 사태 악화의 주모자라는 복선을 깔아, 곧 시작될 군사재판으로의 레일을 깔고 있었음을 알 수 있다.

따라서 보안사령관 겸 중앙정보부장 전두환 중장이 쥐고 있는 신군부는 광주에서의 가두시위를 기다리고 있었다. 사태의 온전한 수습이 아니고 거꾸로 불타오르게 함으로써 김대중의 정치생명을 끊어버리는 구실을 얻고자 한 것이었다.

광주 학생들의 가두시위의 동기는 이미 5월 초순부터 15일까지 격화된 서울의 경우와 조금도 다를 것이 없었다. 거기에는 광주의

특이성이라든가 호남의 특수 감정이란 차원의 것이 아니라, 전국적으로 보편화되어 있는 민주화 요구 밖에는 없었던 것이다.

물론 김대중과 대학생의 대량 구속이 전남대생들의 반발을 보다 격화시키는 요소가 되었다는 것도 부인할 수만은 없는 일이다.

하지만 그것 때문에 무기를 들고 계엄군과의 무력 충돌까지 갔다고 확대 해석하는 이유는 아무래도 억지다. 특전단의 강경한 제압, 무차별 살상에 분개하여 무기를 들고 봉기할 수밖에 없었으며, 그것이 폭도라는 이름으로 탄압되어 간 것이 5·18 광주민주항쟁의 진상인 것이다.

제4부

아, 5·18 광주 민주항쟁

5·16 쿠데타 화형식이 있었다
무자비한 인간사냥 '화려한 휴가'
시민들, 계엄군과 맞서 싸우다
외로운 죽음에 대한 외로운 항쟁
마침내 시민군 총기들고 나서다
승리의 광장에 모인 15만 궐기대회
항쟁 지도부, 투쟁을 결의하다
꽃잎처럼 스러져간 최후의 항전

5·16 쿠데타 화형식이 있었다

앞서 기술한 적이 있는 것과 같이 1980년 4월이 가고 5월이 오면서 이윽고 대학가가 술렁이기 시작했다. 마침내 5월 2일, 그때까지 긴급조치와 유신헌법으로 거의 꺼져가고 있던 학생운동이 처음으로 서울대학교에서 '민주화 대총회'에 1만여 명의 학생이 모임으로써 다시금 그 불씨를 일으켰다.

그리고 그 불씨를 바탕으로 각 대학 학생회가 연대적 집결을 위하여 '민주화 대행진' 기간을 설정, 선포하기에 이르렀다. 그러나 5월 12일까지 도처에서 벌어진 학생들의 가두시위는 아직은 산발적인 수준이었다.

한데 그 다음날인 13일부터 돌연 상황이 크게 달라졌다. 서울 도심 광화문 일대에서 서울 시내 6개 대학 2천5백여 명의 학생들이 '계엄철폐'를 외치며 가두시위를 벌이기 시작하면서 전에 볼 수 없었던 긴장감이 감돌았다.

결국 그 다음날 문교부장관 김옥길이 학생들의 가두시위에 대한 깊은 우려를 표명했다. 하지만 한 번 불붙기 시작한 민주화에 대한 폭발적인 열망은 이미 봇물이 터지듯이 쏟아져 전국에서 37개 대학의 학생들이 한꺼번에 물결치며 거리로 쏟아져 나왔다.

급기야 다음날인 15일, 정부는 중동을 방문중인 대통령 최규하가 귀국하는 대로 정치 일정을 밝히겠다고 거듭해서 학생들의 자제를 촉구했다. 그러나 학생들은 최규하 정권의 정치 일정에 대한 어정쩡한 태도를 더 이상 신뢰할 수 없다며 가두시위를 한층 더 격화시켜 서울의 시가지는 완전히 마비되고 말았으며, 야간까지 계속 가열되어 갔다.

상황이 그 지경에 이르자 대통령 최규하는 방문 일정을 앞당겨 16일 저녁 귀국했다. 신현확 국무총리는 만약 이런 상태가 계속된다면 정부로서는 비상대책을 강구할 수밖에 없다는 내용의 담화문을 발표했다.

그러자 학생들도 화답하고 나섰다. 이날 서울 시내의 각 대학들은 물론 전국의 대부분 학생들은 자신들의 의사가 충분히 전달된 것 같다고 평가하면서, 가두시위를 일단 중단한 채 당분간은 시국의 추이를 관망하기로 결의했다.

이렇듯 16일을 기해 전국적인 학생시위는 일단 소강 상태에 들어갔으나, 광주만은 그 열기가 좀처럼 식을 줄을 몰랐다. 전남의 학생운동 연합지도부는 16일 가두시위를 횃불 시위로 할 것을 이미 결정해 놓은 터였다. 이들의 생각으로는 이 날이 다름 아닌 4·19 의거의 민족적 승리를 박정희가 군사 쿠데타로 짓밟으면서 19년 동안이나 철권통치가 계속된 5·16 군사쿠데타 기념일이라는데 주목하고서, 민주화의 횃불로 그 어두운 시절을 밝힌다는 소박한 의지가 담긴 결정을 해놓은 뒤였던 것이다.

이처럼 광주를 제외한 다른 지역에서는 시위를 중지하기로 결정한 5·16 군사쿠데타 기념일에 전남대, 조선대, 광주교육대, 조선대공전, 동신실업전문, 송원전문, 성인경상전문, 기독병원간호전문, 서강전문대 등의 광주 시내 9개 대학생 3만여 명은 오후 3시 경부터 도청 앞 광장에서 시국 성토대회를 벌였다.

시국 성토대회는 저녁까지 이어져 하오 8시부터는 2개조로 나뉘어 '계엄철폐' 등의 구호와 함께 '정의가', '투사의 노래' 등을 부르며 야간 횃불 시가행진을 벌였다. 경찰은 횃불시위 과정에서 혹여 사고가 발생하지 않을까 우려하여 적극적인 협조를 아끼지 않았다. 경찰의 이러한 반응은 서울 등 다른 지역에서의 학생시위에 대한 경찰과의 격렬한 충돌과는 상당히 대조를 이루는 모습이 아닐 수 없었다.

저녁 10시, 횃불 시가행진을 마친 학생들은 다시 도청 앞 광장에 집결하여 5·16 군사쿠데타와 유신체제에 대한 응징의 의미를 갖는 5·16 화형식을 가졌다. 그런 다음 학생운동 지도부는 전국의 다른 대학생들과 보조를 맞추기 위해서라도 시국의 추이를 며칠 관망한 뒤, 19일부터 다시 성토대회를 벌일 것을 결의한 다음 자진 해산하여 흩어졌다.

학생들의 이러한 일련의 자제에 정부에서도 즉시 화답하고 나섰다. 전국적인 학생시위와 연금중인 김대중 등을 비롯한 재야 인사의 문제를 해결하기 위하여 다가오는 20일 임시국회를 소집, 광범위한 시국 문제를 다룰 예정이라고 발표했다. 그로써 그동안 혼미했던 안개 정국도 걷혀 점차 풀려나가는 것처럼 보였다.

그러나 이날 밤 학내에서 철야 농성중인 학생들은 벌써 불길한 조짐을 포착하고 있었다. 이미 밤 9시 무렵부터 학교 주변과 야산을 정찰하고 있는 소수의 군인들을 학생들이 목격한 것이다. 또한 배가 난파되기 전에 가장 먼저 쥐새끼들이 자취를 감추는 것과 같이 전남대에서 강의를 하던 외국인들이 모두 출근하지 않고 있는 사실이 그것이었다.

  이윽고 17일 오후, 전남대 총학생회 사무실로 서울에서 몹시 다급한 목소리의 한 여학생으로부터 전화가 걸려왔다. 서울의 각 대학 총학생회장단이 계엄당국에 모두 강제 연행되어 갔다는 소식이었다. 마침내 우려했던 상황이 눈앞의 현실로 나타나는 순간이었다.

  그럴 시각, 시내 곳곳에서는 이미 민주화 운동에 주도적 역할을 했던 청년, 대학교수, 재야인사들이 경찰과 보안사 요원들에게 속속 체포, 검거되고 있었다. 바야흐로 5·18 민주항쟁의 서곡이 울리고 있었던 것이다.

무자비한 인간사냥 '화려한 휴가'

우리 역사에서 영원히 지워지지 않을 1980년 5월 18일은 때마침 일요일이었다. 정부는 전날 24시를 기해 비상계엄을 전국으로 확대한다고 기습적으로 발표했다.

정부의 설명은 '…현재 북괴의 동태와 전국적으로 확대된 소요사태 등을 감안할 때 전국 일원이 비상사태하에 있다고 판단'되었기 때문이라는 허울좋은 구실이었다.

그러나 표면적인 그러한 허울좋은 구실과는 달리 비상계엄의 확대조치는 전국적으로 들불처럼 일기 시작한 민주화의 열기를 전면적으로 부정하기 위한 것이었다. 또한 마침내 전두환을 중심으로 한 신군부의 숨겨진 마각을 노골적으로 드러내는 것이기도 하였다.

그리고 그 첫 움직임은 전국적으로 2천 7백여 명에 이르는 대대적인 체포로 이어졌다. 계엄사령부는 5월 18일 0시를 기해 김종필과 이후락 등 권력형 부정축재 혐의자와 함께 그동안 사회 불안조성 및 학생운동·노동운동 소요의 배후조종 혐의자를 연행한다는 명분 아래 김대중을 비롯한 재야 민주인사들을 불시에 급습해 체포했다.

그로부터 두 시간 뒤에는 전남대와 조선대 캠퍼스 안으로 공수특전단이 들어와 진주했다. 그리고 날이 밝기 전에 광주의 거의 모든 관공서와 거리마다 경찰, 전투경찰, 군인, 공수부대 등이 빈틈없이 배치되어 완전히 장악하고 있었다.

  아무 영문도 모르는 채 출근길에 나섰던 시민들은 불안한 얼굴들이었다. 너무도 급작스럽게 닥친 상황 변화에 그저 근심스러운 표정으로 그들을 바라볼 수밖에는 없었다.

  그럴 무렵 전남대 정문 앞에도 학생들이 하나 둘 모여들고 있었다. 무슨 특별한 이유가 있어서라기보다는 도서관에 가기 위해서라든가, 학교에서 약속한 친구를 만나러 간다든가, 또는 휴교령에 대처했던 학생회의 결정에 따라 오전 10시에 학교 정문 앞에 모여보자는 기대감을 자기고 온 학생들이었다. 한데 학교 정문 앞에는 뜻밖에도 완전 무장한 군인들이 지키고 있었다. 공수대원 8, 9명이 지키고 서서 학생들의 출입을 막았다. 학교 안으로 들어갈 수 없으니 어서 돌아가라고 명령했다.

  하지만 학생들은 그들의 명령에 따르고 싶은 생각이 조금도 없었다. 그런 학생들이 10시가 넘어설 때까지 100여 명이나 되었고, 오래지 않아 300여 명으로 불어났다. 그렇게 되면서 학생들은 과감하게 구호를 외치기 시작했다. '계엄철폐!' '전두환, 물러가라!' '계엄군 물러가라!' '휴교령 철회하라!'

  그러자 대치중이던 공수부대 책임자가 앞으로 나섰다. 그는 학생들에게 즉시 해산하지 않으면 무력으로 해산시키겠다고 위협했다. 한데도 학생들의 구호가 그치지 않자 마침내 그가 명령했다.

  "돌격, 앞으로!"

  다음 순간, 와아! 하는 함성 소리와 함께 농성중이던 학생들 사이로 공수대원들이 파고들면서 곤봉으로 후려치기 시작했다. 학생들도 처음에는 본능적으로 저항해 보았으나 공수대원들은 분명 경찰과는 달랐다. 공수대원들의 곤봉에는 철심이 박혀 있어 살상용 특수 곤봉이었다.

그런 공수대원들의 기습공격 앞에 몇 명의 학생들이 얼굴에 피범벅이 된 체 땅바닥에 나뒹굴었다. 그러면서 학생들은 순식간에 골목까지 밀려났다.

그러나 학생들은 곧 다시 무리지어 길모퉁이로 나아가 돌을 던지기 시작했다. 공수대원들은 돌이 날아와도 피하지 않고 달려들어 끝까지 한 학생만을 점찍어 쫓아가선 곤봉으로 머리를 내려쳤고, 실신하면 질질 끌고 가곤 했다. 그러한 공방전은 실로 반 시간이나 계속되었다.

하지만 폭동 진압 훈련과 게릴라 특수 훈련을 받은 아시아 최강의 공수특전단 요원들과 맨손으로 맞서 싸운다는 것은 무리였다. 시간이 흐를수록 속절없이 학생들의 피해만 계속 늘어갈 따름이었다.

결국 학생들은 뿔뿔이 흩어질 수밖에 없었다. 그러나 이리저리 흩어졌던 학생들은 광주 역전 광장에 다시 모여 전열을 가다듬기 시작했다.

학생들은 자신들이 방금 전에 겪은 뒤 빠져나온 사실에 치를 떨면서 한시라도 빨리 시민들에게 그러한 폭력의 진상을 알리고, 전두환의 군사쿠데타 음모를 분쇄해야 한다는데 의견을 모았다.

그렇게 다시금 대오를 정비한 300여 학생들은 도청 앞 광장을 향하여 시외 버스 터미널을 지나, 금남로의 가톨릭센터 앞까지 행진해 나아갔다. 또한 학생들은 계속해서 '비상계엄 해제하라!' '김대중 석방하라!' '휴교령 철폐하라!' '전두환 물러가라!' '계엄군 물러가라!' 등의 구호를 외치며, 그때까지도 김대중을 비롯한 재야인사들이 체포된 사실을 모르고 있던 시민들에게 알리려고 애를 썼다.

그때쯤 금남로 방면으로 다수의 병력을 실은 군용 트럭이 시내를 질주하며 왕래했다. 병력 배치를 서두르고 있었던 것이다.

오전 11시 무렵, 학생들은 광주 역전 광장에서 금남로 가톨릭센터에 이르는 3킬로미터 가량 되는 거리를 별다른 저지 없이 행진했다. 거리 행진을 하면서 학생들의 숫자도 500여 명으로 불어나 있었고, 시내의 교통도 차단되었다. 시민들은 그런 학생들을 바라보며 암담하고 분노에 차 있었으나, 감히 앞으로 나서지는 못했다.

그런데 농성에 들어간 지 얼마 되지도 않아 대기중이던 전투경찰들이 달려들면서 최루탄을 쏘아대기 시작했다. 최루탄에 농성 중이던 학생들이 흩어져 달아났고, 전투경찰들은 그들을 쫓아가서 곤봉으로 후려치며 잡아갔다. 상부의 방침이 어떻게 내려왔는지는 알 수 없어도 바로 엊그제 있었던 횃불시위 때와는 사뭇 다른 태도였다.

결국 학생들은 또 다시 해산할 수밖에 없었다. 그러나 그들은 거리를 돌아다니며 구호를 외치면서 흩어진 학생들을 모아갔다.

하지만 경찰은 헬기를 띄워 시위 학생들을 포위했고, 그 때마다 학생들이 번번이 흩어지곤 했다. 학생들은 어쩔 수 없이 오후 3시 학생회관 앞에서 재집결한다는데 의견을 모으고 또 다시 해산했다.

이와 같이 점심 때를 전후해서 오전 내내 산발적이던 학생시위는 잠시 소강 상태에 접어들게 되었다. 시내 중심가의 상가는 셔터를 내리고 이미 대부분 철시하고 있었다.

한데 오후 1시쯤 수창초등학교 운동장에는 20여 대의 군용 트럭들이 속속 집결하고 있었다. 트럭에서 내린 병력은 전원 공수특전단 요원들이었다. 완전무장한 그들은 등에 총을 엇비슷하게 메고, 얼굴에 투석 방어용 철망이 부착된 철모를 쓴 채였다.

그리고 한 손에는 대검이, 또 다른 손에는 살상용 곤봉을 들고 있었다. 이들은 오후 2시부터 시외 버스 터미널을 출발해서 시내 곳곳으로 돌아다니면서 진압을 시작했다.

학생들은 오후 2시가 지나면서부터 시내 중심가와 광주공원 앞 광장으로 모여들고 있었다. 약속했던 학생회관 앞에는 이미 전투경찰들이 장악하고 있었기 때문에 충장로 파출소 앞과 태평극장 사이로 모여들었다.

이윽고 오후 3시가 되자 학생들은 500여 명으로 불어났다. 그들은 여기저기서 산발적인 투석전을 벌이기 시작했다.

광주공원 앞 광장도 마찬가지 상황이었다. 광주공원 앞 광장에 모인 300여 명의 학생들도 투석전을 벌이는 중이었다.

충장로 파출소 앞과 태평극장 사이에 모여 있던 학생들은 점차 숫자가 불어나면서 자신감까지 생겨나 약속했던 학생회관 앞까지 밀고 들어갔다.

하지만 시위대는 그 자리에 오래 머물러 있지 않고 대열을 정비해서 신속하게 이동했다. 오전에 경찰들에게 쫓겨 몇 번씩이나 해산되는 경험을 했던 학생들은 스스로 기동성을 터득하고 있었던 것이다.

그와 같이 오후로 접어들면서 시위의 양상은 변하고 있었다. 오전만 하여도 고작 500여 명 정도의 소수인데다 경찰의 추격에 그만 어설프게 당하기만 하던 시위대가, 오후부터는 일부 시민들까지 가세하여 그 숫자도 1천 5백여 명으로 크게 불어나면서 제법 짜임새를 갖춘 과감한 양상으로 바뀌었다.

시위대는 구호를 외치면서 광주천 쪽으로 나아갔고, 광주공원 앞에 모여 있던 500여 명이 학생들이 환호와 박수 속에 함께 가세했다. 그렇게 되면서 더욱 자신감이 생긴 시위대는 구 시청 앞을 지나 도청 광장쪽으로 진입을 시도했다.

하지만 경찰이 최루탄을 쏘아 뒤로 물러날 수밖에 없었다. 시위대는 광주공원 후문 부근에서 다시 집결하여 이번에는 도교육위원회 방향으로 행진해 나아갔다.

그 과정에서 시위대가 동명동 파출소를 박살냈다. 책상과 의자들을 밖으로 끌어내어 불 속에 집어던졌다.

다음에는 지산동 파출소 차례였다. 파출소가 부서지고 사무 집기들이 불길에 휩싸여 타오르는 가운데 시위대는 다 같이 애국가를 불렀다. 분위기는 숙연했다.

만세 삼창까지 마친 시위대는 다시금 산수동 오거리쪽으로 행진을 시작했다. 한데 그때 갑자기 대열 후미에서 와아, 하는 함성이 일어났다. 경찰 병력을 실은 수송 버스가 법원 방향으로 올라오는 것을 시위대 후미가 목격한 것이었다.

시위대는 돌을 던져 수송 버스를 정지시켰다. 그런 다음 한 사람씩 수송 버스에서 내려서게 하였다.

수송 버스에서 내려선 경찰은 전원 무장해제되었다. 그들은 시위 진압을 위해 인근 담양에서 동원된 경찰 병력으로 모두 45명이나 되었다.

시위대는 부상당한 경찰 3명을 택시에 태워 병원으로 보내는 한편, 나머지 42명을 어떻게 처리할 것인가에 대해 의견이 분분했다. 결국 그들은 시위 도중에 연행된 학우들과 인질 교환을 하기로 의견이 모아졌다.

시위대 포로가 된 경찰 병력은 거의 중년의 나이들이었다. 그들은 완전히 겁에 질려 있었으며, 점심도 굶었다고 말했다. 학생들은 근처 가게에서 빵과 음료수를 사다가 그들에게 가져다주기도 하였다.

그런 포로 경찰을 시위대 가운데에 세우고 그 주위를 빙 둘러싸고서 다시 도청 광장을 향하여 행진해 나아갔다.

한데 동명동 입구 근처에서 공수대원들을 가득 실은 군용 트럭이 목격되었다. 시위대 사이에 알 수 없는 긴장이 감돌면서 포로로 붙잡은 경찰들을 그대로 돌려보내자는 의견이 나왔고, 대열을 이탈하는 학생들까지 생겨났다.

결국 시위대는 포로 경찰들을 아무 조건 없이 모두 돌려보내고 말았다.

그리고 오후 4시 30분경, 사전에 거리를 포위한 채 기다리고 있던 공수대원들이 시위대를 공격해 왔다. 그들은 저마다 목표물을 정하여 끝까지 쫓아가 붙잡았다.

그리곤 시위 학생을 붙잡으면 먼저 곤봉으로 머리를 후려쳐서 쓰러뜨리고는 서너 명이 한꺼번에 달려들어 군화발로 머리를 으깨고 등을 짓이겼으며, 얼굴을 위로 돌리게 해놓고는 안면을 군화발로 뭉개고 곤봉으로 내려쳐서 피투성이를 만들었다.

공수대원들은 피투성이가 된 희생자가 축 늘어지면 멱살을 잡아 트럭 위로 던져 올렸다. 또 어떤 희생자는 발과 머리가 맞들려

좌우로 몇 번 흔들린 다음에 다른 실신자 위로 던져 올리기도 하였다.

순간 공포에 질린 시위대는 저마다 비명을 내지르며 아수라장이 되어 사방으로 흩어졌다. 주위에서 그러한 광경을 지켜보던 시민들은 몸서리를 치며 발을 동동 굴렀다.

한데도 그들은 남녀를 따로 가리지 않았으며, 무조건 닥치는 대로 서너 명씩 달려들어 곤봉으로 내려치고 군화발로 짓이겼다.

그들은 이른바 '화려한 휴가'라는 1차 작전에서부터 '충성'으로 끝나는 5차 작전까지의 임무를 띠고 광주로 긴급 투입되었다. 특히 제7공수특전단은 보안사령관 겸 중앙정보부장 전두환 중장의 사병처럼 육성되었으며, 광주 시내에 투입될 때부터 마치 살인허가를 받은 무리처럼 잔인하고 냉혹했다.

따라서 시위대는 불과 몇 분도 못되어 산산이 흩어져 버렸다. 공수대원들은 골목까지 뛰어다니면서 주변에 숨어 있던 젊은이들을 마구 패고 짓밟은 다음, 손목을 뒤로 하여 포승줄로 묶고는 트럭 위에다 던져 올렸다.

심지어는 터미널 뒤편의 막다른 골목까지 달아난 학생이 드디어 붙잡히게 되자 자지러지듯 무릎을 꿇으며 공수대원에게 살려달라고 연신 빌었다. 때마침 집 밖에 나와 내려다보고 있던 할아버지가 너무도 애처로워 그 학생을 자신의 몸으로 가리면서 봐달라고 사정했다.

그러자 "비켜, 이 새끼!" 하면서 할아버지를 곤봉으로 내려쳤다. 할아버지는 피범벅이 되어 고꾸라졌고, 보다 못한 그 학생이 돌을 집어들었으나 공수대원이 곤봉으로 후려친 뒤 대검으로 등을 쑤시고는 다리를 잡아 질질 끌고 길거리로 나왔다.

또 어떤 경우는 시위 학생이 북동우체국 옆 골목의 막다른 집으로 뛰어들어 다급한 김에 안방 장롱 속으로 숨었다.

공수대원이 뒤따라 들어와 혼자 집을 보는 할머니에게 도망쳐 온 학생이 어디 있느냐고 묻자 모른다고 대답하자, "이 씨팔년이 거짓말을 해? 맛 좀 봐야겠구만!"하면서 할머니를 곤봉으로 내려쳐 실신시키고는 집안 구석구석을 뒤져 끝내 안방 장롱 속에 숨은 학생을 끌고 나와 역시 곤봉으로 머리와 안면을 짓이겨 끌고 갔다.

또 광주일고 부근에서는 길 가던 여학생을 아무 이유 없이 붙잡아 머리카락을 잡아 끌어내려 군화발로 올려 차고, 상의와 브래지어를 찢어버리고는 많은 시민들이 지켜보는 앞에서, "이 씨팔년이 데모를 해? 어디 죽어봐라!"하면서 피투성이가 되어 실신할 때까지 계속해서 주먹질과 군화발로 짓밟았다.

공용 터미널 부근에서는 지나가는 시내 버스를 모두 정차시켜 놓고 일일이 차 안을 검문하면서, 학생으로 보이는 젊은이들은 물어보지도 아니하고 끌어내렸다. 학생이 아닌 청년이 조금 불쾌한 반응을 보이자 공수대원 여럿이 우르르 달려들어 돌려가면서 후려 친 다음, "광주놈들은 모조리 죽여 버려야 한다!"고 고함을 질러댔다.

버스 안내양이 조금 반항하는 기색을 보이자, "네 년은 뭐냐!"하면서 곤봉으로 후려갈겼고, 안내양은 그만 실신하여 버스 아래로 굴러 떨어졌다.

그런가 하면 공수대원이 시내 버스를 세웠는데, 어쩌다 몇 미터 앞으로 더 나가서 정차하기라도 하면, 곧장 버스 위로 뛰어 올라가 운전석에 앉은 운전기사의 뒤통수를 곤봉으로 내려쳤다.

그랬었다. 공수대원들은 얼굴이 벌겋게 달아올라 있었고, 눈은 술기운과 살기로 충혈되어 있었다(22일 시민군에 의하여 포로가 된 몇 명의 공수대원의 진술에 의하면, 이들은 이때 광주로 출동하기 전에 독한 술에다 환각제를 타서 마신 상태였으며, 수통에는 고량주를 담고 있었다고 했다).

그런 끔찍한 만행이 곳곳에서 저질러진 반시간 뒤에 공수부대가 다른 곳으로 신속하게 이동해 가버리자, 여태 숨을 죽이며 그들의 참극을 지켜볼 수밖에 없었던 사오십대 주민들과 할머니 할아버지들이 너무도 기가 막혀 그냥 길바닥에 주저앉아 통곡하기 시작했다.

어떤 할아버지는 "저럴 수가 있단 말이냐? 나는 일제 때에도 무서운 순사들도 많이 보고, 또 6·25 전쟁 때 공산당도 겪었지만 저렇게 잔인하게 사람들을 죽이는 놈들은 처음 보았다. 학생들이 무슨 죄가 있길래 저러는가. 죄가 있다고 해도 저럴 수는 없는 일이다. 저놈들은 국군이 아니라 사람의 탈을 쓴 악귀들이다."라고 목을 놓아 통곡했다.

또 어떤 중년 남자는 "나는 월남전에 참전해서 베트콩도 죽여봤지만 저렇게 잔인하지는 않았다. 저런 식으로 죽일 바엔 그냥 총으로 쏴 죽이지. 저놈들은 죽여 버려야 해."라고 오열을 터뜨렸다.

그렇듯 공수부대가 투입된 곳에서는 단 30분도 못되어 거리는 순식간에 쥐 죽은 듯 고요해졌고, 그 대신에 길바닥에는 붉은 핏자국이 흥건히 고여갔다.

이날 동명동 입구에서만 40여 명의 소중한 젊은이들이 살상되었다.

한데도 공수대원들은 여기에 그치지 않고 시내 중심부의 곳곳을 수색했다. 상점, 다방, 이발관, 음식점, 사무실, 당구장, 가정집 등을 이 잡듯이 뒤졌고, 아직까지 숨어 있다가 미처 빠져나가지 못한 학생들을 때려서 짐승처럼 질질 끌고 나가곤 했다.
　오후 7시 무렵, 계림동 광주고교 부근에서 학생과 젊은이 수백 명이 또 다시 공수대원들과 충돌했다.
　그러나 이 즈음부터는 학생, 젊은이들도 동명동 입구에서 벌어진 살상극을 분명히 목격하고 전해 들었기 때문에 자신을 방어할 무기, 그러니까 각목이라든가 파이프, 식칼 따위를 들고 있었다.
　따라서 공수대원들과 과감히 맞서면서도 시위대는 좀처럼 물러서려 하지 않았다. 기왕에 죽을 바엔 싸우자 하는 비장한 각오들이었다.
　하지만 길바닥에는 어느새 붉은 피로 흥건히 젖어갔다. 쌍방은 부상자를 내면서 일진일퇴를 거듭하였으나, 결사적인 시위대에 밀려 공수대원들이 도주하기 시작했다. 시위대가 그들을 추격해 갔다.
　그러나 도중에 그들은 지원 병력이 증강되어 오히려 쫓기던 공수대원들로부터 시위대가 반격을 받게 되었다. 이번에는 시위대가 도주하기 시작했다.
　시위대는 사방으로 흩어져 인근 주택가로 몸을 숨겼다. 공수대원들은 주위를 포위하고 산수동, 풍향동 일대를 밤새도록 이 잡듯이 뒤져 학생으로 보이는 젊은이는 무조건 끌고 갔다.
　산수동과 풍향동 일대는 밤새 수색과 연행이 계속되었고, 곳곳에서 비명 소리가 끊이지 않았다. 시민들은 가족들의 손을 꼭 잡고, 온몸이 떨리는 공포와 분노를 억누르며 뜬눈으로 긴 밤을 새워야 하였다.

시민들, 계엄군과 맞서 싸우다

광주를 피로 얼룩지게 만들었던 5·18의 그 다음날은 월요일이었다. 그렇듯 몸 떨리는 공포로 긴 밤을 뜬눈으로 지샌 학생들과 시민들은 날이 밝아오자 상황이 어떻게 되어 가는지 궁금해하면서 저마다 집 밖으로 몰려나오기 시작했다.

그들은 한결같이 걱정이 태산같았다. 어젯밤에 돌아오지 않은 학생들의 부모는 물론, 아직까지는 별 일이 없는 집안에서도 언제 어떻게 들이닥칠지 모를 앞일에 대해 저마다 불안감을 감추지 못했다.

그런 가운데서도 대학을 제외한 그 나머지 각급 학교에선 정상 수업을 계속했고, 관공서나 일반 회사들도 대체로 정상 근무를 하고 있었다.

그러나 시내 중심가의 상가들은 대부분 철시한 상태였다. 금남로 일대는 일체의 차량이 통행할 수 없었다. 시내 전 지역은 이른 새벽부터 군인과 경찰들이 삼엄하게 경비를 서고 있었으며, 시민들의 왕래가 잦은 곳에도 대개 계엄군이 주둔하여 지나가는 사람들 속에서 젊은이들을 검문하고 있었다.

하지만 날이 밝았으나 광주는 이와 같이 여전히 공포에 떨고 있었다. 도시 전체가 전날에 자행되었던 잔인 무도한 참극에 대한 침통함과 감출 수 없는 분노 속에 구구한 억측만이 사람들 입에 오르내렸다.

"김대중을 잡아죽이고, 광주 시민들도 모두 때려잡으려나 봐."
"공수부대가 경상도 병력이라던데."
"전라도 사람들을 몰살시켜도 좋다고 했다면서."

골목마다 사람들은 전날의 충격을 되살리면서 저마다 분노에 공감하기 시작했다. 또 그러면서 누가 먼저랄 것도 없이 시민들은 시내로 나가 도대체 어떻게 돌아가는지 살펴보자고 하며 금남로를 향하여 사방에서 몰려들기 시작했다.

그리하여 오전 10시가 되었을 때에 금남로에는 빽빽이 몰려든 군중이 무려 삼사천으로 불어났다. 그들은 시간이 갈수록 숫자가 늘어가자 다 같은 피해자로서의 동질감 속에 연대감이 더욱 강해지고 있었다.

하지만 그런 군중 속에는 이미 학생들을 찾아보기 어려웠다. 주로 자영업에 종사하는 소상인들, 가게 종업원들, 주변의 주민들, 부녀자 등이 대부분이었다.

그처럼 금남로에 군중이 수천 명으로 늘어가자 군과 경찰은 확성기와 군 헬기를 동원하여 즉시 해산할 것을 종용했다. 그래도 누구 한 사람 이탈할 기미도 보이지 않았다. 시민들은 공중에 떠서 선회하고 있는 군 헬기를 향하여 주먹질과 욕설을 퍼부었다.

이윽고 10시 40분경, 경찰은 군중을 해산시키기 위하여 최루탄을 쏘아대기 시작했고, 시민들은 최루 가스를 피해 부근 골목의 상가나 주택가에 잠시 숨었다가 다시 몰려들기를 거듭했다. 그리고 그런 공방 속에 도로변의 대형 화분이 넘어지고, 보도 블록을 깨어서 투석도 마다하지 않았다.

시위대 속에 섞여 있던 학생들은 '애국가' '정의가' '우리의 소원은 통일' 등의 노래를 불렀고, 시위는 점차 격렬해져 전투적으로 발전해 갔다. 젊은이들이 공사중인 근처의 중앙로 지하상가에서 각목과 철근, 파이프 따위를 가져다 무장을 하는가 하면 화염병까지 등장했다.

이와 같이 시민과 경찰이 충돌하고 있을 때 군용 트럭 30여 대에 나눠 탄 공수대원들이 도청 앞 광남로 사거리에 나타나 시위 군중을 포위하면서 압축해 들어오기 시작했다.

그런 어느 순간 공수대원들은 사나운 맹수처럼 시위 군중을 향하여 일제히 돌진해 왔다. 곤봉과 총 개머리판 그리고 대검 따위로 때리고 휘두르고 찌르면서 시위대 중심부까지 파고든 공수대원들은 그들의 위장 군복마저 붉은 핏자국으로 벌겋게 물들였다.

결국 시민들은 특수 훈련된 공수대원들의 조직적 폭력 앞에 무기력하게 밀려나 수많은 희생자들을 도로 위에 남겨둔 채 산산이 흩어지고 말았다. 또다시 전날의 살육이 되풀이된 것이다.

공포에 질린 시민들이 골목마다 숨어들어 근처의 다방, 사무실, 상점, 주택 등지로 간신히 피신했지만 공수대원들에게 길바닥까지 질질 끌려나온 것이었다.

공수대원들은 남녀를 따로 가리지 않았다. 시위에 가담하지 않았는데 왜 그러느냐는 식으로 조금 항의라도 했다간 그 즉시 허벅지나 옆구리를 대검으로 찔러버렸다.

공수대원들은 서너 명이 한 조가 되어 주변 건물들을 샅샅이 훑었다. 붙잡은 시민은 많은 사람들이 보는 앞에서 발가벗기고 무리를 짓게 하여 군 유격 훈련장에서나 볼 수 있는 가혹한 기합으로 괴롭혔다.

　공수대원들은 붙잡힌 시민에게 손을 뒤로 묶고 팬티만 입힌 알몸으로 엎드리게 하여 화염병 조각과 돌 조각이 널려 있는 길바닥을 아랫배만으로 기어가게 하는 올챙이 포복과 통닭구이, 원산폭격 등 잔인한 방법을 동원해서 억압했다.

　여자라도 몇 명 붙들려 오면 여럿이서 속옷까지 죽죽 찢어발기고는 아랫배나 젖가슴을 군화발로 차고 짓뭉개고, 또는 머리카락을 휘어잡아 머리가 담 벽에 쿵쿵 소리가 나도록 짓찧었다.

　그러다 손에 피라도 묻으면 웃으며 희생자의 몸에다 쓱 닦는 식이었다. 그런 식으로 살육을 즐기다가 군용 트럭이 오면 걸레처럼 희생자들을 던져 버리곤 하였다.

　그 날의 현장 목격자들은 실로 생지옥의 풍경이었다고 말했다. 도저히 같은 민족이라는 생각이 들지 않았다고도 말했다.

　공수대원들은 골목마다 돌아다니면서 모든 건물의 옥상과 창문에서 바깥을 내다보지 못하게 하였다. 문을 닫고 커튼을 치라고 고함을 질러댔다. 마치 시민들을 전멸시켜 버릴 듯한 기세였다.

　광주 시외로 빠져나가기 위해 버스에 올라탔던 학생들도 예외 없이 잡혀갔다. 금남로에 있는 무등고시학원에서는 밖을 내다보지 말라고 했는데 몇몇 학생들이 내다보았다고 공수대원 1개 소대가 학원 안으로 난입해 들어가 50여 명의 학생들을 닥치는 대로 두들겨 패면서 학원 바깥으로 내몰았다.

　밖에서 대기하고 있던 나머지 공수대원들은 문밖으로 쫓겨나오는 학원생들을 곤봉으로 무차별 후려쳤다. 그들이 대부분 실신하여 쓰러지자 공수대원들은 피투성이가 되어 쓰러진 학원생들의 몸 위를 딛고 다니면서 닥치는 대로 군화발로 걷어찼다.

그러다 군용 트럭이 오자 이들을 한 명도 남김없이 차량 위로 내던졌다.

수창초등학교 앞에서는 시위 군중 속에서 붙잡힌 젊은이를 발가벗긴 뒤 전봇대에다 거꾸로 매달아 놓고는 시민들이 지켜보는 가운데 공수대원 여럿이 곤봉으로 후려치기 시작했다.

처음에는 비명 소리가 들렸으나 얼굴이 피범벅이 된 젊은이는 이내 축 늘어져 버렸다.

곳곳에서 부상자가 속출하자 택시 기사들이 자진하여 병원으로 운송했지만, 만약 공수대원에게 들키기라도 하는 날엔 부상자는 말할 것도 없고 택시 기사까지 곤봉 세례를 면할 수 없었다.

심지어는 부상당한 시민들을 수송하는 경찰들에게까지 공수대원들은 곤봉을 휘둘렀다. 공수부대 중령 계급장을 단 어떤 지휘관은 부상당한 시민들의 수송을 지휘하던 전남도경 작전과장 안영택에게 "부상 폭도를 빼돌리거나, 시위학생을 피신시키면 너희들도 동조자로 취급하겠다"고 폭언을 서슴치 않았다.

공수대원들의 이런 잔인한 만행을 지켜보던 진압 경찰의 한 간부는 충장로 주변 골목길에서 서성이고 있는 시민들에게 "제발 집으로 돌아가라. 공수대원들에게 걸리면 다 죽는다."면서 울음을 터뜨리기도 하였다.

공수부대의 이런 살육 진압에 오전에 모여들었던 시위 군중은 완전히 궤멸된 것처럼 보였다. 점심 때쯤에는 교통이 완전히 차단된 채 텅 비어 있는 시내에 군 병력의 경비가 삼엄한 가운데 단지 외국 기자들과 외국 텔레비전 카메라맨들만이 어쩌다 눈에 띌 정도였다.

그러나 광주 시민들은 그렇듯 공수부대의 잔인한 살육 만행에도 굴하지 않았다. 전날에 이어 이틀 연속 벌어진 공수대원들의 잔인한 만행을 똑똑히 지켜보았던 시민들은 저마다 치를 떨면서도 마음속으로는 다짐하고 또 다짐하고 있었다.

이제는 그 어떠한 희생을 치르더라도 공수대원들과 직접 싸워 죽이고, 광주에서 몰아내야 한다는 결의를 다지고 다시 또 다지는 모습들이었다.

그리하여 그날 오후부터는 군중의 시위 양상이 질적인 변화를 보이기 시작했다. 이제껏 산발적이고 비조직적이며 수동적 저항과 공수대원들의 잔인한 진압에 속수무책으로 당하기만 하던 수세 국면에서 오후 들어 적극적인 공세로 전환되기 시작한 것이다.

마침내 오후 1시 30분경, 공수대원들은 시위가 소강 상태로 접어들자 점심 식사를 하기 위해 조선대 캠퍼스로 잠시 이동중이었다. 금남로에는 공수부대의 일부 경비 병력과 경찰 병력만이 바리케이트를 치고 있었다.

시민들은 골목마다 몸을 숨기고 있다가 하나 둘씩 금남로를 향하여 다시 모여들었다. 그렇게 모여든 숫자는 40대 이상의 중년층에서부터 부녀자 등을 포함하여 오전보다도 훨씬 더 많은 군중으로 불어났다.

시위 군중은 금남로 양쪽을 차단하고 있는 경찰을 향하여 돌과 화염병을 던지며 밀어붙였다. 군과 경찰도 완강히 제자리를 지켰다. 금남로 일대는 돌과 화염병, 최루 가스 연기와 경찰의 계속되는 해산 명령의 방송이 어지럽게 교차했다.

그처럼 밀고 막는 공방이 치열한 가운데 어떤 한 젊은이가 가톨릭센터 차고에서 승용차 4대를 끌어다가 차에 기름을 붓고 불을 붙인 다음 시동을 건 채로 군과 경찰의 바리케이트를 향하여 밀어붙였다. 화염에 휩싸인 차량이 군과 경찰의 바리케이트에 부딪쳐 폭음과 함께 폭발하자 시위 군중이 일제히 환호성을 올렸다.

곧이어 근처 제일교회 신축 공사장에서 두 개의 드럼통이 나왔는데, 몇 명의 젊은이들이 드럼통에 불을 붙여서 군과 경찰의 바리케이트 쪽으로 굴려 보냈다. 그 가운데 한 개의 드럼통이 커다란 폭음을 내면서 폭발했고, 화염이 하늘 높이 치솟아 올랐다.

군과 경찰도 더 이상 가스차와 최루탄만을 쏘고 있지는 않았다. 그들은 갑자기 시위대 전면으로 뛰어들면서 곤봉과 총 개머리판 그리고 대검을 휘둘러 시위대를 한참이나 퇴각시킨 다음, 다시 제자리로 돌아가곤 했다.

그러나 시위대는 잠시 흩어졌을 뿐 이내 다시 모여들었다. 그들은 공중전화 부스, 교통 철책, 정류장 입간판 따위로 바리케이트를 쳤다.

시위대 후미나 중간쯤에 끼어 있던 부녀자들과 젊은 여성들은 보도 블록을 깨서 날라다 주었으며, 젊은이들은 직접 전투를 담당하는 식으로 대열의 전위와 후위가 나뉘어져 역할이 분담되었다.

근처 지하도 공사장에서 일하던 몇몇 인부들도 팔을 걷어붙이고 나섰다. 무기로 쓸만한 각목, 철근, 파이프 등을 아낌없이 날라다 주었다.

오후 3시 무렵, 군용헬기 2대가 시위대 머리 위로 저공비행을 하면서 연신 전단을 살포하고 방송을 했다.

"시민 학생 여러분! 이성을 잃으면 혼란이 가중됩니다! 지체말고 즉각 해산하여 집으로 돌아가십시오! 여러분은 지금 극소수 불순분자 및 폭도들에 의해서 자극되고 있습니다. 시민이 가담하거나 동조하면 가정과 개인에 중대한 불상사가 닥칩니다! 그때 우리는 여하한 사태가 발생하더라도 더 이상 책임질 수 없습니다!"

시민들은 각목이나 파이프 따위를 더 높이 치켜들고서 허공을 향하여 부르짖었다.

"저놈부터 죽여라!"

"헬리콥터를 떨어뜨리자!"

"그래, 네놈들이 말한 대로 우리 모두가 폭도다. 죽일 테면 죽여 봐라!"

이때 갑자기 가톨릭센터 앞에서 와아, 하는 함성이 터지면서 수백 명의 젊은이들이 가톨릭센터 앞으로 일시에 밀고 나왔다. 점심시간으로 가톨릭센터 경비를 맡았던 공수부대 병력이 빠져나가면서 일부 경비 병력만이 남아 있었고, 센터 9층 옥상에는 6명의 공수대원들이 시민들의 시위 상황을 무전기로 본대에 알리고 있던 중이었다.

그들을 발견한 젊은이들이 그냥 바라보고만 있을 리 만무했다. 젊은이들이 건물 안에 있던 공수대원들을 완전히 에워싸고 무장해제를 시킨 다음 포로로 붙잡았다. 그리곤 곧바로 옥상으로 뛰어 올라갔다.

옥상의 공수대원 6명은 몰려드는 젊은이들에게 곤봉과 대검을 휘두르며 완강히 저항했다. 때문에 몇 명의 젊은이들이 대검에 찔려 쓰러졌지만, 나머지 젊은이들이 돌을 던져 무력하게 만든 다음 일제히 달려들어 그들마저 때려눕혔다.

어떤 젊은이는 공수대원에게서 빼앗은 M16 소총을 들어 길거리의 시위대를 향하여 머리 위로 번쩍 치켜들어 보였다.

"와아, 이겼다!"

그렇지 않아도 건물 안으로 뛰어들어간 젊은이들의 생사에 애를 태우던 군중들은 일제히 환호하며 박수를 쳤다.

드럼통을 폭발시켜 군과 경찰의 바리케이트를 파괴시킨 것이며, 가톨릭센터에서의 부분적인 그런 승리는 시위 군중의 사기를 한껏 드높여 주었다.

그러나 승리의 감격도 잠깐이었다. 오후 3시 30분경, 마침내 점심과 휴식을 취한 공수부대가 다시 도청 앞과 광남로 사거리를 포위하고 군중을 압박해 들어왔다. 캘리버 50 기관포를 거총한 장갑차가 시위 군중이 깔려 죽건 말건 군중을 향하여 전속력으로 달려들었으며, 시위 군중들은 돌을 던지고 각목을 휘두르며 길 양쪽으로 퇴각했다.

동시에 공수대원들은 미친 듯이 돌격하면서 뒤쳐져 미처 빠져나가지 못한 시민들을 닥치는 대로 무차별 학살하기 시작했다. 가톨릭센터 안에서 인질로 잡은 포로 공수대원들을 지키고 있던 젊은이들은 불시에 들이닥친 공수부대에 의해 거의 얼굴을 알아볼 수 없을 정도로 무참하게 살해당했다.

또다시 수십 구의 사체가 거리로 내던져졌다.

금남로 3가 지하상가의 공사장으로 피신했던 시위 군중이 일부는 각목으로 대항하며 광주공원 방면으로 퇴각하고 있었다. 공수대원들은 달아나는 대열의 후미를 계속 유린하면서 끝까지 추격했다.

그들은 광주공원의 오르막길에서 사태를 보러 나온 부녀자들까지 무차별 구타를 가했고, 이를 보고 있던 주위의 노인들이 그들의 폭력을 만류하자 공수대원들은 노인들마저 곤봉으로 후려쳐 쓰러뜨렸다. 도망치다가 그런 광경을 목격한 시위 군중들은 차마 발길이 떨어지지 않는 듯 모두 돌아섰다. 그리고는 "좋다. 다 죽여라!"하면서 되레 공수대원들에게 달려들었다.

그처럼 갑자기 시위대가 거세게 반격해 오자 상대적으로 숫자가 적은 공수대원들은 꽁무니를 빼고 달아나기 시작했다. 그런데 그들 가운데 한 명이 무리에서 떨어져 광주천변을 따라 양림교 쪽으로 도주하자, 분노에 찬 시민들이 그 자를 끝까지 쫓아갔다.

공수대원은 양림교를 막 지나면서 다급한 김에 광주천으로 훌쩍 뛰어내렸다. 그러나 뒤쫓던 시민들이 던진 돌에 뒤통수를 맞은 그 자가 앞으로 푹 고꾸라졌고, 시민들이 던진 분노의 돌멩이가 무수하게 내던져졌다.

또 공원 다리에서도 몇 명의 공수대원들이 다리 밑으로 거꾸로 떨어졌다. 시민들이 뭇매를 맞고 실신한 공수대원들을 다리 아래로 던져버렸던 것이다. 양동시장 부근에서도 그와 같은 상황이 벌어졌다. 시위대를 뒤쫓아오던 공수대원 2명이 한 젊은이를 점찍고서 복개상가 2층으로 악착같이 따라 올라갔다.

그 광경을 보고 주위에 있던 시민들이 그들을 뒤쫓아 올라갔다. 분노한 시민들과 젊은이는 각목을 집어들고, 공수대원 2명은 곤봉과 대검을 휘두르며 싸운 끝에 그들을 짓이겨 버리고는 2층 창문에서 내던져 버렸다.

한편 공수부대에 쫓겨 문화방송 방면으로 밀려난 시위 군중들은 문화방송 안으로 들어가 유리창과 기물을 파괴했다. 차고에서 MBC 취재 차량 2대와 다른 차량 3대를 끌어내어 불을 질렀다. 군사독재의 앞잡이 제도언론에 대한 시민들의 응징이었다.

이때 연락을 받은 공수부대가 진격해 와서 또 다시 대검으로 찌르고 곤봉으로 후려치는 학살이 벌어졌다. 가까스로 살아남은 시민들은 간신히 광주고 방면으로 쫓겨갔지만, 또 다시 그곳에서도 공수부대의 학살이 자행되고 있었다.

그런데도 오후에는 고등학교에서도 교내 시위가 일어나기 시작했다. 전날 자신들이 길거리에서 목격한 공수부대의 잔인한 만행에 도저히 참고 있을 수가 없었던 것이리라.

마침내 오후 4시 무렵 전남고, 대동고, 중앙여고, 광산여고, 정광고 학생들이 수업을 거부하고 교정에 모여 시가행진을 벌일 기세였다. 하지만 교문에는 벌써 계엄군이 진주하여 총검을 치켜들고 지키고 있었기 때문에 가두 진출은 좌절되었다.

그렇지만 고등학생들은 방과 후에 20~30명씩 짝을 지어 시위대에 가담하기 시작했다. 순진한 이들은 아무 두려움도 없이 공수부대 돌격의 전면에 자신들의 몸 전부를 내던져 희생이 가장 컸다.

오후 4시 30분경, 공용터미널 부근 사거리에서 한 중년의 아주머니(전옥주, 가정주부)가 확성기로 외치고 있었다.

"나는 공산당도 아닙니다! 난동자도 아닙니다! 단지 선량한 광주 시민의 한 사람일 뿐입니다! 아무 죄 없이 우리 학생, 시민들이 죽어가는 것을 더 이상 바라보고 있을 수만은 없습니다! 우리 모두 나섭시다! 학생들을 살립시다! 계엄군을 물리치고 우리 스스로 광주를 지킵시다!"

전옥주의 가두 방송에 수천 명의 군중이 몰려들었고, 그 기세를 몰아 다시금 쫓겨난 시내 진출을 기도했다. 하지만 곧이어 밀어닥친 공수대원들에 의해 또 한번 피투성이가 된 채 시위대는 공용터미널 부근에서 밀려났다.

그러나 시위대는 곧 또 다시 몰려들었다. 그러면서 공수대원들도 어김없이 나타났다. 그들은 시위대가 좀처럼 흩어지지 않자 방독면을 착용하더니만 이윽고 최루탄을 쏘아대면서 진격해 들어왔다.

시위대는 주변 골목으로 흩어지고, 바로 옆 공용터미널 빌딩 옥상으로 올라가 돌을 던지기도 하였다.

하지만 공용터미널 지하도 속으로 쫓겨갔던 시위대는 아무 것도 보이지 않는 어두컴컴한 지하도 속에서 공수대원들의 무차별 폭력 앞에 하나 둘 숨져갔다. 이곳에서 죽은 대부분의 사망자가 자상에 의한 것이었으며, 거의 두세 군데의 상처가 나 있었다. 아마도 마구 닥치는 대로 대검을 찔렀음이 분명해 보였다.

그런가 하면 공용터미널 로터리 부근에서의 공방 때 머리가 으깨어지고 팔이 부러져 온통 피투성이가 된 부상자를 급히 병원으로 후송하던 택시 기사에게 공수대원이 가로막고 서서 부상자를 내놓으라고 명령했다.

택시 기사는 안타까운 목소리로 "당신이 보다시피 지금 곧 죽어가는 사람을 병원으로 운반해야 되지 않느냐."라고 호소하자, 공수대원은 택시의 유리창을 부수고 운전기사를 끌어내려 대검으로 무참하게 배를 찔러 살해하고 말았다.

이런 식으로 최소한 3명의 택시 기사가 살해당했는데, 이는 다음날 '차량시위'를 불러일으키게 한 직접적인 계기가 된다.

그런 속에서도 시간은 어김없이 흘러가 이윽고 오후 5시 10분, 계림동 광주고교 앞 도로에서 시위대와 공수대원들이 또 다시 충돌했다. 장갑차가 기세 좋게 위협시위를 하면서 계림동 일대를 돌아다니자, 시민들은 광주고교와 계림동 파출소 사이의 중앙로에 모여들어 장갑차를 기다렸다.

마침내 광주고교 쪽에서 장갑차가 나타나자 시위 군중이 집중적으로 돌을 던져 장갑차 앞 부분 양옆에 붙어 있는 눈의 역할을 하는 감시경을 깨어버리는데 성공했다. 감시경이 깨어져 장갑차가 앞이 보이지 않게 되자 당장 이동할 수가 없게 되었다.

이때 동아일보 기자가 이 장면을 취재하자 장갑차 안에 포위되어 있던 공수부대 대위가 자기들이 무기로 엄호하는 동안 빨리 빠져나가서 지원 병력을 보내주도록 조치해 달라고 연락을 부탁했다. 취재 차량이 군중 사이로 지날 때에 시민들은 차량에다 발길질을 하고 야유를 퍼부었다.

무고한 시민들이 죽어가는 데도 동아일보는 왜 가만 있느냐며 항의하며, 취재 차량을 향하여 돌을 던지기도 하였다.

그럴 때 누군가 한 사람이 볏짚단을 가지고 왔다. 그는 볏짚단에 불을 질러 장갑차를 폭발시켜 버리자며 바퀴 부분에다 던져 넣었다.

하지만 곧 별 효과가 없음을 알고 시민들은 장갑차의 위 뚜껑을 열고 그 속에다 집어넣으려고 시도했으나 열리지가 않았다. 그래서 그대로 뚜껑 위에 올려놓고 말았다.

잠시 후 장갑차 안에 타고 있던 공수대원들이 뚜껑을 열고 M16 총구를 내밀었다. 그 자는 고개를 내밀다 뜨거운 듯이 팔을 휘젓고 나서 공중에 2발을 쏘더니, 곧이어 정 조준하여 앞에 보이는 학생을 그대로 쏘아버렸다.

그 순간 어린 고교 학생이 그 자리에 픽 쓰러졌고, 사람들은 놀라 주변 골목으로 흩어져 숨었다.

잠시 후 그들은 총을 겨눈 채로 장갑차를 다시 몰고 유유히 사라졌고, 쓰러져서 아직 꿈틀거리고 있는 어린 학생은 몇 명의 젊은이들이 일으켜 안고 몇 발짝도 옮기지 않아 숨을 거두었다.

M16 총탄이 어린 학생의 목을 관통했는데, 머리가 덜렁거리면서 간신히 붙어 있을 뿐이었다.

오후 7시쯤이 되자 어둠이 깔리기 시작한 거리에는 가랑비까지 추적추적 내리기 시작했다. 도청 앞에서부터 광남로까지 경찰과 공수부대가 여전히 장악한 채 광주는 침통한 침묵으로 깊이 가라앉아 있었다.

같은 시각, 광주고속 버스터미널 부근에서는 근처의 자동차 정비공들을 중심으로 한 1천여 명의 시위대가 경상남도 넘버를 달고 있던 8톤 트럭 한 대를 불질러 버렸다. 트럭에는 그저 각종 플라스틱 제품들이 실려 있을 뿐이었지만, 시위 군중들은 경상도 출신 공수대원들이 광주 시민들을 학살하러 왔다는 소문에 그저 경상도라면 치를 떨고 있던 터였다.

저녁 9시 30분경, 이미 통금시간이 지났음에도 시위는 그칠 줄을 몰랐다. 그러면서도 시민들은 혹시나 자신들의 운명에 관한 새로운 소식이 저녁 텔레비전 뉴스에 비춰지지 않을까 하고 잔뜩 기대하면서 열심히 시청했으나 저녁 텔레비전에서는 아무 상관도 없는 연속극이나 오락 프로만 태연하게 방영하고 있었다.

광주 시민들은 분노와 함께 절망하지 않을 수 없었다. 한쪽에서는 무고한 시민들이 공수부대와 목숨을 건 싸움을 치열하게 벌이고 있는데, 텔레비전에서는 그저 나 몰라라 하며 태평스럽게 오락 프로나 방영하고 있었을 뿐, 정부의 책임있는 움직임이나 광주에서의 그런 참혹한 상황은 전연 보도되지 않았다.

외로운 죽음에 대한 외로운 항쟁

다시 또 날이 밝아왔다. 5월 20일, 화요일이었다. 전날 저녁부터 추적추적 내리기 시작한 비도 날이 밝아오면서 이내 그쳤다.

시민들은 이른 아침부터 다시 모여들고 있었다. 누가 나서서 시키지도 않았건만 변두리 지역에서부터 시내 중심가로 조용히 몰려들고 있었다.

물론 그들은 시내 중심가로 나가면 위험하다는 것을 잘 알고 있었다. 아니 자신들의 목숨조차 보장받을 수 없다는 사실도 너무나 잘 알고 있었다.

아직도 그 무시무시한 공수부대가 시내 곳곳을 지키고 있다는 것 또한 잘 알고 있었으나, 시민들에게 이제는 그러한 공포 따윈 아무런 문제가 되지 않았다.

그것은 곧 도도히 밀려가는 거대한 침묵의 행진, 아니 가끔은 길가에 넋을 잃고 털썩 주저앉아 자신의 머리를 애꿎게 쥐어뜯으며 통곡하는 아낙네들도 눈에 띠었다. 자신이 입고 있는 옷을 집어 뜯으며 내 아들을 살려내라고 허공을 향하여 미친 듯이 울부짖는 어머니들도 목격되었다.

그랬다. 시민들은 그런 아낙네들에게 그러한 어머니들에게 무어라고 위로할 수는 없었으나, 이제는 자신들이 무엇을 어떻게 하여야 한다는 사실을 분명히 깨닫고 있는 것만 같았다.

무엇보다도 시민들은 자신들의 인간성 본연에서 우러나온 처절하고도 외로운 항거를 폭도라고 매도하고 있는데 격분하면서, 저마다 말없이 전의를 다져가고 있었다.

오전 10시경, 대인시장 주위에는 1천여 명의 시민들이 모여 있었다. 학생과 젊은이들만이 아니었다. 가정주부에서부터 50대, 노년층까지 합세한 군중은 전날의 피해 상황과 살육 광경을 서로 이야기하며 저마다 울분과 적개심을 감추지 못했다.

이날 새벽 6시경, 김안부의 버려진 사체가 전남주조장 앞길에서 발견되었는데 온몸이 갈기갈기 찢어지고 안면이 짓이겨져 있었다는 사실에서부터, 붙잡힌 학생을 발가벗긴 채 두 손을 묶어서 트럭 뒤에 매달고 다녔는데 도로에 질질 끌려 다니다가 끝내 절명한 광경은 참으로 몸서리치는 현장 목격담이 아닐 수 없었다.

마침내 시민들은 광주고교 방면을 돌아 시민관 사거리로 계속 전진해 나아갔다. 하지만 시가행진은 금남로에 도착하기도 전에 탱크를 앞세운 채 봉쇄하는 공수부대에 의해 사방으로 뿔뿔이 흩어지지 않으면 안 되었다.

그러나 금남로 일대에는 이미 사방에서 모여든 군중들로 이곳저곳에 무리를 이루고 있었다. 그리고 아직은 공수부대와의 접전도 일어나지 않은데다, 그들의 진압 방법이 전날과 좀 다른 구석이 엿보였다.

우선 그들은 M16 소총에다 착검을 하지 않았고, 말씨도 공손했다. 그들 중에는 호남 사투리를 쓰는 자도 있었으며 술에 취해 벌젖게 충혈된 눈빛도 찾아보기 어려웠다.

 하지만 전날 밤 계엄군이 시 중심부에서 문제의 제7공수부대를 빼어내고, 그 대신 외곽지 경비 병력인 제3공수부대와 제11공수부대를 교체 투입한 사실을 알 리 없는 시민들에겐 여전히 똑같은 공수부대로 보일 따름이었다. 따라서 여전히 그들은 분노와 함께 두려움의 대상이 아닐 수 없었다.

 더군다나 이날 광주역, 공용터미널, 서방 삼거리를 경비하던 공수부대는 화염방사기로 무장을 갖추고 있었다. 그리고 그것은 이날 역시 벌어질 참상을 미리 예고하는 상징물처럼 비춰졌다.

 아무튼 시간이 흐르면 흐를수록 금남로에 운집한 군중들과 공수부대 사이에는 언제 폭발할지 모르는 무거운 긴장감이 저마다의 얼굴에 번득이고 있었다.

 더욱이 이제 시민들은 목숨을 버리고서라도 단호하게 그들과 맞서 싸우겠다는 결연한 태도였다. 그런 만큼 만약에 또 다시 시위가 불붙기 시작한다면 그것은 이제껏 보지 못한 엄청난 폭발력을 가지리라는 건 양쪽 모두 충분히 예상할 수 있는 것이었다.

 그처럼 팽팽한 대치가 계속되고 있는 가운데 서방 삼거리 쪽에서 충돌이 발생했다. 공수부대는 예의 그 화염방사기를 군중을 향해 쏘았다. 20여 미터나 나가는 화염방사기의 불길은 시위대의 선두에 섰던 사람을 덮쳤고, 그는 미처 피할 겨를도 없이 순식간에 불에 타 죽어갔다. 공수부대는 시민들이 접근하기도 전에 잽싸게 그 사체를 군용 트럭에 싣고 어디론가 사라져 버렸다.

 오후 3시, 금남로의 시위 군중은 무려 3만여 명으로 크게 불어나 있었다. 경찰은 최루탄을 마구 쏘아대기 시작했으나, 시민들은 흩어질 줄을 몰랐다.

아니 언제부터였는지 시민들은 하나 둘 길거리에 주저앉기 시작했다. 이제는 더 이상 달아날 생각도 하지 않고 아예 길거리에 주저앉아 농성에 들어갔다.

그럴 때 어디선가 "차라리 우리 모두를 죽여라!"라는 절규가 터져 나왔다. 누군가는 미리 준비해 온 태극기를 흔들어 대면서 노래를 불렀다. '우리의 소원은 통일' '정의가' '투사의 노래' 등이 계속해서 불리어졌는데 다 같이 '아리랑'을 합창할 때에는 거의 모두가 소리 없이 흐느끼고 있었다.

그럴 때쯤 계엄군의 저지선에 변화가 생겼다. 이제껏 앞에 섰던 경찰이 뒤로 물러서면서, 공수부대가 전면으로 나선 것이었다. 공수부대 지휘관은 길거리에 주저앉아 농성을 벌이고 있는 시민들에게 집으로 돌아갈 것을 명령했다.

시민들은 꿈쩍도 하지 않았다. 다만 목청이 터져라 다 같이 합창만을 불렀다. 결국 공수부대가 돌격했다. 다시금 닥치는 대로 곤봉을 휘둘렀다.

길거리 농성장은 일시에 피범벅이 되었고, 군중은 흩어지지 않으면 안 되었다. 한 가지 다행스럽다면 전날과 같이 공수대원들이 골목까지 쫓아오거나 대검으로 찌르지는 않았다는 것이다.

그러는 사이에도 시민들은 더욱 더 불어났다. 이제는 더 이상 물려나려고 하지도 않았다. 좁은 골목과 건물 사이로 흩어졌던 시민들은 이내 "모이자! 모이자!" 하는 구호를 연신 외치면서 다시금 뭉쳤다.

즉석에서 모금한 돈으로 마련된 확성기도 등장했다. 여러 명이 모여 만든 목말을 학생 한 명이 타고, 시위 대열 가운데로 들어가 확성기로 투쟁을 독려하기 시작했다.

"우리 모두 이 자리에서 먼저 가신 님들과 같이 죽읍시다!"

모두들 결사적이었다. 시위대 모두가 최루 가스에 곤욕을 치르고 있었지만, 누구도 물러서지 않았다. 도로 부근의 가게나 주택가에서는 커다란 물통, 세수 대야 등에 물을 가득 채워 밖으로 내놓았고, 부녀자들은 물수건과 치약을 준비하여 시위대 사이로 들고 다니면서 시민들에게 나누어주었다.

시민들은 눈 주위와 코 밑 부분에 치약을 발랐다. 누구의 아이디어인지 맵고 따갑고 가슴이 막히는 최루 가스를 참아내는 방법을 찾아낸 것이었다.

오후 5시 50분, 충장로 입구 쪽의 시위 군중 5천여 명은 스크럼을 짜고 도청을 향하여 육탄 돌격을 감행했다. 그러나 계엄군에 밀려나 광주은행 남문지점 앞에서 '살인마 전두환은 물러가라!', '군은 3.8선으로 복귀하라!' 등의 구호를 외치고, '애국가' '우리의 소원은 통일' 등을 합창하며 태극기를 흔들었다.

또한 시위 군중은 시민들 가운데서 대표를 뽑아 계엄군의 저지선으로 보내어, "광주시민을 적으로 취급하는 공수부대와 사생결단을 낼 터이니 경찰은 비켜달라"고 요구하기도 했다.

하지만 도청 진입은 여전히 어려웠으며, 시위는 한동안 소강 상태가 지속되었다. 그런 가운데 어느덧 해는 기울어 거리에는 땅거미가 드리웠다.

오후 7시경, 갑자기 유동 방면에서 수많은 차량이 어마어마한 분노의 파도가 되어 일제히 헤드라이트를 켠 채 경적을 올리면서 이동해 오고 있었다. 선두에는 12톤 대형 트럭과 고속버스 11대가 잇달았고, 그 뒤로도 200여 대 가량의 영업용 택시가 금남로 거리를 가득 메운 채 뒤를 따르고 있었다.

그러한 광경을 지켜보던 시위 군중들은 절로 힘이 솟아났다. 일시적인 소강 상태에 빠졌던 시위 군중들에게 다시금 새로운 전의를 다질 수 있는 원동력이 되어 주었던 것이다.

사실 차량 행렬은 이보다 훨씬 앞선 이미 오후 2시부터 시작되고 있었다. 광주역 부근에서 10여 대의 택시가 손님을 기다리면서 서로 이야기를 나누고 있었는데, 운전기사들은 몹시 격분되어 있었다.

"우리가 영업을 하다가 손님을 실어준 것이 무슨 죄가 되길래 죄 없는 운전기사들을 공수부대가 죽인단 말이냐!"

"우리를 이런 식으로 곤봉과 대검으로 죽인다고 한다라면 더 이상 영업을 하지 말고 우리도 싸워야만 한다."

그렇지 않아도 택시 기사들은 시내 곳곳을 운행하면서 공수부대의 살육 만행을 누구보다도 많이 목격했고, 또한 적잖이 피해를 입고 있는 터였다.

때문에 오래지 않아 택시는 20여 대 가까이 불어났고, 운전기사들도 시위 군중에 참여하자는 방향으로 의견이 모아져 갔다. 그들은 무등경기장 앞에 시내 택시기사들이 전부 모이자는 결정을 하고는 서로 연락을 취하기 위하여 시내 곳곳으로 흩어져갔다.

이윽고 오후 6시까지 무등경기장 앞에 모인 택시는 200여 대를 헤아렸다. 그들 가운데에는 머리에 붕대를 감은 택시 기사들도 보였다.

그렇게 모여든 택시 기사들은 자신들이 지금까지 목격한 공수부대의 잔학성과 동료 기사들의 부상 내지 죽음을 알리고, 공수부대를 성토하면서 계엄군의 저지선을 자신들이 앞장서 돌파하자고 결의했다.

그들은 곧 저마다 머리에 수건을 질끈 동여매고 자신들의 차량을 끌고 금남로를 향하여 전진하기 시작했다. 마침내 차량 행렬이 금남로에 이르자 계엄군의 저지선에 가로막혀 대치하고 있던 시민들은 다같이 환호하면서 감격의 눈물을 흘렸다.

시민들은 그들이 이끌고 온 차량을 따라 계엄군의 저지선을 향하여 돌격했다. 갑자기 돌변한 사태에 놀란 계엄군은 엄청난 양의 최루탄을 쏘아대고 페퍼포그 차량으로 가스를 빗발치듯 뿜어댔다.

강력한 가스탄은 진격하고 있는 차량의 앞 유리창을 부수며 차량 안으로 떨어졌다. 결국 질식 상태를 견디지 못한 운전기사들은 계엄군의 저지선을 불과 20여 미터 남겨두고 차량에서 내려와야만 하였다.

한데 차량에서 내려온 그들이 가스에 기침과 구역질을 하면서 비틀거리고 있을 때에 계엄군이 순식간에 돌진하여 곤봉으로 그들의 머리를 후려치고 서넛이 달려들어 연행해 갔다.

뒷줄의 운전기사들은 연행되어 가고 있는 앞줄의 운전기사들 덕분에 재빨리 몸을 피할 수 있었지만 이미 20명 이상이 계엄군에 의해 연행되어 간 뒤였다.

그러자 차량을 엄호하던 시민들도 가만 있지 만은 않았다. 돌진해 오고 있는 계엄군을 향하여 돌을 날렸다.

계엄군은 차량의 헤드라이트 불빛 때문에 눈을 뜨지 못해 전방을 잘 살필 수 없었던지 곤봉이나 총 개머리판으로 모든 차량의 헤드라이트를 깨어 부수며 달려왔고, 시민들은 투석을 하면서도 조금씩 밀려날 수밖에 없었다.

하지만 금남로 좌우로 흩어졌던 시민들은 잠시 후 가스가 엷어

지면 구역질을 하면서도 순식간에 몇 만 명의 숫자로 결집되곤 하였다. 그리고 그들은 투석으로 계엄군과 마주섰다.

그런 투석의 엄호를 받으며 헤드라이트를 켠 버스 한 대가 계엄군의 저지선을 향하여 다시 돌진해 나갔다. 그러나 빗발치는 최루탄 때문에 운전기사는 앞이 보이지 않았는지 그만 길가의 가로수를 들이받고야 말았다.

그처럼 버스가 멈추어 서고 말자 어디선가 공수대원 수십 명이 재빨리 뛰어나와 차창을 박살내고 버스 안에 타고 있던 운전기사와 9명의 젊은이를 끌어냈다. 그런 다음 그 자리에서 무자비하게 곤봉으로 후려쳤다.

그런 광경을 주변 골목에서 지켜보던 시민 5백여 명이 그들을 구원해 내려고 고함을 지르며 달려들었다. 그러나 공수대원들은 이들조차 무차별 후려쳤다. 겁에 질린 시민들은 모두 쫓겨났다.

중년 부인 한 사람이 공수대원들의 저지를 뿌리치고 약과 물수건을 가지고 달려가 그들을 치료하다가 길바닥에 흥건히 고여 있는 붉은 피를 보고는, "이 피를 좀 봐라! 너희들이 국군이냐?"라고 울부짖으며 그 자리에서 그만 실신하고야 말았다.

버스 돌격은 그것말고도 한 차례가 더 있었다. 충장로 입구 쪽에서 시외버스 한 대가 계엄군의 저지선을 향하여 돌진하기 시작하여, 마침내 저지선을 돌파하고 지나가 도청 앞 분수대를 들이받고는 멈추어 섰다. 말할 것도 없이 시외버스 안에 타고 있던 두 젊은이는 곧장 무참하게 구타당한 뒤 어디론가 연행되어 갔다.

오후 7시 30분경, 금남로 군중들은 공용 터미널에서 몰고온 시외버스 5대를 2열로 앞세우고서, "연행 학생, 시민들을 석방하라!" "김대중 석방하라!" 등의 구호를 연호하며 또 다시 계엄군의 저지선을 향해 나아갔다.

공수부대는 시위대의 기세에 밀려 결국 저지선을 금남로 1가 전일방송 앞까지 후퇴시킨 다음 교통신호대, 가드레일, 대형 화분 등을 도로 한 가운데로 끌어내어 바리케이트를 치고 최루탄을 빗발치듯 쏘아대며 시위 군중의 접근을 막았다.

그러나 시간이 흐를수록 시위 군중은 자꾸만 더 늘어갔다. 초등학교에 다니는 어린아이에서부터 노인에 이르기까지, 심지어는 시외곽인 유덕동 근교에서 농사를 짓는 농민 50여 명이 흰 한복 차림에 쇠스랑과 괭이 등을 들고 시위대에 합세하기도 하였다. 이러한 시위 군중은 이미 금남로 일대에만 무려 20만여 명을 넘어서고 있었다.

저녁 8시경, 난데없이 한일은행 쪽에서 요란한 사이렌 소리가 들려왔다. 광주소방서를 점거한 시민들이 물을 가득 채운 소방차 3대를 끌고 도청 방향으로 진격해 오고 있었던 것이다. 소방차 뒤에는 2만여 명의 시민들이 와아, 와아 함성을 내지르며 뒤따라 왔다.

계엄군은 그 즉시 최루탄을 퍼부었다. 시민들은 기침과 구역질을 하고 눈물을 짜내면서도 소방차를 앞세워 앞으로 돌진했다. 그런 다음 전면을 향해 소방 호스로 물을 뿌렸다.

저녁 8시 30분경에는 고속버스 3대가 운전기사, 안내양, 시민들을 가득 채운 채 나타나 시위 군중들로부터 열렬한 박수갈채를 받기도 하였다.

저녁 9시경, 결국 시청이 시위대에 의해 점거되었다. 수만 명에 이르는 시위 군중의 총공세에 밀려 군과 경찰이 시청 건물의 경비를 포기하고 철수하자 시위대가 밀고 들어간 것이다.

저녁 9시 30분 무렵, 노동청 앞 오거리에서 고속버스 10여 대를 몰고 온 시위대는 빗발치는 최루탄의 가스 세례를 뚫고 경찰 저지선을 돌파했다. 그 과정에서 경찰 4명이 버스에 치여 목숨을 잃는 사고가 발생했다.

운전기사 배용주(그는 이 사건으로 체포되어 살인혐의로 사형 선고를 받았으나, 그후 사면되었다)는 남원~광주간 정기운행을 마치고 본사에 도착했다가 시위 소식을 접하고는 다른 고속버스 10여 대와 함께 노동청 오거리로 향했다. 그의 버스에는 시위에 가담하기 위한 젊은이들이 가득 탄 체였으며, 다른 버스들과 함께 맨 앞자리에 서 있었다.

한데 노동청 앞 오거리에 이르렀을 때였다. 갑자기 공수부대가 쏜 최루탄 한 발이 차창을 깨고 날아들어와 차 안에서 터지자 최루 가스에 정신 없이 뛰어내렸다. 그러나 시동이 걸려 있던 버스는 계속 앞으로 돌진해 나아갔고, 그만 경찰 4명을 그대로 깔아버린 것이었다.

밤이 깊어질수록 공방전은 더욱 치열해져만 갔다. 시민들은 가능한 모든 차량을 동원하여 차 안에다 불을 붙여, 계엄군의 저지선으로 밀어붙였다. 도청 앞 금남로와 충장로 입구, 노동청 앞 오거리의 공방은 양쪽 모두 필사적이었다.

밤 10시경, MBC 부근에서 갑자기 커다란 폭음이 일어나며 불기둥이 하늘로 치솟았다. 시위대가 MBC를 공격한 것이었다.

10여 명의 계엄군이 경비를 서고 있는 가운데 MBC는 밤 9시에 방송이 중단되었다. 지척의 거리에서 수많은 시민들이 죽어가고 있는데도(시민들은 이미 저녁 8시 뉴스 시간에 시민들의 피해 상황 및 사망자들의 신원에 관하여 정확한 보도를 요구한 터였다)

그때까지 뉴스에서 단 한마디도 보도하지 않는 가운데 계엄 당국의 일방적인 발표만 보도하고 있었다.

더욱이나 뻔뻔스럽게도 가요, 상품광고가 평상시와 조금도 다름없이 방송되자 언론에 대한 시민들의 분노는 직접 가해자인 공수부대와 똑 같다는 생각에 이르게 되었다.

마침내 분노에 찬 시민들이 MBC로 몰려갔다. 초등학생에서부터 노인에 이르기까지 수천여 시민들이 MBC 앞에 집결하자, MBC는 저녁 9시쯤 방송을 중단하고 모두 퇴근해 버렸다. 방송국 경비를 맡고 있던 31사단 계엄군도 유혈 사태를 우려했는지 그들 역시 곧 철수해 버렸다.

그처럼 무방비 상태가 되어버린 방송국 안으로 시민 몇 명이 올라가 방송을 시도해 보았으나 방송 장비는 이미 작동되지 않았다. 시위대의 분노는 극에 달했고, 오래지 않아 방송국은 화염에 휩싸였다.

그리고 그 화염은 온 시가지를 환하게 밝혔다. 시민들은 갑자기 치솟는 불길을 보고 방송국 쪽으로 우르르 몰려들기 시작했다.

밤 11시쯤, 노동청 방면에서 그 모습을 드러내기 시작한 탱크 한 대가 MBC 부근에 집결해 있는 시민들을 향하여 굉음을 내며 무서운 속도로 질주, 시민들이 혼비백산했다. 계엄군의 탱크는 노동청 앞에서 시민관 앞까지 왕복하면서 무력 시위를 하며 거침없이 돌아다녔고, 시민들은 그 때마다 놀라 길 양쪽의 골목으로 몸을 피해야만 하였다.

한데 계엄군의 탱크가 휩쓸고 지나간 길 한복판에 미처 피하지 못하고 탱크 바퀴에 그만 깔려버린 어린아이의 사체가 산산이 으깨어진 채 발견되었다. 시민들은 또 다시 치를 떨어야 했고, 그 뒤로 어린아이들은 모두 집으로 돌려보내졌다.

같은 시각, 광주역 앞 공방도 치열하기 그지없었다. 새벽 4시까지 계속된 광주역 앞 공방 역시 금남로에서의 공방전과 같이 수많은 희생자를 낸 치열한 전투가 다름 아니었으며, 도청을 제외한 시내 전역에서 계엄군을 퇴각하게 하였던 결정적인 전투였다.

광주역은 도청과 마찬가지로 행정적 기능을 유지시킬 수 있는 상징적인 곳이었고, 전략적으로 볼 때에도 시위대에 고속도로가 차단될 가능성이 높은 현 시점에서 병력과 보급품 수송을 위한 중요한 거점이었다.

때문에 광주역을 지키고 있던 계엄군의 방어는 완강할 수밖에 없었다. 광주역을 중심으로 다섯 갈래로 뻗어나간 도로에는 바리케이트가 쳐져 있었고, 시민들은 그 바리케이트를 넘지 못해 공방을 계속하고 있었다.

이윽고 밤 10시 30분경, 한 젊은이가 기름을 가득 채운 드럼통 2개를 트럭에다 싣고 불을 붙인 뒤 광주역을 향하여 질주해 들어갔다. 젊은이는 계엄군의 바리케이트 전방 20여 미터쯤에서 트럭 밖으로 뛰어내리자 트럭은 그대로 불덩이가 된 채 돌진, 바리케이트를 돌파하여 역전 앞 분수대를 들이받고 멈춰 섰다.

다음 순간 주위를 커다랗게 진동하며 트럭이 폭발했고, 불기둥이 하늘 높이 치솟았다.

시청 방향에서도 이와 비슷한 방법의 돌격이 몇 차례나 시도되었다. 더욱이 시간이 지날수록 점점 더 불어나기만 하는 시위 군중들에 계엄군이 더 이상 버틸 수 없게 되자 그들은 M16 소총을 발사하기 시작했고, 투석하던 시민들이 총탄에 맞아 그 자리에 쓰러졌다.

계엄군 최후의 보루인 도청 앞에서도 상황은 다르지 않았다. 자정 무렵이 되어갈 즈음 시위 군중들은 계엄군을 사방에서 조금씩 조금씩 압박해 들어갔다.

그럴 때 갑자기 강렬한 총성이 몇 발 울려퍼졌다. 그러자 잠시 시위대가 주춤거렸다. 하지만 그것은 곧 공포탄임을 시위대는 알아차렸다. 그러나 뒤이어 공중으로 위협 사격하는 기관총의 예광탄이 줄을 그으며 불길한 예감처럼 밤하늘로 날아갔다.

그리고 다음 순간, M16 자동소총의 연발 사격 소리가 기분 나쁜 파열음을 내면서 밤거리에 콩볶듯이 울려퍼졌다. 시위 대열의 선두에 섰던 젊은이들이 두 손에 돌멩이를 쥔 채 무기력하게 픽픽 쓰러져갔다. 그런데도 연이어지는 연발 사격의 총성에 갑자기 밤거리는 그대로 얼어붙어 버릴 것만 같았다.

시위 군중들은 갑자기 돌변한 분위기 속에서도 어떻게든 그저 살아야 한다는 본능에 따라 제각기 상체를 구부리고 건물 옆으로 몸을 피하기 위하여 길 양쪽으로 쫙 갈라졌다. 길 위에는 여기저기 사체와 함께 아직 숨이 남아 있는 사람들이 살려달라고 외치는 절규만이 처절하게 남았다.

공수부대는 시위 군중들이 흩어지자 일단 사격을 멈추었다. 시민들은 안타깝게 발을 동동 구르며 소리쳤다.

"저놈들이 드디어 발포를 했다! 총, 총이 있어야 한다! 우리도 총이 있어야 한다!"

시민들은 어둠 속에서 죽어가는 사람들의 절규를 속수무책으로 바라보며 눈물을 삼켜야만 했다. 멀리 물러났던 사람들은 여전히 철옹성 같기만 한 도청을 바라보며 다짐처럼 중얼거렸다.

새벽 1시경, 시민들은 도청 뒤에 자리하고 있는 광주세무서로 몰려갔다. 근처에 있는 MBC는 아직까지도 불타고 있었다. 시민들이 외쳤다.

"세금은 다 같이 잘 살자고 내는 것이지. 미국에서 무기 수입해다가 자기 나라 국민을 죽이라고 낸 것이 아니다!"

시민들은 세무서 정문을 박차고 들어가 닥치는 대로 기물을 부수고 불을 질렀다. 만세도 불렀으며, 애국가도 합창했다.

세무서 예비군 무기고에도 불이 타오르기 시작했다. 카빈 소총 몇 자루가 시민들의 손에 들어왔으나, 그러나 안타깝게도 실탄은 없었다.

노동청도 예외 없이 불타 올랐다. 이날 밤 광주항쟁의 여성 영웅 가운데 한 사람인 전춘심(조선대 무용과를 중퇴하고 마산에서 무용학원을 하던 중, 고향에 들렀다가 광주의 참혹한 현장을 목격하고 시위에 가담했다)은 세무서와 노동청 부근에서 계속 확성기를 들고 시위를 독려하고 있었다.

새벽 2시경, 버스 한 대를 선두로 전춘심이 가두 방송을 계속하며 앞장선 가운데 2천여 명의 시위대가 뒤따라 양동 복개상가를 거쳐 전남방직, 무등경기장을 지나 광주역에 집결했고, 광주역에 운집해 있던 시민들에겐 이 응원군의 가세로 사기가 한층 더 높아졌다. 더구나 시민들 가운데 일부는 차량에 올라타고 시 외곽을 돌아다니면서 시민들을 광주역 앞으로 불러모았다.

이윽고 새벽 4시경, 공수부대의 발포에도 불구하고 끊임없이 밀려드는 시민들의 필사적인 공격으로 마침내 광주역에서 계엄군을 물리쳤다. 시민들은 태극기를 휘두르며 광주역사로 진격했다. 그들은 희생자들이 시체를 넘으며 광주역사에 진입, 다 같이 만세 삼창을 외쳤다.

"이겼다! 우리가 공수부대를 이겼다!"

지난밤에 파괴되거나 불타버린 주요 관공서는 MBC, 세무서, 도청 차고, 시내 16개 파출소와 함께 노동청, KBS 등이 일부 불탄 것으로 파악되었다.

시내 중심가는 완전히 폐허가 된 것 같았다. 수없이 파괴된 차량 잔해와 불타거나 일그러진 바리케이트, 도로 위에 우박처럼 널려 있는 깨어진 보도 블록의 파편들, 화염병 조각들, 그 사이로 곳곳에 고여서 찐득하게 굳어가고 있는 희생자들의 붉은 핏자국들, 그리고 아직까지도 여기저기에 검은 연기가 끊임없이 피어오르고 있었다.

하지만 그것은 외로운 승리였다. 이날 새벽부터 광주는 외부로 통하는 모든 시외전화가 '고장'이라는 이유로 완전히 끊겼다. 신문도 들어오지 않았으며, 고속버스와 열차도 송정리에서 승객을 내려놓았다.

이렇듯 외부로부터 철저히 차단된 광주는 육지 속의 외로운 섬이 되고 만 것처럼 고립된 느낌이었다.

그러나 이보다 앞서 새벽 1시 무렵, 광주 외곽에 있는 육군 31사단에는 공수부대가 낙하산으로 투입되었고, 거의 1시간 동안 격렬한 총성이 울렸다(전날 밤 10시경 광주역 부근의 계엄군 중에서 31사단 병력은 어디론가 이동을 했고, 주변의 시위 군중들이 투석을 하자 지휘관이 확성기로, "시민 여러분! 저희들은 여러분의 향토사단인 31사단 병력입니다! 우리는 여러분을 해치지 않습니다! 지금 병력이 잠시 이동중이니 비켜주시고, 저희들에게 돌을 던지지 마십시오!"라고 하면서 지나가는 장면이 여러 시민들에게 목격되었다).

다시 말해 향토사단인 31사단이 광주 시민과 합세할 것을 두려워 한 신군부의 지도부가 31사단을 무장해제시키는 과정에서 일어난 충돌이었을 것이라는 소문이 돌았다.

실제로 향토사단인 31사단은 맨 처음 계엄확대 선포 때에는 시내로 투입되었다가 시위가 격렬해지고 공수부대의 만행이 극에 달하자 31사단 지휘부에서 반발을 일으켰으며, 그런 이유로 전남북 계엄분소장이 광주항쟁 기간 중에 경질되기도 하였다.

마침내 시민군 총기들고 나서다

광주 시민과 계엄군과의 피의 공방은 벌써 나흘째로 접어들고 있었다. 수요일인 5월 21일 아침에도 날이 밝아오자 시민들은 또 다시 시내로 도도한 물결이 되어 몰려들기 시작했다.

그리고 그들은 지난 새벽 광주역 항쟁에서 사망한 시민의 시체 2구를 손에 넣었다. 시체는 눈에 띄는 즉시 계엄군이 트럭에 던져 싣고 사라져 버렸지만, 상황이 다급했던지 미처 수습하지 못한 시체 2구를 시민들이 발견하게 된 것이다.

시민들은 군용 지프 뒤에다 리어카를 연결해서 그 위에 시체를 뉘고 대형 태극기로 덮어 시내로 천천히 향했다. 태극기 밑으로 피 묻은 맨발이 보였다. 시민들은 치를 떨며 격분했고, 누군가 그런 시민들을 향하여 외쳤다.

"지금까지 저놈들은 우리 형제의 시체를 빼앗아 갔습니다! 그리고는 단 한 사람도 죽지 않았다고 보도하고 있습니다! 여러분, 똑똑히 보십시오! 우리 친구 형제는 이렇게 죽어 있습니다!"

거리를 오가는 차량마다 격렬한 구호가 나붙었다.

'두환아, 내 자식 내놓아라!', '찢어 죽이자, 전두환!'.

이윽고 오전 9시, 금남로에 모여든 군중은 인산인해를 이루고 있었다. 도로, 보도 가릴 것이 없이 발 들여놓을 틈도 없을 만큼 꽉 들어차 무려 10여만 명 이상에 달했다. 모두가 맨손으로 싸우다 희생자를 많이 냈던 지난밤을 생각하며 무장의 필요성을 절실하게 느끼고 있었다.

그럴 때 가톨릭센터 앞에 있던 몇 명의 젊은이들이 시민들을 향하여 외쳤다.

"아세아자동차 공장에 가서 차를 끌고 나옵시다! 우리도 무장이 필요하고, 무장을 하기 위해서는 우선 차량이 필요합니다! 같이 갈 사람들은 따라 오시오!"

20~30명의 젊은이들이 자리에서 일어났다. 그들과 함께 아세아자동차 공장으로 향했다.

아세아자동차 공장은 군납 방위산업체여서 여러 종류의 차량이 있었다. 각종 버스에서부터 군용 트럭을 비롯하여, 장갑차까지 이루 헤아릴 수 없을 만큼 많았다. 하지만 젊은이들 가운데 운전을 할 수 있는 자가 7명밖에 되지 않아서 그들은 버스 7대를 몰고 금남로로 돌아왔다.

시민들은 7대의 버스를 보고 환호했다. 아니 시민들은 아직도 아세아자동차 공장에 각종 차량이 많이 있다는 말을 듣고 그 7대의 버스에 나눠 타고서 다시 공장으로 향했다.

시민들은 항쟁 기간 중에 아세아자동차 공장에서 장갑차 3대를 포함한 360여 대의 각종 차량을 징발했으나, 첫 번째 징발에선 버스 22대, 장갑차 3대, 군용 트럭 33대, 일반 트럭 20대 등 모두 80여 대를 끌고 돌아왔다. 그리고 그 차량들은 오전 내내 외곽 지역의 시민들을 금남로로 수송하는데 사용되었다.

이미 광주는 계엄군의 통제력에서 벗어나고 있었다. 시민들이 밤새워 싸워 흘렸던 피의 대가로 시민공동체를 이루어가고 있었다.

시민들의 왕래가 빈번한 곳이면 어디든 동네 아주머니들이 나와 주먹밥을 실어주곤 하였다. 특히나 시장 아주머니들이 적극적으로 나섰는데 양동시장, 대인시장, 학동시장, 산수시장, 서방시장 등지에서 서로가 조를 짜서 쌀과 반찬을 마련해 주곤 하였다.

오전 9시 50분, 금남로의 시위 군중들은 도청 앞에서 계엄군과 팽팽히 맞선 가운데 시민대표를 선출하여 전남지사와 협상을 벌이기로 결정했다. 시민대표로는 조선대 법대생 김범태 군과 전춘심이 뽑혀 도청으로 들여보냈다.

그러나 협상은 이렇다 할 답변을 듣지 못한 채 결렬되고 말았다. 그리고 그러한 협상 결렬은 곧 시민들의 완전무장과 아울러 치열한 시가전을 예고하는 것이기도 하였다.

오전 10시 30분, 전남도청은 내무부에 철수 보고를 했다. 군 헬기가 도청과 조선대, 전남대 사이를 오가며 도청 지하실에 처박아 두었던 시민들의 사체와 진압 무기, 탄약, 도청의 중요 서류 등을 안전 장소로 옮겨가고 있었다.

이를 바라본 시민들은 반드시 그들을 물리칠 수 있다는 자신감이 생겨났다. 이때부터 시민들의 구호는 모두가 '도청으로!'였다.

마침내 오전 11시가 넘어가면서 계엄군은 저지선을 위협받게 될 지경에 이르렀다. 시민들은 여전히 손수건에다 물을 묻혀 코를 막고 공방에 나섰으나 이제는 일시에 밀어붙이고 말 기세였으며, 그토록 빗발치듯 쏘아대던 계엄군의 최루탄도 거의 바닥이 난 것 같았다.

그럴 때 갑자기 강렬한 총성이 울리더니 시위 대열 선두에 섰던 몇 사람이 그 자리에 힘없이 쓰러졌다. 다음 순간 시위 대열은 좌우로 갈라졌고, 그 드넓은 금남로는 일시에 텅 비어버렸다.

시민들은 격분했다. 행여나 하고 기대했던 협상이나 타협 같은 평화적인 해결은 산산이 부서졌으며, 이제는 정말 최후의 접전을 피할 수 없다는 사실을 다시 한번 다짐시켜 주었다.

계엄군의 발포 소식은 곧 시 외곽까지 널리 퍼져 나갔다. 소식을 접한 시위대는 저마다 무기를 획득해야 한다는 결론에 도달했다. 노동청에서 도청으로 향하는 도로 입구에서도 공수부대의 사격이 있었다. 고등학생 2백여 명이 투석을 하면서 시위를 벌이고 있었는데, 공수부대가 그런 고등학생들에게 조준 사격을 가한 것이었다.

순간 7~8명의 고등학생들이 거의 치명적으로 머리와 가슴에 총탄을 얻어맞고 그 자리에 풀썩풀썩 넘어졌다. 그걸 목격한 주위의 시민들이 고함을 쳤다.

"아무리 그래도 이럴 수가 있느냐? 너희들은 어린 동생들도 없느냐?"

"어린 학생들이 죽으면 안 돼! 차라리 우리가 죽어야 한다!"

시민들은 아직도 죽지 않고 길바닥에서 꿈틀거리고 있는 어린 학생들을 구원해 내려고 뛰어나갔다.

그러나 공수부대의 조준 사격은 그러한 시민들이라고 해서 결코 예외가 아니었다. 그리고는 연발 사격으로 요란하게 위협 사격을 가했다.

그 때까지도 부상당한 채로 살려달라고 절규하는 소리는 다른 사람들의 애간장을 태우게 하였다. 그래서 또 몇 사람들이 뛰어들었으나 총에 맞고 풀썩 하고 쓰러졌다.

그처럼 한낮의 길거리에서 수만 명을 헤아리는 시민들이 지켜보는 가운데 순식간에 20여 명의 무고한 시민들이 죽어갔다. 그리고 잠시 사격이 멈춘 뒤 계엄군이 길 한복판으로 달려나와 총탄에 쓰러진 시민들의 다리를 질질 끌고 돌아갔다.

"저놈들에게 시체를 넘겨주면 안 된다! 우리의 죽은 형제들을 우리가 찾아야 한다!"

총탄 앞에 어쩔 수가 없어 안타깝게 발만 동동 구르던 시민들이 분연히 일어났다. 길 양쪽으로 피신한 시민들은 비교적 자기 쪽에 가까이 있는 몇 구의 시체와 함께, 관통상을 입고 과다 출혈로 사망 직전인 몇 사람의 희생자를 길옆으로 끌어내는데 성공했다.

그렇게 끌어내어진 학생들은 대기중이던 차량에 실려 곧바로 인근 병원으로 실려갔다.

오후 1시 5분, 금남로 YMCA와 제일은행 사이에 아무렇게나 세워져 있던 트럭 한 대가 시동을 걸더니, 이내 속력을 내어 공수부대의 저지선을 향하여 그대로 돌진해 들어갔다. 공수부대는 또 다시 M16 자동소총을 연발로 사격했다.

결국 돌진했던 트럭은 날아든 총탄에 차창이 박살나면서 멈춰섰다. 트럭을 운전하던 젊은이는 온몸에 피투성이가 된 채로 어떻게든 트럭을 후진시켜 보려고 애를 썼다. 그리고 천만다행하게도 트럭은 동구청까지 후진하다 멎었다.

시민들이 그 젊은이를 구하려고 트럭 주위로 몰려갔다. 젊은이는 뭐라고 말하려고 안간힘을 다했다.

"전두환을 죽여. 광주시민 만세…."

젊은이는 끝내 숨을 거두었다. 트럭 위의 짐칸에 올라타고 있던 두 명의 다른 젊은이들은 돌멩이를 손에 쥔 채로 이미 총탄을 맞고 절명한 뒤였다.

 공수부대는 다시 트럭 주위에 몰려드는 시민들을 향하여 무차별 난사했다. 미처 피하지 못한 시민들이 다시금 수십 명이 그 자리에 쓰러졌다. 공수부대는 전날 밤처럼 10여 분씩 위협 사격을 하다가 그치는 게 아니라 도로 위의 시민들을 향하여 그대로 정조준하여 쏘고 있었다.

 그럴 때 "광주만세!"를 외치면서 장갑차 한 대가 금남로를 질주했다. 장갑차 위에는 젊은이 한 사람이 상의를 완전히 벗어 던지고, 머리에는 흰 띠를 질끈 동여맨 체 태극기를 흔들며 만세를 외치고 있었다.

 그 장갑차가 시민들의 함성 속에 도청을 향하여 전 속력으로 진격했다. 드디어 도청 분수대 앞에 가까워졌을 때 도청 건물의 4층 옥상에서 조준하고 있던 공수부대가 그 청년을 향하여 사격을 가했다.

 다음 순간 붉은 피가 허공에 튀기면서 머리에 총탄을 맞은 그 젊은이는 즉사했고, 시체는 그 장갑차에 실린 채 노동청 방향으로 빠져나갔다.

 이런 식으로 금남로에서 대여섯 대의 차량들이 비무장인 채로 도청을 향하여 차례대로 돌진해 들어갔다. 하지만 공수부대가 도청 옥상에 설치한 M60 기관총을 발사하기 시작하자 그들은 벌집이 되어 죽어갔으며, 차량은 시동이 꺼지지 않은 채 도청 분수대를 들이받기도 하고, 어떤 차량은 도청 정문을 부수기도 하였다. 그야말로 모두다 장렬한 전사가 아닐 수 없었다.

 이날 계엄군은 군용 헬기 공격도 동원했다. 갑자기 도청 부근 상공에서 군용 헬기가 나타나더니, 돌연 고도를 낮추며 MBC가 있는 제봉로 근처에서 기총소사를 하기 시작했다. 금남로 주변의 골목에 모여 있던 사람들은 갑자기 출현한 헬기의 기총소사에 혼비백산하여 땅바닥에 엎드리거나 건물 안으로 숨었다.

중앙로 지하상가 공사장 근처에는 2백여 명의 시민들이 모여 앉아 농성하고 있었다. 그들은 노래를 하거나 구호를 외쳤다.

한데 도청 쪽에서 날아온 유탄이 농성을 지휘하던 학생의 어깨를 관통했다. 시민들은 쓰러진 학생을 떠메고 우선 급한 대로 공사 중에 파헤쳐 놓은 지하도 입구로 뛰어가 엎드렸다.

한참 후에 경찰로부터 노획한 가스 차량이 달려왔는데, 차 안에는 카빈 소총 30여 정이 실려 있었다. 시외로 빠져나갔던 시민들이 예비군 무기고에서 획득한 총이었다.

그 총은 곧바로 그곳 지하도에서 농성 중이던 시민들에게 분배되었다. 이들이 곧 최초로 무장한, 광주 시민들에 의하여 자연스럽게 불리우게 된 시민군이었던 것이다.

이와 같이 그 수량은 그리 많지 않았으나 이제는 시민들도 사격을 가할 수 있게 되었다. 시민군은 각자 엄폐할 건물로 찾아 들어가 도청을 향해 사격했다.

그러나 낡아빠진 카빈 소총과 M16 자동소총은 벌써 소리부터가 달랐다. 또 비록 비무장일 때보다는 사상자가 덜 나온다고는 하지만 그래도 끊임없이 시민들이 죽어가고 있었다.

그렇지만 시민군은 용감히 싸웠다. 공수부대는 도청, 관광호텔, 전일빌딩을 중심으로 각종 돌출물을 은폐물로 삼아 사격을 했으며, 시민군은 골목마다 숨어서 조심스럽게 응시했다. 이러한 시가전은 공수부대가 도청에서 철수한 오후 5시 30분까지 계속되었다.

물론 수많은 학생, 젊은이들이 시가전 도중 쓰러져 갔다. 특수 훈련을 받은 육군의 최정예인 공수부대와 비조직적인 시민군과의 싸움은 사실 상대가 되지 못했다.

더구나 화력의 차이도 확연해 공수부대는 기관단총과 M16 자동소총, M60 기관총이 모두 자동화기인 반면에, 시민군은 전남방직과 호남전기의 예비군 무기고에서 획득한 낡아빠진 M1과 카빈 소총이 고작이었다.

시간이 흐를수록 시가전은 치열해져 갔고, 사상자는 계속 늘어만 갔다. 이제는 누가 죽거나 부상을 당해도 그들을 길 위에서 끌어올 수가 없었다. 사상자들은 총탄이 빗발치는 아스팔트 위 그대로 방치된 채 쓰러져 있었다.

오후 4시쯤, 광주공원으로 차량들이 모여들기 시작했다. 대부분 무장한 시민군이 가득 타고 있었다. 그 때까지 무질서하게 돌아다니던 차량들은 자발적으로 전투 지휘부가 형성되어 가고 있는 중이었다.

어느 동네 예비군 중대장으로 보이는 중년의 남자가 우선 차에 올라탄 젊은이들을 모두 내리게 하여, 10여 명씩 조를 나누어 정렬시켰다. 곧 조별 부대편성이 되면서 각 조장들은 즉석에서 자기 대원들에게 총기 조작법과 수류탄 사용법을 교육시키고, 사격의 간단한 요령이며 가늠자를 올리고 내리는 기초 따위를 가르쳐 주었다.

맨 처음 이렇게 편성된 시민군은 120명쯤이었다. 시민군이 확보한 실탄은 절대적으로 부족했다. 그런 대로 부대편성이 끝나자 예비군 중대장으로 보이는 중년의 남자가 시민군을 향해 비장하게 입을 열었다.

"오늘 밤 우리는 최후의 결전을 치러야 합니다! 각 조는 내 지시에 따라 학동과 화순 방향 진입로 입구, 백운동고 목포 방향 입구, 광천동 고속도로 진입로, 양동 덕림산 상무대 진입로, 서방 31사단과 교교소 방향 등으로 가서 그곳을 철저히 사수하시기 바랍니다! 공수부대가 최후의 발악을 하기 때문에 어쩌면 오늘 밤 계엄군이 탱크를 몰고 쳐들어올 지도 모릅니다! 각오를 새로이 하고 끝까지 싸워 이겨야 합니다!"

유동 삼거리에서도 비슷한 상황이 벌어지고 있었다. 수십 대의 차량들이 무질서하게 돌아다녀 혼란을 빚고 있었는데, 어떤 중년 남자가 나서서 확성기로 아세아극장 앞으로 집결하라고 소리쳤다.

아세아극장 맞은편 도청 앞 금남로에서는 아직도 총격전이 그칠 줄을 모르고 있었다. 중년의 남자는 수많은 시민들이 지켜보는 가운데 극장 앞에 모인 시민들을 정렬시키고, 그들에게 무기를 분배했다. 중년의 남자는 무장한 시민군 200여 명에게 말했다.

"여러분! 죽음이 두려운 사람은 지금이라도 좋으니 집으로 돌아가시오! 우리는 오늘밤 저 잔인 무도한 공수부대와 싸워서 이겨야 합니다! 한 사람이라도 도망가서는 안 되며, 최악의 경우에는 모두 전멸해 버릴지도 모릅니다! 지금 적군(공수부대를 말함)은 도청에서 아군(시민군을 말함)과 치열한 교전 중에 있습니다! 오늘밤 상무대 병력이 돌고개 부근을 향해 진입할 가능성이 많다는 정보가 있습니다! 또한 우리 추측으로는 31사단 병력이 오치를 거쳐 서방으로 공격해 올 가능성도 있습니다! 따라서 지금 준비되어 있는 아군의 화력 중에 LMG 기관총 3정은 아세아극장 옥상에 1정, 그 밑 도로변 양옆에 화분대로 바리케이트를 치고 각 1정씩 배치하십시오! 그리고 시민 여러분들은 어두워지면 절대로 돌아다녀선 안 됩니다! 여기 계신 시민 여러분들도 빨리 집으로 돌아가 식사를 하시고, 방안의 불을 꺼버리십시오!"

시민군은 곧 자신들에게 맡겨진 방향으로 뛰어가 자리를 잡았다. 이들의 저녁 식사는 부근에 사는 주민들이 밥을 날라다 주었다. 어쩌면 생애 마지막 저녁 식사가 될 지도 모르는 밥이었다.

오후 5시쯤, 시민군 특공대 11명이 LMG 기관총 2정을 메고 전남의대 부속병원 12층 옥상으로 올라갔다. 그런 다음 계엄군의 임시 본부인 도청이 사정거리(병원과 도청 사이의 거리는 약 300미터, 도청은 4층 밖에 되지 않았다) 안에 포착되는 곳에다 LMG 기관총 2정을 설치했다. 비로소 시민군은 전술적으로 처음으로 유리한 고지와 함께 막강한 화기를 갖춘 것이었다.

이윽고 시민군의 LMG 기관총 2정이 불을 뿜었다. 계엄군의 임시 본부인 도청에 기관총탄이 빗발치듯 쏟아졌다. 그렇게 되면서 도청의 계엄군 본부는 더 이상 지탱할 수 없게 되었다.

오후 5시 30분경, 며칠 동안 사방에서 도청 앞을 에워싸고 공방을 벌였음에도 끄덕하지도 않던 계엄군의 임시 본부인 도청이었다. 잘 훈련되고 사격술도 뛰어난 공수특전단이 지키고 있는데다, 화력 또한 막강하여 난공불락으로 여겨졌던 계엄군의 임시 본부가 마침내 허둥지둥 패잔병이 되어 총퇴각을 결정하기에 이른 것이었다.

그때 갑자기 계엄군의 장갑차 한 대가 도청에서 빠져나와 학동 방면으로 질주했다. 그러면서 계엄군의 장갑차는 길 양옆으로 M60 기관총을 무차별 난사하면서 빠른 속도로 지원동 입구까지 두 차례나 왕복했다.

계엄군의 퇴로를 확보해 두기 위한 위협 사격이었다. 그러나 거리에 나와 구경하고 있던 많은 시민들이 그 기관총탄에 맞아 사망자가 속출했다.

학동시장 부근에 배치되었던 시민군들은 바짝 긴장했다. 계엄군의 장갑차가 지나간 뒤 잠시 정적이 흘렀다.

그러더니 병력을 실은 군용 트럭 10여 대가 무서운 속도로 질주하면서 길 양옆으로 M16 자동소총을 무차별적으로 난사했다. 시민군들도 맹렬히 반격했다.

계엄군은 소속 부대별로 조선대 쪽을 향해 퇴각했다. 그리고 그들은 어둠을 이용하여 외곽 도로로 전 부대가 빠져나갔다.

그런 계엄군과는 달리 경찰들의 사정은 형편이 아니었다. 도 경찰국 간부들은 휘하의 부하들에게, "사태가 급하니 각자 알아서 피신하라!"고 지시하곤 제각기 도청 뒷담을 넘어 허겁지겁 달아났다.

드디어 어두워지기 시작하면서 총성이 멎었다. 시민군들은 금남로 양쪽으로 흩어져서 도청으로 조심스럽게 다가갔다.

저녁 8시경, 용감한 시민군 선봉대가 도청으로 돌진해 들어갔다. 시민군 선봉대는 총을 쏘며 도청 안으로 뛰어들었다.

그러나 아무런 반응도 없었고, 캄캄한 도청 건물 안은 폐선처럼 텅 비어 있었다. 어떠한 조직도 없이 따로 훈련조차 받지 못한 시민군이 육군의 최정예 부대인 공수부대를 마침내 물리친 순간이었다. 도청 주위에서 일제히 함성이 터져 나오고 있었다.

"이겼다! 우리가 이겼다!"

이날 밤 시민군의 승리로 노획한 무기는 카빈 소총 2240정, M1 소총 1225정, 38구경 권총 12정, 45구경 권총 16정, LMG 기관총 2정, 실탄 46400발, 십여 정의 M60 기관총, TNT 4상자, 다량의 수류탄, 뇌관 100개, 장갑차 5대, 기타 각종 군용 차량과 수십 대의 무전기, 방독면 등이었다.

하지만 광주에서 총성이 완전히 그친 것은 아니었다. 어두워지면서 총소리가 연이어 울려 퍼졌다. 조선대의 뒷산을 타고 달아나는 계엄군의 패잔병을 추격하는 시민군들의 총성이 한동안 계속된 것이었다.

그러나 이날 밤 계엄군의 패퇴는 전략적 차원에서 이루어진 퇴각 전술의 성격을 가진 것이었다. 따라서 그들의 작전은 앞으로 계속될 항쟁 기간을 통하여 외곽 지역의 수비를 강화하는 한편, 광주 내부로 역정보 내지는 역선전을 침투시켜 시민군과 시민들 사이의 위화감을 조성케 하고, 광주를 농촌 지역으로부터 완전 고립시켜 식량과 생필품 등의 부족으로 오래 버틸 수 없게 한다는 도시전의 기본적인 약점을 최대한 이용하고자 한 것이었다.

밤 9시부터는 하행 열차가 장성에서 운행을 중단했다. 계엄군이 장성과 광주 사이의 터널을 철저히 봉쇄한 것이다.

이날 밤 광주는 아주 깜깜했다. 시민들이 소등을 하여 온 시가지는 칠흑이었다.

승리의 광장에 모인 15만 궐기대회

다시 또 하루가 왔다. 사람들은 날이 환하게 밝아오면서 자신들이 비로소 계엄군을 물리치고서 승리했음을 실감할 수가 있었다. 이제까지 자신들의 생명을 위협하고, 인간의 존엄성을 짓밟던 계엄군들을 모두 쫓아냈다는 해방의 감격에 저마다 환호했다.

"도청으로 가자! 도청으로 갑시다!"

시민들은 고귀한 목숨을 바쳐 쟁취한 민주광장이 있는 도청을 향하여 무리지어 행진했다. 그리고 그 행렬은 이 골목 저 골목에서, 이 동네 저 동네에서 끊임없이 이어졌다.

시내 곳곳에는 총구를 밖으로 내놓은 채 복면을 한 시민군을 가득 실은 차량들이 노래와 구호를 목이 터져라 외치며 시가지를 자랑스럽게 누비고 다녔다. 시민들은 그들을 열렬히 환호했다.

이제부터 시민군은 자체 조직과 병력을 통제하여 계엄군의 반격에 대비하는 한편, 시내의 치안을 유지하는 일을 맡았다. 5백여 명의 시민군은 광주공원 앞에 모여 대열을 재편성한 뒤, 시내 각 지역으로 신속하게 배치되었다.

계엄군은 탱크와 장갑차를 동원하여 외부에서 광주 시내로 들어가는 진입로 7개 지점을 차단 봉쇄하고 있었으며, 시민군도 이에 대응하여 각 지점에 200여 미터의 간격을 두고 바리케이트를 쌓아 계엄군과 대치했다.

아침부터 금남로와 도청 주변에 모여든 시민들은 도청 앞 분수대를 중심으로 신문 따위를 깔고 앉아, 도청 내에서 지도부가 결성되어 무언가 만족할 만한 조치가 발표되기를 기다리고 있었다. 그러나 그들은 수많은 희생자들이 피 흘려서 얻은 해방을 주체적으로 지속시키고 발전시켜 나가기에는 그 능력이 너무 보잘 것 없었다.

아침 일찍 도청을 점거한 시민군은 도청을 본부로 정하고, 1층 서무과를 작전 상황실로 사용하기 시작했다. 시민군은 곧 상황실의 전화로 외부와의 모든 연락 체계를 열었다. 그리하여 각 지역에서 도청으로 걸려오는 전화를 받아 광주 소식을 알려주었고, 또한 광주에서 다른 지방으로 전화를 걸어 전국에 광주의 상황을 전파하기도 하였다.

또한 여고생들은 시민들로부터 들어오는 사망자 명단을 접수받고, 그 명단을 발표했다. 다른 선전조는 시민들과 협조하여 마이크와 스피커를 마련하여 궐기대회 준비에 들어갔다.

그뿐 아니라 임시 조사부에는 각 지역에서 체포되어 온 거동 수상자가 넘겨지기도 하였다. 시민군에 의해 각 지역에서 붙잡혀 온 거동 수상자는 카메라를 숨겨 가지고 시민군의 동향이나 인상을 촬영하고 다니거나 소형 무전기를 휴대한 자들이었다.

그런가 하면 계엄군이 도청에서 퇴각할 때 미처 가져가지 못한 무전기 5대를 군 복무 시절 통신병으로 근무했던 한 예비군이 맡았다. 그는 무전기 내용을 수시로 청취하여 계엄군의 철수작전이 계속되고 있음을 포착했고, 그들은 주로 무등산 계곡을 통과해 빠져나가는 중임을 알게 되었다.

　오전 11시, 갑자기 도청 상황실 전화가 요란하게 울렸다. 학운동 중심가 입구 근처에 공수부대가 나타났다는 보고였다. 즉각 도청 앞에 대기시켜 둔 20여 대의 군용 차량에 시민군이 올라타고 긴급 출동을 했다. 그리하여 학운동 뒷산을 수색했으나 공수부대는 발견하지 못했다.

　대신에 그 지역 방어 시민군들로부터 공수대원 1명을 넘겨받아 도청 상황실로 데려왔다. 그 공수대원은 지난 새벽 조선대 뒷산으로 달아나다 붙잡힌 자였다.

　그 공수대원은 새파랗게 질려 내내 떨고 있었다. 시민들을 보고 악착같이 뒤쫓아가 대검으로 마구 찌르던 기백은 이미 찾아보기 어려웠다. 그 자는 구차하게 공수부대와 계엄군의 작전에 관하여 여러 가지 새로운 사실을 털어놓기도 하였다.

　한편 도청 상황실 바로 옆 사무실에서는 아침 일찍부터 전남 부지사를 비롯하여 광주 시내 유지 인사들이 모여서 회의를 계속하고 있었다. 그리하여 계엄사에 요구할 협상 조건들을 모으고, 대표를 인선하여 15명으로 구성된 '5·18수습대책위원회(위원장 독립투사 최한영 옹)'가 결성되었다.

　마침내 오후 1시 30분, 수습위원 중 8명이 전남북 계엄분소를 찾아가 군과 마주앉았다.

　이때까지도 시민군의 차량은 부상자들을 연신 병원으로 수송하고 있었고, 사망자들은 급히 만든 나무관에 입관시켜서 도청 광장 분수대 앞에 내려놓았다.

　그러나 나무 관속의 시체들은 너무도 참혹한 모습이었다. 목이 떨어져 나간, 얼굴이 완전히 뭉개어져 버린, 손과 발이 잘리어진,

내장이 터져나온, 불에 검게 그을린, 그야말로 별별 참혹한 시신들이 광장 분수대 앞에 모인 수많은 시민들의 눈시울을 적시게 만들었다.

그렇게 오후가 되어도 시민들은 돌아가지 않고 계속해서 도청 앞 광장으로 모여들었다. 그러면서 이러한 비극적인 사태에 대한 해결 방법을 찾는 범시민궐기대회가 필요하게 되었다.

오후 5시, 마침내 수습위원회에서 그동안 계엄분소를 방문, 협의 결과에 대한 '협상보고대회'를 개최했다. 시민들은 무언가 자신들의 호소가 정부 당국에 의해 받아들여질 것이라는 소박한 기대에 부풀어 있었던 게 사실이었다.

그러나 수습위원회의 협상 보고는 너무도 실망스러운 것이었다. 그들은 일방적으로 무기를 회수할 것을 결정했고, 도청과 광주공원에서 무조건 무기를 반납하라고 설득했다.

그러자 전남대 학생 김창길 등이 이번 사태는 학생들이 책임져야 할 사건이기 때문에 자신들이 직접 나서 사태를 수습해야 한다고 제안하여, 학생 수습위원회가 구성되기도 하였다. 그래서 수습위원회는 일반 수습위원회와 학생 수습위원회로 분열되기에 이르렀다.

한편 시 외곽의 계엄군과 대치 지점에서는 이날도 많은 시민들이 계엄군의 총탄에 쓰러졌다. 새벽에 어디론가 빠져나가던 학생, 젊은이들이 계엄군의 차단 지역에 접근하면서 계엄군의 무차별 사격을 받아 효천 철길 등지에서 많은 사상자가 발생했다.

밤에도 총성은 그치지 않았다. 계엄군은 외곽을 완전히 포위한 채 지속적인 교란작전을 계속하고 있었다.

물론 시민군의 활약도 적지 않았다. 전날 밤에는 공수대원 2명을 시민군이 생포했다. 그들은 사복으로 갈아입고 비무장인 채 민가에 내려왔다가 시민군의 검문을 받을 때 목에 걸렸던 군번표가 발견된 것이다.

아침 7시쯤에는 금호고교 부근에서 공수대원 3명이 학생 2명과 할머니를 살해하고 도주했으며, 정부에서는 이 사건을 시민군의 행위라고 덮어 씌웠다.

오전 11시에는 광주세무서 지하실에 시신이 있다는 시민들의 신고를 받고 시민군이 현장으로 달려가서 직접 확인했는데, 시신은 젖가슴과 함께 음부가 도려내어져 있었고 얼굴이 대검으로 난자당한 여고생이었다.

오후 2시경에는 백운동 지역을 지키고 있던 시민군이 무장 헬기가 상공에서 시내의 동태를 정찰하고 있는 것을 발견하고, 지상에서 집중 대공사격을 가해 헬기를 격추시켰다. 헬기에 타고 있던 중령 1명과 관측병, 조종사 3명이 모두 사망했다.

저녁 무렵에는 시민군 4명이 군용 지프를 몰고 화순 너릿재 고개를 넘어가던 중에 헬기의 기총사격을 받고 전원이 몰살했다.

시민군과 공수부대의 총격전은 날이 밝은 아침에도 곳곳에서 그치지 않았다. 시민군은 차량이 확보되면서 시외 지역인 담양, 순천, 여수 방면으로 진출하기 위해 고속도로를 통과하려 했으나 계엄군이 기관총으로 공격해 와서 많은 사상자가 속출했다.

이와 같이 외곽 지역에서는 여전히 총성이 난무하는 가운데 시내 중심가에서는 아직도 승리감과 해방감에 들떠 있는 분위기였다. 이른 새벽부터 고등학생들이 시내 곳곳을 청소했으며, 시민들도 저마다 자기 집 앞을 깨끗이 쓸었다.

도청 상황실 역시 이른 아침부터 또 다시 분주해졌다. 집으로 돌아오지 않고 있는 행방불명자의 명단을 접수하고, 여러 병원의 입원환자와 사망자의 명단을 대조하여 확인하고 있었다. 가족의 생사를 확인하려는 안타까운 행렬은 그야말로 끝이 없었다.

학생 수습위원회의 분열은 좀처럼 화합될 것 같지가 않았다. 학생 수습위원회는 밤새워 대민 질서, 홍보, 장례, 무기 회수 문제 등을 논의했으나 일반 수습위원회는 모두 귀가하고 말았다.

그런 가운데 계엄군측 정보요원들이 시민들 사이에 섞여 세력을 점점 더 강화하는가 싶더니만, 급기야 저녁 무렵에는 도청 상황실의 주요 업무까지 자기들이 간섭하기 시작했다.

그들은 상황실을 경비하던 학생들을 수상하다는 구실로 한 명씩 잡아다 족치기 시작했다. 학생들은 신변의 위험 때문에 더 이상 버틸 수 없게 되자 한두 명만이 남고 모두 도청 상황실에서 밖으로 빠져나오고 말았다.

오후 3시, 도청 앞 광장의 인파는 무려 15만으로 불어나 있었다. 수습위원회는 서둘러 민주수호 범시민궐기대회를 열었다.

이날 궐기대회에서는 그 동안에 임시 파악된 시민 학생들의 피해 상황이 보고되었는데, 가족들에 의해 신원이 확인된 시신 30여 구를 포함하여 미확인자 및 사망자 600여 명, 부상자 3000여 명, 그밖에 공수부대에 실려간 시신이나 실종자는 파악할 수도 없다고 보고되었다.

이날 하루 동안에도 회수된 무기가 카빈 소총, 권총, M16 자동 소총 등 대략 2500여 정이나 되었다. 이와 같이 무기를 반납한다는 것은 시민군의 무장 투쟁력으로 볼 때에 전체 총기 수 5400여 정에서 거의 절반의 무력 감소를 의미했다.

또한 대전차 무기 또는 계엄군의 돌격 진입을 저지할 수 있었던 중요한 무기인 다이너마이트가 무조건 무기를 반납하자던 투항파 학생 지도자와 도청 상황실까지 침투해 들어온 계엄군 첩자들에 의해 이미 뇌관이 제거되어 버린 무용지물로 변해버린 것이다.

더욱이 일반 수습위원회는 투항파 학생수습위원들과 함께 무기 회수에 주력했고, 이들은 이날 이른 새벽 7개 방면의 외곽 시민군 방어 지역을 돌아다니면서 음료수와 빵을 나누어주면서 무기를 반납해 줄 것을 설득하고 다녔다.

항쟁 지도부, 투쟁을 결의하다

5월 24일 토요일. 시민들은 갈등에 빠졌다. 무조건 무기를 반납하고 투항할 것인지, 아니면 고독한 투쟁을 계속할 것인지를 두고 갈팡질팡하고 있었다.

계엄사는 아침 8시부터 재개된 KBS라디오 방송을 통해 총기를 소지한 사람은 오전까지 반납하면 그 책임을 묻지 않겠다고 발표했다.

시민들은 차츰 불안해지고 있었다. 과연 광주에 또다시 살육이 광풍이 휘몰아칠지, 정부에선 사후 어떤 식으로 책임을 묻게 될지, 마침내 시민항쟁이 이렇게 패배로 끝나고 마는 것 아닌가 하는 의문들이 시민들 사이에 퍼져나갔다.

외곽 지역에서 묵묵히 경계를 서고 있는 시민군들 사이에서도 불안감은 묻어나고 있었다.

그러한 분위기 속에서 수습위원회는 이날 오전에 계엄사측과 벌인 협상 내용을 인쇄하여 시내에 배포했다. 그러나 협상 내용에 대해 시민들은 반발했다. 수습위원회의 미온적 자세에 대한 시민들의 불만은 오후에 열린 궐기대회에서 폭발하기 시작했다.

"지금 도청 안에서는 수습대책위원회가 대다수 시민들의 뜻과는 반대로 계엄당국과 야합하여 고귀한 죽음에 대한 아무런 대책도 없이 무조건적인 타협을 시도하고 있습니다! 우리는 그들의 음모를 막아야 합니다! 우리 모두 피 흘린 대가를 보상받도록 강력히 촉구합시다!"

그날 저녁 9시, 도청 상황실에서 또 다시 학생수습위원회가 열렸다. 무기반납을 둘러싼 투항파와 항쟁파의 대립은 여전히 평행선을 긋고 있었다.

새벽 1시경에는 학생수습위원회 가운데 일부가 서로의 의견 충돌로 조직에서 이탈했다. 결국 이런 엄청난 규모의 사태를 학생들만이 책임지고 수습한다는 것이 힘들다고 판단하고, 일반인도 포함한 새로운 수습대책위원회의 기구를 개편했다.

그 다음날인 5월 25일은 일요일이었다. 아침 8시 무렵이었다.

난데없이 어떤 사람이 독침을 맞았다며 어깨를 움켜쥐고서 도청 농림국장실로 뛰어들었다. 그 자는 곧 차량으로 전남대 병원으로 급히 실려갔다.

아침부터 벌어진 이 사건으로 말미암아 도청 안 분위기는 갑자기 살벌해졌다. 그렇지 않아도 수습위원회의 갈등과 계엄군과의 장기 대치로 지쳐가고 있는 마당에 간첩이 침투했다는 소문까지 흉흉했다. 모두들 수군거리며 더 이상 불안해서 도청 안에 머물지 못하겠다며 벌써 상당수가 빠져나갔다.

물론 간첩이 침투했다는 소란을 일으키고 빠져나간 자들은 거의 계엄군측의 정보요원들이었다. 그리고 그러한 사건은 사전에 계획된 침투 정보요원들의 도청 지도부 교란작전이었다.

하지만 도청 안의 불확실한 상황과는 달리 시민들은 이제 어느 정도 질서와 안정을 되찾아가고 있었다. 가게들이 잇따라 문을 열기 시작했고, 외곽 지역에서는 채소가 시내로 공급되고 있었다.

뿐만 아니라 전기와 수도, 시내 전화도 정상적으로 개통되었다. 은행이나 신용금고 같은 금융기관에 대한 사고는 단 한 건도 발생하지 않았다.

시민군들에 의해 시민에게 일어난 폭력 사건은 전연 없었으며, 평상시 정부의 통제 아래 있을 때보다도 범죄율이 훨씬 더 낮았다. 행정과 치안, 관청이 완전히 철수한 가운데서 광주 시민들이 보여준 경이로울 정도의 높은 도덕심과 자율성은 순전히 시민들의 고귀한 피로 되찾은 자유와 해방을 지키려는 긍지와 존엄에서 비롯된 것이었다.

한데도 투항파들은 무기 회수 노력을 끊임없이 계속하고 있었다. 하지만 이날부터는 시민군들도 더 이상 무조건 무기를 반납하려고 하지 않았다. 때문에 곳곳에서 투항파 수습위원들과 무기를 반납하지 않으려는 시민군들 사이에 말다툼이 끊이지 않았다.

그런 자생적인 새로운 분위기는 전날 밤 YMCA에 모였던 젊은이들의 활동을 활발하게 만들었다. 그들은 여러 가지 준비를 계획했다.

이윽고 아침이 되자 또 다시 도청 앞으로 몰려드는 시민들에게 이들은 밤새워 작업했던 '민주시민회보'를 나누어주고, 각종 대자보와 벽보를 시내 전 지역의 게시판에 붙였다.

그런 한편으로 스쿨버스에 확성기를 설치하여 모든 대학생들은 YWCA로, 고등학생들은 남도예술회관으로 모여줄 것을 가두 방송으로 알리고 다녔다.

오전 10시, 새로운 지도부를 준비하던 젊은이들은 재야 민주인사들에게 연락하여 YWCA에서 회의를 개최했다. 오후 2시에는 남동성당에서 재야 민주인사의 도청 수습대책수습위원회 참여 문제를 검토했다.

오후 5시, 재야 민주인사들은 도청으로 걸어 들어가 일반 수습대책위원회와 합류했다. 그리고 곧 회의를 속개하여 김성룡 신부가 사태수습을 위한 4가지 사항을 만장일치로 통과시켜 '최규하 대통령께 드리는 호소문'을 채택했다.

이날 밤, 대통령 최규하는 상무대 전남북 계엄분소를 방문하여 소준열 계엄분소장과 장형태 전남지사로부터 상황을 보고받은 뒤, 저녁 9시, 10시, 10시 30분 세 차례에 걸쳐 KBS라디오와 텔레비전을 통하여 광주 지역에만 특별 담화를 발표했다.

"…일시적 흥분과 격분에 의해 총을 들고 다니는 청소년 여러분은 지금이라도 늦지 않았으니 총기를 반환하고 집으로 돌아가라…. 우리는 다 같은 동포요, 같은 민족인 이상 우리가 얘기해서 해결할 수 없는 그러한 문제는 없다고 생각한다. …잊어서는 안 될 일은 이러한 우리의 대결 상황을 북한 공산집단이 악용하고자 할 것임에 틀림없다는 사실이다…."

또한 그는 작전에 동원된 계엄군에 대해서도 담화를 발표했다.

"…그동안 우리 군이 광주사태에 대처함에 있어 희생을 내고 온갖 어려움을 견디면서 자제와 인내로 최선의 노력을 기울인데 대하여 그 노고를 깊이 치하하며, 광주 사태에 임하는데 있어서 비록 난동의 소행은 잘못된 것일지라도 우리 동포요, 국민이니 만큼 인명피해를 극소화하라."

실로 대통령 최규하의 특별담화는 실망을 넘어 분노를 들끓게 하는 그저 눈감고 아웅하는 식이었다. 새로이 재야 민주인사들까지 합류한 수습대책위원회에서 대통령께 드리는 호소문까지 채택을 하면서 일말의 희망을 가졌던 광주 시민들은 절망할 수밖에 없었다.

결국 두려워 떠날 시민과 끝까지 남아 항쟁할 시민으로 나뉘어졌다. 드디어 이날 밤 최후까지 투쟁하기로 결의한 광주민주항쟁 지도부(위원장 김종배. 25세. 전 학생수습위원회 부위원장. 조선대 3년)가 결성된 것이다. 명칭 또한 지금까지의 학생수습위원회에서 민주투쟁위원회로 개명하기로 했다.

이처럼 조직 구성을 새로이 한 이들은 YWCA에서 대기중이던 학생 병력 70여 명을 도청으로 불러들여 먼저 들어온 30명과 합류시켰다. 곧이어 도청 주위를 경비하고 있는 일반 시민군들과 경계 근무를 교체하여 도청 안의 무장 경비대를 대학생들로 바꾸었다.

새로운 항쟁 지도부는 곧 현황을 검토하고 대책을 마련하기 위한 회의를 밤새워 계속했다. 그러면서 그들은 항쟁 지도부의 결성이 너무 늦은 감이 있다고 생각하기도 했다. 투항파들에 의해 이미 많은 무기가 회수되어 버렸음을 애석해 했다.

하지만 지금부터라도 외곽경비를 강화하기 위해선 예비군 조직을 동원하자는 제안이 나왔다. 실제로 몇몇 동네에서는 상당수의 예비군들이 자체 방어 임무를 수행하고 있었다.

또한 도청 무기고에 있는 다이너마이트를 최대한 이용하자는 계획도 검토되었다.

계엄군이 총 공격해 온다면 도청을 다이너마이트로 폭파시켜버리겠다는 위협적인 협상 조건을 계엄 당국에 제시함으로써 계엄군의 공격을 늦춰볼 계획이었다(도청 무기고에 있는 다이너마이트는 화순군에 자리한 탄광에서 광부들이 내주었던 것으로, 광주의 절반쯤을 폭파시켜 날려버릴 위력이 있다고 알려져 있었다. 그러나 투항파 학생수습위원장 김창길과 내통한 계엄군의 공작요원이 이미 도청 안의 다이너마이트 뇌관을 모조리 제거해 버린 사실을 항쟁 지도부는 미처 모르고 있었다).

또한 계엄군과의 대치 상황이 장기화될 것에 대비하여 모든 시민들의 일상생활을 정상화시키기 위한 여러 가지 사항도 함께 검토되었다.

꽃잎처럼 스러져간 최후의 항전

5월 26일 월요일.

아직은 사방이 온통 캄캄하기만 한 새벽 5시. 갑자기 도청 안이 발칵 뒤집혔다. 그 꼭두새벽에 계엄군이 탱크를 앞세우고 시내로 진입하기 시작했다는 시민군의 제보가 무전기를 타고 숨가쁘게 들어오고 있었다.

당장 전 시민군에 총비상령이 떨어졌다. 밤을 새워 도청 회의실에서 대책을 논의하던 이성학 장노, 김성룡 신부 등을 중심으로 한 일반 수습위원들이 "계엄군이 시내로 진입해 들어오려거든 차라리 우리를 먼저 탱크로 깔아 죽이고 들어오라!"고 농성동 입구 도로 위에 드러누웠다.

그러나 계엄군의 탱크는 멈추지 않았다. 시민군의 바리케이트를 무자비하게 깔아뭉개면서 1킬로미터쯤 밀고 들어와 한국전력 앞에서 진을 쳤다. 계엄군은 이성학 장노, 김성룡 신부 등의 일반 수습위원들 때문인지 더 이상 들어오지 않았다.

계엄군의 지휘장교는 수습위원들에게 위압적으로 통보했다.

"어떻게 해서든지 불순분자나 일부 선동자를 제거하고 총기를 회수하여 반납하고 해산하라! 그렇지 않으면 앞으로 어떠한 사태에 대해서도 군은 책임질 수 없다."

　시민들도 술렁이기 시작했다. 시민들은 계엄군이 탱크를 앞세우고 시내로 진입하기 시작했다는 소문이 퍼지자 이른 아침부터 불안한 얼굴을 한 채 도청 앞으로 모여들었다.

　오전 10시경, 전날에 이어 수만 명의 시민들이 운집한 가운데 시민궐기대회가 다시 열렸다. 격노한 시민들은 계엄군의 잔인성과 시민군과의 협상을 배신한 사실에 대하여 규탄했다.

　한 예비군은 분수대 위 발언대로 올라가서, "예비군은 총궐기하라!"고 호소했으며, '대한민국 국군에게 보내는 글'이 낭독되기도 하였다.

　정오 무렵, 궐기대회를 성황리에 끝낸 다음, 시민들은 대형 태극기를 앞세우고 시가행진에 들어갔다. 시민들은 모두 '우리는 싸움을 포기할 수 없다' '무기반납은 결사 반대한다' '살인마 전두환을 찢어 죽여라'는 구호를 연호하면서 시내를 돌아 다시금 도청 앞 광장으로 되돌아왔다.

　오후 3시, 도청 앞 광장에서는 오전에 이어 제5차 민주수호 범시민 궐기대회가 다시 열렸다. 참가 시민들은 모두가 비장했다. 상당수의 시민들은 '계엄해제' '구속자 석방' 등의 구호를 쓴 머리띠를 두르고 있었다.

　무등산 증심사에서 내려온 젊은 스님(다음날 새벽 계엄군에 의해 피살됨)이 연사로 분수대 위로 올라갔다. 젊은 스님은 침착한 어조로 스님인 자신이 왜 싸울 수밖에 없는가를 시민들에게 호소했다.

　그러는 도중에도 계엄군은 아침부터 계속해서 세 차례나 부지사를 통하여 최후 통첩을 보내왔다. "오후 6시까지는 무기를 반납하라. 이것이 최후 통첩이다"고 무력 진압을 강력히 시사했다.

그런가 하면 오후 5시 무렵에는 계엄군이 "이제 더 이상 기다릴 수 없다"면서 이날 밤에 공격해 들어올 의사를 분명히 전달해 왔다.

항쟁 지도부는 이러한 사실을 시민들에게 알릴 것인가를 두고 망설였으나, 상황을 사실대로 알려주어 대비책을 강구해야 한다는 데 의견을 모았다. 그리하여 궐기대회가 끝나갈 즈음 계엄군의 최후 통첩을 발표하고 말았다.

그 순간 찬물을 끼얹은 듯 시민들은 금새 침통해 하였다. 광장에 모인 수많은 얼굴들에는 비장한 침묵이 흘렀다.

아, 드디어 올 것이 오고야 마는구나. 사람들은 저마다 깊은 생각에 잠기는 것 같았다. 이제는 그 누구도 광주의 이 처절한 절규에 귀기울여주지 않는다는 고립감에 그들은 허물어져 가고 있었다. 이 처절한 항쟁의 순간들도, 이미 죽어간 수많은 고귀한 영령들의 희생조차 기억되지 않으리라는 무력감에 그들은 깊은 절망감에 빠져 있었다.

이윽고 마지막 궐기대회가 그렇게 끝이 났다.

그러나 광주는 너무도 철저히 고립되어 있었다. 이런 상태에서 계엄군과 싸워 시민군이 이기리라고 생각하는 이는 없는 것 같았다.

어느덧 해가 저물어갔다. 시민들은 누가 시키지 않았건만 스스로 대열을 지어 시가행진에 들어갔다.

계엄군의 수많은 병력이 한국전력 앞에 진을 치고 있었다. 시위 군중들은 계엄군 대치 지역 100여 미터 전방에서 행진을 멈추었다.

같은 시각, 도청 안은 항쟁파와 투항파 사이에 알력이 일어나고 있었다. 투항파 학생수습위원이었던 김창길, 황금선 등이 다시 나타나 도청 안 곳곳을 돌아다니면서 "계엄군이 곧 들어오니 빨리 빠져나가라"고 이야기하고 다녔다.

참으로 투항하여 살 것이냐, 아니면 항쟁하다 죽느냐 하는 기로에 서 있는 절박한 순간이었다. 그럴 때 누군가가 낮은 목소리로 말했다.

"물론 우리는 패배하고야 말 것입니다. 죽을지도 모릅니다. 그러나 그냥 이대로 전부가 총을 버리고 계엄군을 아무 저항 없이 맞아들이기에는 지난 며칠 동안의 항쟁이 너무도 장렬하지 않았습니까? 앞으로 우리 시민들의 저항을 완성시키기 위해서도 누군가가 여기에 남아 도청을 사수하다 죽어야 합니다."

이들은 곧 자신들의 희생을 항쟁의 종결 부호로 다짐하고 있는 듯이 보였다.

5월 27일 화요일.

사방에 어둠이 짙어가면서 봄비마저 흩날렸다. 그 뜨거웠던 도청 앞 광장은 텅 비어 있었다. 알 수 없는 공포감이 어둠 너머에서 스산하기만 하였다.

그러나 모두가 도청 앞 광장을 떠나 집으로 돌아가 버리고 말았던 것은 아니다. 마지막 시민궐기대회를 마친 뒤 남은 150여 명의 잔류자들이 있었다.

이들 가운데 80여 명 이상은 군제대자들이었다. 여학생들도 10여 명이나 포함되어 있었으며, 나머지 60여 명은 고등학생들이거나 아직 군대 경험이 없는 젊은이들이었다.

이들은 저마다 비장한 결의 아래 YWCA 대강당에 집합하여 전투조를 편성했다. 숫자나 화기면에서 계엄군에 비할 바가 아니었으나 기꺼이 목숨을 바쳐서라도 먼저 간 희생자들에 대한 의로운 뜻을 지키겠다는 비장한 각오로 모인 청년들이었다.

곧 여성부에서 준비한 저녁 식사가 나왔다. 청년들은 모두가 생애 마지막 맞는 최후의 만찬이라고 생각하는 것 같았다.

한편 도청 항쟁 지도부에서는 상황실장 박남선의 지휘로 전투 준비를 하면서, 외곽지 시민군 배치 상황이 점검되고 있었다. 이 날 밤 11시까지 완료된 시민군의 배치 현황이다.

계림초등학교 30여 명
유동 삼거리 10여 명
덕림산 20여 명(이곳에는 50~200여 명의 예비군 자체 방어가 형성되어 있었기 때문에 훨씬 더 많은 숫자로 추정된다)
전일빌딩 40여 명(LMG 기관총 설치)
전대병원 옥상, 수 미상(LMG 기관총 설치)
서방시장, 수 미상
학동, 지원동, 학운동, 30여 명

이 밖에도 광주공원 부근과 시 외곽에 산재해 있던 훨씬 더 많은 수의 자체 방어병력은 파악되지 않았다.

또한 이날 새벽 도청 안에는 10여 명의 여학생들을 포함하여 200~500여 명(이 숫자는 정확히 파악되지 않고 있다. 마지막 전투에서의 정확한 사망자 숫자가 발표되지 않고 있기 때문이다)이 남아 있었다.

하지만 기다리고 있는 계엄군은 나타나지 않고 있었다. 도청 앞 광장은 자신의 운명과도 같이 그저 알 수 없는 칠흑으로 어둡기만 하였다.

벌써 며칠째 지쳐 있었던 시민군들은 자신들 앞에 시시각각 다가오고 있는 운명도 잊고서 총을 껴안은 채 어느 결에 곤히 잠들어 있었다. 그들은 자신들이 나름대로 세워놓은 여러 가지 계획들을 실천해 볼 겨를도 없이 그렇듯 최후를 목전에 두고 있었다.

새벽 2시 30분경, 도청 전체에 비상이 걸렸다. 항쟁 지도부를 이끌었던 윤상원, 김영철, 이양현은 마지막으로 헤어지기 전에 서로의 손을 힘차게 마주잡으며, "이제 우리 저승에서나 만납시다!" 하는 작별인사를 나누면서 자신들의 위치로 돌아갔다.

새벽 3시경, 탱크를 앞세운 계엄군이 지원동 입구, 서방 입구, 한국전력 입구로 일제히 진입하여 대기중이라는 무전이 도청 상황실로 숨가쁘게 날아들었다.

40여 분 뒤, 캄캄한 칠흑 속에 시민군과 계엄군 사이에 총성이 교차하기 시작했다. 계림초등학교 앞 육교 주변의 총격전은 치열했다.

30여 명의 시민군 가운데에는 벌써 두세 명의 사상자가 속출하고 있었다. 더구나 점점 숫자가 늘어가는 계엄군에게 완전히 포위될 것 같아 시민군을 지휘하던 예비군 중대장은 부상자를 남겨둔 체 후퇴하라고 소리지르며 20여 명의 시민군을 이끌고 높다란 담장을 뛰어넘어 일단 안도의 한숨을 내쉬었다.

하지만 그처럼 안도의 한숨을 내쉬었을 때 시민군은 겨우 7명밖에 남지 않았다. 또 다시 총격전이 벌어졌다.

같은 시각, 도청 안의 상황도 긴박하게 돌아가긴 마찬가지였다. 총성은 시시각각 도청으로 가까워져가고 있었다.

그럴 때 도청 상황실에 모인 시민군 사이에서 모두 자폭하자는 의견이 나왔다.

한 젊은이가 흐르는 눈물 방울을 씻으며 말했다.

"고등학생들은 먼저 총을 버리고 투항해라. 우리야 사살되거나 다행히 살아남아도 잡혀 죽겠지만, 여기에 있는 고등학생들은 반드시 살아남아야 한다. 산 사람들은 역사의 증인이 되어야 한다. 우리는 민주주의와 민족통일의 빛나는 미래를 위해, 항쟁의 마지막을 자폭으로 끝내서는 안 된다. 자, 고등학생들은 먼저 나가라."

상황실 안은 이내 숙연해졌다. 수류탄을 움켜쥐고 있던 고등학생들은 흐느껴 울었다.

새벽 4시경, 도청 앞은 탱크를 앞세운 계엄군에 의해 완전히 포위되어 있었다. 금남로를 중심으로 시가전이 벌어졌다. 계엄군의 장갑차 위에서 서치라이트가 도청을 대낮처럼 비추는 가운데 계엄군은 항복을 권유하는 최후 통첩을 방송했다.

"폭도들에게 경고한다! 너희들은 현재 완전히 포위되었다! 무기를 버리고 항복하라!"

이미 소등을 하여 캄캄한 도청 안은 아무 반응도 없었다. 그저 물 속처럼 고요하기만 했다.

그러나 다음 순간 총성이 울렸다. 시민군 측에서 발사한 총탄은 도청을 비추고 있는 계엄군 장갑차의 서치라이트를 박살내어 버렸다. 그러면서 도청 앞은 다시금 캄캄한 칠흑으로 뒤덮였다.

그리고 오래지 않아 도청을 향하여 계엄군의 일제 사격이 개시되었다. 계엄군의 자동화기가 콩 볶는 소리를 내며 도청을 향하여 일제히 퍼부어졌다.

그럴 때 도청의 배후를 지키고 있던 40여 명의 시민군이 빗발치는 총성에 불안했던지 자꾸 건물 앞쪽으로 이동해 왔다. 그런 틈을 타서 공수대원 몇 명이 도청의 뒷담을 간단히 넘어 들어섰다.

어둠은 실로 피아를 구별할 수가 없었다. 공수대원들은 시민군과의 거리를 두지 않고 잽싸게 쇄도해 들어오면서 마구 총을 쏘았다. 시민군이 하나 둘 무기력하게 쓰러져갔다.

그런 긴박한 사이에도 여명은 또 어김없이 밝아오고 있었다. 그러나 도청을 향하여 난사되고 있는 계엄군의 총성은 조금도 그칠 줄을 몰랐다.

도청 2층 민원실. 항쟁 기간 중에 시민군의 식당으로 사용하던 그곳 지하실의 무기고에는 다이너마이트가 대량으로 저장되어 있어 몇 명의 항쟁 지도부 간부들과 함께 40~50명의 학생 젊은이들이 방어하고 있었다.

벌써 이들도 2층 난간을 중심으로 엎드려서 사격했다. 저만큼 모퉁이에서 사격하던 고등학생 한 명이 총에 맞아 비명을 내질렀다. 윤상원이 그 쪽으로 겨우 기어갔다.

"학생, 정신차려!"

윤상원이 어린 학생의 가슴을 껴안자 머리가 푹 꺾였다. 이미 절명한 뒤였다.

윤상원이 다시 자기 위치로 되돌아와 엎드리기 직전에 그만 쓰러졌다. 곁에 있던 누군가가 그의 어깻죽지를 잡아 흔들었다.

"윤형! 윤형!"

그러나 그는 아무 대답도 없었다. 그의 옆구리에는 뜨거운 피가 흥건히 흘러나오고 있었다. 누군지 담요를 끌어다 그에게 덮어주었다.

그러는 사이에도 총탄은 끊임없이 빗발쳤다. 여기저기에서 신음 소리와 울부짖음이 터져 나왔다.

"실탄이 없다! 실탄이 없다!"

몇 명의 생존자들은 난간에서 벗어나 사무실 안으로 위치를 옮겼다.

공수대원들은 민첩하게 움직이고 있었다. 벌써 2층 창가 너머에 모습을 드러내는가 싶었는데, 창에다 총구를 올려놓고 무차별 갈겨댔다. 밖에서는 계속 항복하라고 외치고 있었다.

그러한 계엄군을 대항하던 시민군들의 실탄은 이내 바닥이 나 버렸다. 그들은 곁에 죽어 있는 동료의 총을 집어들고 쏘았다. 얼마 되지 않아 그것마저도 떨어져 버렸다.

순간 허탈함에 이어 급속히 절망감에 빠져든 시민군들은 그대로 죽는 것보다는 혹시 항복이라도 하면 살려줄지도 모른다는 본능적인 생각에 항복을 소리쳤다.

"무기를 거꾸로 창밖에 내밀어!"

시민군들은 계엄군이 시키는 대로 따랐다. 계엄군은 곧바로 창너머로 뛰어들어와 실내에 있던 시민군을 구석에 엎드리게 하고 나서, 실내 곳곳에 연발 사격을 퍼부었다.

옆방의 입구로 다가선 계엄군은 "모두 총을 버리고 기어 나와라!" 하고 외쳤다. 캐비닛 뒤에 숨어 있던 3명의 시민군이 겁에 질려 꾸물꾸물 기어 나왔다. 공수대원들은 그들을 한쪽으로 밀어젖히고는 수류탄을 실내에 까 던졌다.

잠시 후 살아남은 채 난간에 모아진 시민군 포로는 10여 명쯤 되었다. 그들은 모두 손을 뒤로 묶인 채 엎드려 있었다.

공수대원이 카빈 소총을 집어들고 도청 정문 쪽으로 필사적으로 도망치는 시민군 1명을 쏘았다. 도망치던 시민군은 그 자리에서 앞으로 푹 하고 스러졌다.

　바로 그럴 때 8명의 시민군이 항복하겠다며 무장을 해제한 채 두 손을 번쩍 쳐들고 도청 앞뜰로 걸어나왔다.

　한데 방금 전에 정문 쪽으로 달아나던 시민군을 사살한 공수대원은 같은 자세로 8명의 투항자 모두를 사살해 버렸다. 그런 뒤 그 자는 자신의 한쪽 발을 시민군 포로의 등에 올려놓고 사격하면서, "어때? 영화 구경하는 것 같지?"라고 농담까지 던졌다.

　도청 2층 민원실에 배치되었던 시민군은 애초에 40여 명이었으나, 그 곳에서 최종적으로 붙잡힌 포로는 10여 밖에 되지 않았다.

　2층 민원실은 마땅히 다른 곳으로 피할 데도 없는 장소였기 때문에 적어도 30여 명의 시민군이 전사했을 것이라는 계산이 나온다.

　한편 도청 본관에서는 뒷담을 타고 넘어 들어와 기습적으로 시민군의 전열을 흐트러뜨린 공수대원 2명이 2층으로 올라왔다. 대담하게도 그들은 복도에 늘어서서 바깥을 향해 사격을 하던 시민군들 틈에 슬그머니 끼어들면서 정문 양 옆 담벽 아래에 배치되어 있던 시민군들을 사격했다. 아무 영문도 모르는 정문 양 옆 담벼 아래에 배치되어 있던 시민군들은 동료 시민군이 자기들을 사격하는 줄 알고서 쏘지 말라고 외치면서 폭폭 앞으로 쓰러졌다.

　그런 도중에도 공수대원들은 도청 2층으로 속속 올라오고 있었다. 그러면서 2층 복도를 향하여 무차별 사격을 가했다.

　그들이 기습적인 사격으로 상당수의 시민군이 전사했다. 생존자들은 공수부대를 막지 못한 채 각자 사무실 안으로 뛰어들었다. 그들은 캐비닛과 책상으로 출입구에다 바리케이트를 쳤다.

　복도에선 계속해서 총성이 요란했다. 공수부대는 중앙 계단을 중심으로 접근해 들어오며 양옆의 사무실을 샅샅이 수색하면서 압박해 들어왔다.

복도의 중간쯤에 있는 사무실 안에 숨어 있던 시민군 두 사람이 출입구에다 총구를 겨눈 채 초조하게 기다렸다. 하지만 그들에게는 실탄이라고 해봤자 겨우 두세 발씩 밖에는 남아 있지 않았다.

짧은 순간이지만 그들은 갈팡질팡하고 있었다. 한 사람이 "항복하면 살려준다고 하지만 어차피 죽을 게 뻔하니 한 놈이라도 죽이고 죽자"고 말하자, 다른 사람은 "아니야. 혹시 군사재판이라도 하고 사형시킬지 몰라. 만약 그렇게 되면 할 말이라도 하고 죽는 게 낫다."고 친구를 설득했다.

또 다른 사무실에서는 시민군 세 사람이 캐비닛을 출입구 앞으로 바짝 밀어놓아 겨우 엄폐물로 삼고 있었다. 하긴 더 이상 밀려날 곳도 마땅히 몸을 숨길 만한 곳도 없었다.

공수부대가 2층 사무실을 하나씩 차례대로 수색해 들어오는지 수류탄 터지는 폭음과 함께 M16 자동소총의 연발 사격 소리, 항복하라고 외치는 소리가 점점 더 가까워지고 있었다.

한데 바로 그때 누군가 다급하게 뛰어와 출입구를 두드렸다. 공수대원은 아닌 것 같아 출입구를 살짝 열어주었더니 나이 어린 고등학생이었다.

그는 대변이 마려워 못 견디겠다고 말하면서 사무실 한쪽 구석으로 가 일을 치르고 있었다. 그럴 때 공수대원의 거친 음성이 출입구 바깥에서 들렸다.

"사무실 안에 있는 폭도들은 총을 버려라! 일곱 셀 때까지 안 나오면 수류탄을 던진다!"

밖에서는 계엄군에 붙잡힌 시민군 포로들이 혹독한 기합을 받고 있는지, 여러 명의 고함 소리가 들려왔다. 세 사람은 "항복하면 죽이지는 않는 모양인데?" 하면서 출입구 밖으로 총을 내밀었다.

상당히 많은 수의 시민군 포로가 복도에 납작 엎드려 있었다. 칠흑 같던 어둠은 어느새 사라지고 말았는지 날이 훤히 밝아 있었다.

하지만 사무실마다 참혹하게 죽어 있는 시신들을 끌어내고 있었다. 어떤 이는 아직 죽지 않았으나 팔이 떨어져 덜렁거리는 채로 고통스런 비명을 내질렀다.

공수대원들은 시민군이 사무실 안에서 항복해 나올 때 총구를 시민군 자신에게로 돌리고서 기어 나오도록 했다. 만일 조금이라도 자세가 수상하면 그대로 발사하고 말았다.

그들은 시민군에게 총을 빼앗자마자 군화발로 턱, 머리, 배 등을 가리지 아니하고 짓밟으며 욕설을 퍼부었다. 그리고 나서야 시민군 포로의 등에다 '극렬', '실탄 10발', '권총 소지' 등 상부에서 지시 받은 분류 기준에 의해 매직펜으로 휘갈겨 썼다.

공수부대에 붙잡힌 시민군 포로들은 머리가 터져 피투성이가 되거나, 안경이 깨어져 실명을 하기도 했다. 시민군 포로들은 손을 뒤로 묶인 채 낮은 포복으로 중앙 계단까지 접근한 뒤에, 계단에서는 마치 짐짝처럼 아래층으로 그대로 굴러 떨어졌다.

고개는 전혀 들 수도 없었다. 다만 팔과 다리가 없는 버러지처럼 순전히 낮은 포복으로만 기어서 도청 정문까지 그와 같이 이동해 가야만 했다. 그런 뒤 그곳에서 시민군 포로들은 군용 트럭에 실렸다.

한편 YWCA에서는 이날 도청의 기습 공격과는 달리 거의 날이 밝아올 무렵에야 계엄군의 공격이 시작되었다. YWCA 안에서는 선전조와 약간의 고등학생들, 그리고 근로자 몇 명이 계엄군의 공격을 막아내고 있었다.

계엄군은 전일빌딩 입구의 골목 바깥에서 기관총으로 한참 동안이나 사격을 가해 그들의 얼을 완전히 빼놓은 다음, YWCA 건물의 앞뒤로 진입해 들어왔다.

YWCA 3층에 있던 관리직원이 "우리는 무기를 안 가졌어요! 살려주세요!"라고 소리쳤고, 계엄군은 "모두 옷을 벗고 나오라!"고 하면서도 M16 자동소총을 발사했다.

여러 명이 그 자리에서 사살되었다.

마지막 유서를 남겼던 구두닦이 소년 박용준은 YWCA 정문 근처에서 공수대원들과 끝까지 교전하다가 장렬하게 전사했다.

2층의 양서조합 사무실에는 바닥에 온통 핏물이 흥건히 고였고, 서가의 책 속에는 총알이 무수히 박혔다.

오래지 않아 전일빌딩의 시민군들도 끝까지 항전하다 전원이 전사했다.

그리고 마침내 도청 쪽에서 빗발치던 총성이 멎었다. 날도 환하게 밝아 있었다.

공수대원들이 정렬하여 합창으로 군가를 힘차게 부르는 가운데 마지막 시민군 포로들이 두 손을 쳐들고 도청 마당으로 걸어나왔다. 150여 구의 시신과 부상자가 2대의 군용 트럭에 나뉘어 실려 나왔다. 생존자는 도청 방화자, 총기 소지자, 특수 폭도 등으로 분류되어 역시 군부대로 이송되었다.

이윽고 아침 6시, KBS를 통해 '폭도들은 진압되었다. 시민들은 위험하니 집 밖으로 나오지 말라'고 방송했다. 또 영어로 외국인에게 하는 방송도 있었다.

방송은 '계엄군이 폭도 2명을 사살하고 207명을 체포했다. 폭도들은 진압됐지만 일부 잔당들이 주택가에 침입하려 한다. 폭도들은 무기를 버리고 투항하면 생명을 보존할 수 있으나, 거부하면 사살된다'는 경고방송도 있었다. 또한 비행기와 헬기에서도 고성능 스피커를 통해 시민들에게 공중에서 밖으로 나오지 말라고 경고했다.

하지만 날이 밝자 밤새 불안했던 시민들은 창 밖을 내다보고 조심스럽게 골목까지 나와 주위를 살펴보기도 하고, 시민들은 골목길에서 이웃과 함께 지난밤 사태에 대해 얘기를 나눴으며, 큰길 쪽으로 나가려다가 계엄군의 저지로 각자 집으로 돌아가는 모습도 보였다.

'경찰과 공무원들은 오전 9시까지 소속 관서로 복귀하라'는 계엄군이 지시가 KBS를 통해 전해지자 오전 8시쯤부터 길거리에는 출근하는 모습들이 보였고, 계엄군은 길거리 곳곳에서 통행인의 신분을 확인한 뒤 경찰과 공무원들은 통과시켜 주었다.

광주경찰서는 경찰관들이 사복 차림으로 나와 업무를 보았으며, 도경국장 등 경찰 간부들의 정상 업무가 시작되었다. 도청과 시청 등 무장 시민군들이 마지막까지 남아 있던 건물에는 총알 자국이 여기저기 나 있고, 계엄군은 도청 앞에 탱크와 장갑차, 군용 트럭, 헬기 등을 포진시켜 놓고 밀집 경계를 하는 한편, 시위대가 달아난 지역을 집중적으로 수색하고 있었다.

한편 도청 및 YWCA, YMCA 등지에서 체포된 생존자들은 일단 전교사 건설공단으로 이송되어, 계엄군에 의해 심문이나 대화 없이 10파운드짜리 곡괭이 자루로 초주검이 되도록 두들겨 맞았다. 한 생존자는 24시간을 아무 말 없이 맞았다고 증언하고 있다.

또한 이날 계엄군은 일정 지역을 포위 수색한 뒤 다시 포위망을 넓혀 시내를 수색하는 방법으로 시내 전역의 가택을 샅샅이 수색해서 수백 명이 젊은이들을 끌고 갔으며, 여관에서 잠을 자거나 길거리를 통행하고 있는 젊은이들을 시청, 아모레화장품, 광주관광호텔 등으로 끌고 가 무자비한 고문과 폭력을 휘둘렀다. 나머지는 밤 8시경에 헌병대로 끌고 갔다.

이후에도 계엄군은 시내 골목 골목마다 삼엄한 경비를 펴서 시민들이 창 밖으로 내다보는 것조차 일절 허락지 않았다. 비로소 5·18 이후 10일 동안이나 계속되었던 광주에서의 피비린내 나는 총성은 멎은 듯 하였다.

제5부

전두환의 '제5공화국' 탄생

김재규, 사형집행
청와대 입성, 제5공화국 대통령
JP와 YS, 유일한 저항 수단
군사재판, DJ에게 사형선고
한화갑이 부른 조용필 노래 '촛불'
이상한 제11대 국회의원 선거
DJ의 목숨으로 방미(訪美) 길 열어
YS, 생명을 건 23일간의 단식투쟁

김재규, 사형집행

5월 18일 이후 광주에서 연일 민주항쟁이 한창이던 때, 그리하여 온 국민의 눈과 귀가 온통 그 곳으로 쏠려 있던 5월 23일이었다.

경기도 성남에 자리하고 있는 육군교도소에 수감중이던 전 중앙정보부장 김재규는 이날 오전과 오후에 갑작스런 친척들의 방문을 받는다.

오전엔 손위 동서 두 사람과 처남 두 사람, 운전기사 5명이 면회를 왔다. 오후에는 동생 김항규 내외와 함께 4명의 조카가 찾아와 '하직인사'를 하고 돌아갔다.

이날 김재규를 면회한 친척들은 "곧 사형이 집행될 것이니 마지막 면회를 하라"는 연락을 받았으나, 그들은 김재규의 부인 김영희에겐 이같은 사실을 알리지 않았다.

김영희는 그 전날 면회를 갔었다. 김재규는 부인에게, "언젠가는 꼭 필요할 것이니 나에 관한 기록들을 하나도 빠짐없이 잘 보관하고 있으라."고 부탁했다.

김재규는 이날 손위 동서에게 "어떻게 될지 몰라서 미리 말씀드리겠다"면서 미리 준비하고 있었던 듯, 눈을 감고 10여 가지 내용의 유언을 남겼다.

내가 죽거든 군복인 동정복에 중장 계급장을 붙여 입혀주고….

우리 동지가 모두 일곱 사람이니 나를 중심으로 내 좌우에 두 분 대령을 묻어 주고(김재규는 자신의 수행비서관인 박흥주 대령이 이미 두 달여 전인 '80년 3월 6일 경기도 시흥군 야산에서 총살형을 당한 사실을 모르고 있었다. 박흥주 대령은 사형을 당하기 직전 "대한민국 만세!"를 두 번이나 외쳤다), 경비원들을 좌우에 각 두 명씩 묻어달라. 물론 그 사람들 가족의 사정에 따라 같이 묻힐 수 없는 사람은 모르지만 특별한 이유가 없으면 그렇게 해주고, 내 옆에는 스페이스를 두었다가 우리 집 사람이 죽으면 묻어달라.

동지 일곱 사람의 묘비를 사육신의 묘처럼 똑같이 세우되, 그 옆에 사방 7자짜리 상을 만들어 우리 집 가족이나 동지들 가족이 제사를 지낼 때 일곱 사람 모두에게 똑같이 제사를 지내게 하라.

나는 지금 내란죄로 죽으니 예비역 중장도 아니고 장관도 아니지만 복권이 되면 살아날 수 있으니, 우선은 나무로 묘비를 세워 장군이라는 호칭을 붙여달라. 나는 사후에도 김재규 장군이라고 불리고 싶다.

만약 내가 복권이 되어 '의사'나 '수호신'이니 하는 말이 내 이름 앞에 붙게 되면 '의사 김재규 장군지묘'라고 하면 된다. 내 사후에 나에게 존칭을 붙이려는 사람이 있거든 김재규 장군이라고만 하게 하고, 존칭을 붙이기 싫거든 그냥 김재규라고만 하게 하라.

내 사형이 집행되고 나면 민주화 운동은 급속도로 활발해질 것이다. 내가 죽으면 학교도 열릴 것이고, 국회도 열릴 것이니 민주화는 안될 수 없다.

내 시체는 집에는 절대로 들여가지 말고, 병원에 안치시켰다가 장사를 지내라.

긴급조치 석방자나 복권자, 복학생들이 내 관을 메고 시가행진을 할 우려가 있는데 절대로 못하게 하라. 나는 한두 사람이나 특정한 인물을 위해 혁명을 했다는 인상을 주고 싶지도 않고 받고 싶지도 않다.

나에 대한 사형이 집행되고 난 직후 사회에서 민주화에 대한 소리가 높아지면 동지들에 대한 집행은 안 할 것 같은데, 나의 마지막 바람도 그렇게 되어서라도 동지들은 살았으면 한다. 나는 내 스스로가 떳떳이 사형을 받고 가는 것을 원하는데, 그 이유는 이렇다.

첫째, 현 상태로는 자유민주화가 애매모호하게 될 우려가 있지만 나의 사형이 집행되고 나면 나에 대한 국민감정이 돌아서서 민주화운동이 불처럼 일어나 내 죽음이 결정적 모먼트가 된다.

둘째, 내가 간이 나빠 자연사를 하더라도 앞으로 칠팔 년 밖에 살지 못할 테니 후세 사람들에게 시기를 잘 택했다는 평가를 받고 싶다. 남자는 죽음의 시기를 잘 택해야 한다.

셋째, 과도정부 상태와 국민들의 민주화 운동, 그리고 이를 저지하기 위한 저지 세력 등이 대치한 상태가 오래 가면 큰일나니 내가 죽고 사는 것은 문제가 안 된다. 관공서는 나랏일에 열심이어야 하고, 군대는 나라 지키는 일에, 경찰은 치안유지에 열심이어야 한다.

넷째, 그동안 월남 사태나 아프칸 사태를 보면 소련이란 곳에서 빨간 물이 자주 내려온다. 나는 백 번 죽어도 좋으니 민주화가 되든, 유신체제가 연장되든 적화만은 막아야 한다. 나의 기본 뜻도 민주화를 하여 적화를 막자는 것이었다.

다섯째, 내 기분이 이러하니 나의 죽음에 대해서 가족들이 축복해 주어야지 울고불고 해서는 안 된다.

김재규는 또 큰동서에게 "우리 동지들 중 박 과장(의전과장 박선호 대령)은 실기가 좀 낫고, 박흥주도 가난하지만 제일 어려운 사람들이 경비원들이니 수영 엄마(김재규의 부인)더러 가재도구라도 정리하여 한 사람에 1,000만 원씩 나누어주던지, 그것도 안 되면 700~800만 원씩이라도 나누어주도록 하십시오.

부득이하여 동지들 가족이 학교에 들어갈 때 등록금이 없어 찾아오면 기꺼이 대주라고 하시고, 집사람에게 30세 미만은 아들이나 며느리로 생각하라고 하세요. 나의 뜻을 따라온 사람들이니 큼직한 집을 지어 큰 가족을 거느린다고 생각하면 될 것입니다."고 부탁했다.

그러나 김재규는 계엄사에 의해 환수당한 재산에 대해선 반환소송을 하지 말라고 당부하기도 하였다.

접견을 끝낸 김재규는 면회실을 떠나면서, "나에 대한 집행이 내일 오전 10시라고 하더냐?"고 친척들을 돌아보며 일본어로 조용히 물었다. 그러나 친척들은 "내주 화요일 날 다시 면회 오겠다"고만 답변했다.

오후에는 동생 김항규 가족이 면회를 왔다.

그는 김재규가 체포된 이틀 뒤 보안사령부에 연행됐었다. 당시 건설업을 하던 김항규는 보안사 서빙고동 분실에서 '김재규의 부정축재'를 입증해 내기 위한 참고인으로 40일 동안이나 모진 조사를 받았다.

때문에 10·26 박 대통령 저격사건 이후 이 두 형제는 첫 만남이자 또한 마지막 만남이 되고 말았다. 김항규는 이날 형 김재규와의 마지막 면회 후 그만 불가에 입문하고 말았다.

동생 가족의 면회까지 끝나고 자신의 감방으로 돌아간 김재규는 이 날이 자신의 생애 마지막 날임을 직감했던 듯하다.

그는 모친이 만들어 넣어준 복숭아씨 염주알만을 말없이 세어 넘겼다.

밖은 이미 해가 기울어 어두워지고 있었으나, 그는 저녁 식사도 거부한 채 금강경과 반야심경을 벌써 몇 번이나 외우고 있었다.

이튿날인 5월 24일은 토요일이었다.

이날 새벽 3시, 잠을 이루지 못하고 있는 김재규의 감방 문이 열렸다.

"오늘이오?"

김재규는 감방 문을 열고 들어서는 교도관들에게 나직이 물었다. 그러나 교도관들은 김재규의 질문에 답변하지는 않았다.

다만 짧은 지시만 얘기했을 따름이다. 철저히 감정이 배제된 싸늘한 음성으로였다.

"가시죠."

김재규는 완전 무장한 1개 중대 병력의 호위 아래 성남의 육군교도소에서 서울의 서대문교도소로 극비리에 호송되었다.

새벽 4시.

김재규는 서울 서대문교도소 보안청사의 지하실 독방에 이감, 수용됐다. 양손에는 수갑이 채이고 포승줄로 단단히 묶인 채로였다.

아침 7시.

지하실 독방 문이 열리면서 3명의 교도관들이 들어왔다. 그들은 수갑과 포승이 잘 묶여져 있는지를 확인한 이후 김재규를 부축해 일으켰다.

죄수 번호 '101' 표가 붙은 흰 한복 저고리와 회색 바지에 흰 고무신을 신은 김재규는 얼굴을 꼿꼿이 세운 채 성큼성큼 새벽의 여명 속을 걸어나갔다.

유난히 높다랗고 흰 담장으로 둘러싸여 있는 조그만 목조 건물 안으로 들어섰다. 사형 집행장이었다.

교도관들은 김재규를 돗자리 위에 앉혔다. 결가부좌하고 앉은 그는 이미 체념한 듯 두 눈을 감고 있었다. 수갑과 포승줄로 묶인 두 손은 모친이 만들어 넣어준 복숭아씨로 만든 염주알을 끝없이 세고 있었다.

집행관은 그에게 마지막으로 남길 유언이 있느냐고 물었다. 김재규는 "없습니다" 하고 말했다.

이윽고 그의 눈에 안대를 씌우고 얼굴에 용수(흰 천)를 내려 덮었다. 도한 김재규를 비스듬히 누인 뒤 양쪽 발을 포승줄로 묶었다.

그리고 나서 덜커덕! 하는 소리와 함께 한동안 무거운 침묵이 흘렀다. 이때 시간이 아침 7시가 조금 지나서였다.

이날 서대문구치소에서는 오전 10시부터 앞서 김재규의 뒤를 이어 중앙정보부장 의전과장 박선호 대령과 이기주, 유성옥 등 경비요원들이 차례대로 교수형을 당했다.

김재규는 처형되어 경기도 광주군 오포면 능평리 남한산성 공원묘지에 묻혔다.

'89년 1월 광주·전남 송죽회가 세운 비석 윗면에는 다음과 같은 추모시가 새겨졌다.

먹구름이 하늘을 덮고 광풍 몰아 덮칠 때
홀로 한 줄기 정기를 뿜어 어두운 천지를 밝혔건만
눈부신 저 햇살을 다시 맞지 못하고
슬퍼라 만 사람 가슴을 찢는구나
아! 회천의 그 기상 칠색 무지개 되어
이 땅 위에 길이 이어지리

시인 정호승은 '92년 김재규 사형 전후를 배경으로 한 세 권짜리 장편소설 〈서울에는 바다가 없다〉를 펴낸 바 있다.

청와대 입성, 제5공화국 대통령

5·18 광주민주항쟁의 유혈 진압 작전이 종료된 지 불과 10여 시간 후인 5월 27일 오후, 국무회의는 국가보위비상대책위원회(약칭 국보위) 설치안을 전격 가결했다.

이보다 앞선 5월 21일, 국무총리 신현확이 광주항쟁에 대한 책임을 지고 전 국무위원들과 함께 사직서를 대통령 최규하에게 제출했다. 최 대통령은 신 총리의 사직서를 수리하고 당시 무역협회장이던 박충훈을 국무총리 서리로 임명하는 등 개각을 단행했다.

개각 다음날 보안사령관 겸 중앙정보부장 전두환 중장은 강압적으로 비상대책기구(국보위) 설치를 건의하여 최 대통령으로부터 재가를 얻어냈다.

비상대책기구 '국보위'는 전국 계엄 아래에서 대통령의 계엄업무 지휘 감독을 돕고 내각과 계엄 당국간의 협조 체제를 긴밀히 하기 위해 대통령 자문 보좌기관으로 설치된다는 명분이 제시되었다. 대통령의 권능을 사실상 박탈하는 이러한 기구의 설치 이유로서는 말도 안 되는 설명이었지만, 신군부는 국민들을 상대로 그와 같이 허울 좋은 구실을 설명하고 있었다.

5월 31일, 국보위는 국무회의 의결을 거쳐 대통령 자문 보좌기관으로 정식 발족되었다.

　물론 국보위 의장은 최 대통령이었다. 하지만 최 대통령은 '얼굴 마담'에 불과했을 뿐 국보위의 실질적인 권한은 전두환에게 있다라는 사실은 천하가 다 아는 사실이었다.

　최 대통령뿐만이 아니었다. 장관들도 마찬가지였다. 신군부는 각부 장관실에 별 하나를 단 준장 한 사람씩을 파견했다. 말할 것도 없이 내각 장악을 보다 확실히 하기 위해서였다.

　보안사령관 겸 중앙정보부장 전두환 중장은 국보위의 위임을 받은 사항을 심의 조정하기 위한 상임위원회를 설치했는데, 물론 위원장은 전두환의 몫이었고 위원들은 12·12를 주도한 전두환의 측근들로 채워졌다. 이로써 전두환은 보안사령관과 중앙정보부장 서리에 이어 국보위 상임위원장까지 차지했다.

　사실 이러한 국보위의 출범은 제5공화국의 탄생을 알리는 전조가 다름 아니었다. 당시 국보위의 한 분과위원은 "계엄사·보안사·중앙정보부에서 취합된 모든 정보는 국보위 운영위원회에서 다시 걸러진 다음 각 분과별로 하달되었다."면서 "국보위는 국가의 모든 업무·통제 기능을 담당할 만큼 국가권력의 핵심이었다"고 말하고 있을 정도였다.

　미국의 외신기자 한 사람도 거의 비슷한 증언을 하고 있었다. 그는 전두환과 국보위 상임위원회 집무실에서 만났을 때의 당시를 이렇게 기록하고 있다.

　'…경복궁 맞은편의 작은 건물 안에 조직된 (국보위)상임위원회는 인근에 소재한 청와대보다 커다란 영향력을 행사했던 '보이지 않는 그림자 정부'였다. 상임위는 거의 매일 체포령과 각종 법령 등을 내리며 언론의 관심을 독점했다.'

이러한 국보위가 발족한 바로 그날 미국 대통령 지미 카터는 CNN 방송과의 인터뷰에서 다음과 같이 말했다.

"…우리는 한국군과 민간 지도자들에게 가능한 한 조속히 완전한 민주정부를 수립하도록 촉구하고 있다. 그런 한편으로 우리가 주력하고 있는 것은 한국의 안보다. …나는 지구상의 모든 나라가 민주화되기를 바란다. …그러나 우리는 우방과 친구, 교역 상대방과의 관계를 단절해 그들을 소련의 영향권에 넘길 수는 없는 일이다. 그리고 그들 정권이 우리의 인권 기준에 부합되지 않는다는 이유만으로 전복시킬 수도 없다….'

6월의 어느 날이었다. 그 당시 부총리 겸 경제기획원장관 김원기는 전두환의 전화를 받았다.

"전 위원장이 나를 만나더니 이러더군요. '일을 하려다 보니 돈이 아주 부족합니다. 지금 예비비가 어느 정도 있습니까?'라고요. 내가 '얼마나 필요합니까?' 하고 되물었지요. '백억 원이면 되겠습니다' 해요. 당시 예비비로 150억 원 정도가 있었던 것으로 기억됩니다. 그쪽에서도 예산 현황을 다 알아보고 요구한 것 아니겠습니까? 알겠다고 대답하고 물러 나왔지요. 거역할 분위기가 도저히 아니었어요. 최규하 대통령에게 보고를 드리니까 그냥 고개를 끄덕이더군요. '할 수 없지'라면서요. 그 다음날인가 바로 국무회의가 열려 요구한 액수대로 예비비 지출의 안건이 의결됐지요. 나야 어차피 단명인 것을 알면서도 최 대통령의 부름을 받아 부총리가 됐지만 돌이켜보면 한스러운 일도 많았습니다. 국무회의 때는 장관들이 서로 눈치나 살펴야 했고…. 대통령이나 우리나 서로 동병상련격이었다고나 할까요."

6월 18일, 신군부는 3공화국과 4공화국의 대표적 부정축재자로 지목했던 10명의 부정축재 액수를 발표했다. 그 총액은 이후락 194억 원, 김진만 103억 원 등 모두 853억 원이었다.

7월 9일, 국보위는 장관과 차관급 인사 38명을 포함하여 232명의 고위 공직자들을 숙청했다고 발표했다. 이에 계속된 숙청의 제물이 된 공직자는 모두 8,877명에 이르렀다. 이들 가운데 공무원이 5,699명, 정부투자기관 및 산하단체 임직원이 3,178명이었는데, 은행장 중에서도 일시에 제거된 두 명의 행장이 모두 호남 출신인 데에서도 알 수 있듯이, 호남인맥이 큰 피해를 입었다.

국보위가 신군부의 강력한 물리력을 배경으로 추진했던 이 같은 개혁조치들은 말할 것도 없이 새로운 정권 창출을 위한 기반 조성 작업이었다.

국보위 상임위원장 전두환은 이러한 과정에서 사실상 국가의 최고 실권을 행사했다.

최 대통령은 국정운영에서 철저히 소외되어 갔다. 신군부의 실력자들은 최 대통령이 스스로 자신의 위치를 깨달아 물러나지 않을 수 없도록 분위기를 몰고 간 것이었다.

8월 16일, 결국 최 대통령은 '…내가 부덕한 소치로 광주사태가 발생했으며, 국가의 통치자로서 그 소임을 다하지 못했기 때문에 정치적인 책임을 지고 물러난다'는 하야 성명을 발표하고 대통령직에서 물러났다.

국무총리 서리 박충훈이 대통령 권한대행 자격으로 정부를 이끌어 간다고 알려졌지만 사실은 국보위 상임위원장인 전두환이 최고 실력자가 된 것이다.

그와 같이 최 대통령이 하야를 하고 대통령직에서 물러나자 그로부터 닷새 뒤인 8월 21일 국방장관실에서 전군 지휘관 회의가 열렸다. 이 자리에서 국방장관 주영복은 "국가 안정과 질서 유지, 그리고 발전을 위해 현재 국보위 상임위원장으로 계시는 전두환 장군을 우리는 믿으며, 그를 받들어 나라를 지키고 국군의 통수권자가 되도록 추천하는 바입니다." 하고 말했다.

주 국방장관의 추천에 따라 전군 지휘관회의는 그 자리에서 전두환 중장을 차기 국군의 통수권자로 추천함으로써 그에게 대통령 선거에 나설 수 있도록 길을 활짝 열어 주었다.

전두환은 그 다음 날 별을 하나 더 달면서 대장으로 전역했다.

외신들은 그런 사실을 보도했으나 국내 신문은 제대로 쓰지 못하고 있었다. 정부는 신군부의 그런 움직임에 대한 보도가 나가지 않기를 바라고 있었으나 시중에는 벌써 소문이 퍼지고 있었다.

그러자 국민들의 눈과 귀를 다른 곳으로 옮겨갈 필요가 있었던지 8월 19일 계엄사령부에서 정치인들 17명이 재산을 헌납하고 공직에서 사퇴했다고 두 번째로 부정축재자를 발표했다.

마침내 8월 27일, 장충체육관에 통일주체국민회의 대의원들이 한데 모였다. 대통령을 선출하기 위한 투표를 하기 위해서였다.

대통령 후보는 전두환 단일 후보뿐이었다. 그런 전두환 단일 후보를 놓고 투표를 한 결과, 총 투표자 2,525명 가운데 2524명의 찬성표와 1명의 무효표로 전두환 단일 후보를 당선시켰다.

시인 조병화의 시적 인물평에 따르면 "청렴결백한 통치자, 참신 과감한 통치자, 이념투철한 통치자, 정의부동한 통치자, 두뇌명석한 통치자, 인품 온유한 통치자"가 대한민국 제11대 대통령에 당선이 된 것이었다.

언론도 나섰다. 조선일보는 8월 22일자 사설에서 '…전 대통령의 취임으로 바야흐로 새 시대 새 역사는 개막되고 있으며 국민들은 전 대통령 정부에 새로운 소망과 기대를 걸고⋯.' 운운하는 찬사를 아끼지 않았다.

중앙일보는 〈합천에서 청와대까지〉까지라는 제목의 사설 시리즈를 4회에 걸쳐 게재하면서, '(전두환이) 이른 새벽 관측소 초병에게 커피를 끓여주며 격려'하는 자상함과 '씨름도 지면 이길 때까지 계속'하는 투지를 갖고 있다고 어린아이들 같은 자랑을 늘어놓았다.

신군부 등장에 비교적 비판적인 시각을 보여왔던 동아일보 역시 8월 28일자 사설에서는 '전 대통령이 등장한 것은 한국 정치의 고질이었으며 종래 구 정권들이 바로잡지 못했던 정권 차원만의 정치성, 관료성, 사대성, 허위의식에 대한 실천적인 반론'이라는 표현으로 비호하고 나섰다.

그런가 하면 8월 30일자에서는 아예 전면 특집판을 꾸미며 '새 시대의 기수 전두환 대통령, 우국충정 30년⋯ 평범 속의 비범 실천'이라는 타이틀을 걸고서 '외제 물건을 전혀 모를 정도로 청렴결백한 생활로 일관해 왔다'고 주장했다.

다음은 〈경향신문 50년사〉 중에서 당시의 언론 행태를 기록하고 있는 대목을 발췌한 것이다.

'⋯한국 언론은 정도의 차이는 있을지 모르나 거의 천편일률적으로 〈전두환 영웅 만들기〉에 몰두했다. 기획특집 기사, 사설, 연재물 등 가능한 모든 수단을 동원해 전두환과 신군부를 미화하고 그를 국민적 영웅으로 탈바꿈시켜 놓았다. 신군부의 위압에 눌린 탓으로 보는 시각도 있지만 권력의 향방에 촉각을 곤두세우고 있던 언론사들이 앞다투어 신군부에 충성 경쟁을 벌였던 것이 사실이다⋯.'

JP와 YS, 유일한 저항 수단

　이러한 일련의 정국을 바라보는 공화당 총재 JP는 쓴웃음을 지었다. 그리고 다짐한다.
　'언제인가 반드시 돌아올 것이다. 우리 국민들은 그토록 우매하지 않다. 유신체제를 무너뜨린 국민의 열기는 반드시 제5공화국 정권을 오래 가지 못하게 만들 것이다'라고.
　JP는 앞을 내다보았다. '60년대 절대 빈곤을 탈피한 국민들은 '70년대에는 산업화로 생활에 안정을 찾았고, '80년대에 민주화를 요구하다가 유신을 맞았다. 그러나 결국 국민의 뜻으로 유신체제는 무너지고 민주화로 가는 길목에서 5·17 전국 계엄확대로 잠시 비틀거리며 궤도를 달리하고 있긴 하지만 10·26 박 대통령 저격 사건을 불러온 국민의 힘과 성숙도를 토대로 민주화의 물결은 반드시 또 다시 일어날 것으로 점치고 있었다.
　비록 신군부의 총칼의 힘 때문에 부정축재자로 내몰려 잠시 역류되긴 하였지만, 이제 곧 국민들의 요구는 분출할 것이며 민주화를 억류시킨 그 물결은 정상적으로 되돌아와서 흐를 수밖에 없을 것이라고 확신했다. 그는 그 때를 대비해서 새로운 구상을 하고 있었다.
　그럴 때 미국 콜럼비아대학 아시아문제연구소에서 강연을 해달라는 초청장이 도착했다. '그동안 정치 일선에서 활약하느라고 뜸했던 머리를 식히며 국제문제를 연구하는 것이 어떻겠느냐'는 문의와 함께 연구생활을 할 수 있도록 콜럼비아대학에서 연구실을 마련해 주겠다는 것이었다.

JP는 콜럼비아대학에 답신을 보내 그렇게 하겠다고 했다. 미국으로 건너가 세계 속의 한반도 문제와 한국 정치사 등을 강의하거나 강연했다. 처음에는 4개월 정도 머물다 서울로 돌아왔다.

'84년에는 미국 민주당 대통령 후보의 초청을 받아 샌프란시스코에서 열리는 민주당 전당대회에 참가하기도 했다. 또 같은 해 10월에는 텍사스 댈러스에서 열린 공화당의 전당대회 등도 참가했다.

훗날 JP는 이러한 미국 생활에 대해 기자들에게 다음과 같이 밝혔다.

"미국의 민주주의, 특히 국민의 소리와 그 소리를 받아서 처리하는 정부의 기능과 대통령 주변의 인물들과 그 생활, 미국 공직자들과 정치인들의 생활과 자세, 국민이 어떻게 국가에 기여하며 국가는 국민을 위해 무엇을 하는 가를 열심히 배우고 공부했다. 민주당 전당대회, 공화당 전당대회를 보면서 우리도 언젠가는 이런 좋은 제도와 모습을 받아들였으면 좋겠다"라고 대답했다.

JP에게 있어서 이러한 미국 생활은 새 출발의 모티브가 되기 충분했다. JP는 자신부터 새로 태어나야 한다고 생각했다. 어두운 과거의 역사를 거울삼아 밝은 오늘을 만들고 더 밝은 내일을 창조해야 한다라고 절치부심 때가 오기만을 기다렸다.

같은 시기 신민당 총재 YS 또한 사정이 크게 다르지 않았다. 신군부의 무장 병력에 의해 완전히 연금당한 상태에서 그에게는 아무런 어떠한 저항 수단도 있지 않았다. 5월 23일 이후 그는 기자회견과 성명 발표 등 최소한의 입장 표명조차 봉쇄당한 상태였다.

그를 찾아온 미국과 일본 대사를 향해 전두환의 만행을 규탄했지만, 더 이상 외부와의 접촉은 불가능했다. 그가 할 수 있는 거라곤 자신의 집을 봉쇄한 헌병과 경찰들을 향해 매일같이 목이 쉬도록 전두환을 규탄하는 것이 고작이었다. 그와 같이 연금을 당한 이후 두 달 가까이나 잠을 이루지 못하며 번뇌하던 그는, 야당 총재의 자리를 유지하고 있다는 것 자체가 죄악이라는 생각에 이르게 되었다. 결국 그는 자신이 선택할 수 있는 유일한 방법, 곧 자신에게 부끄러움이 되어버린 야당총재 자리를 내놓기로 결심했다.

총재직을 사임하고 정계에서 물러나겠다는 것은 국민에 대한 사죄의 의미이자, 군사 쿠데타에 대한 자신의 저항 의사를 공표할 수 있는 유일한 수단이라고 생각한 것이었다.

마침내 8월 13일, 국내 언론에 커다란 활자가 찍혔다. YS의 정계은퇴를 선언하는 기사가 일제히 보도된 것이다.

다음은 그의 정계은퇴 성명의 전문이다.

나는 오늘 신민당 총재직을 사퇴함과 아울러 정계에서 은퇴할 것을 국민 앞에 밝히는 바입니다.

나는 지난 30여 년 간 민주당과 신민당의 창당에 참여, 이 나라 민주주의를 실현하고자 온갖 정열을 쏟아 오늘에 이르렀습니다. 그러나 나는 오늘의 정치적 상황에 처하여 야당 총재로서의 소임을 다하지 못한 모든 책임을 지고 이와 같이 결심하였습니다.

기나긴 세월 동안 이 사람과 뜻을 같이 해온 당원 동지 여러분께 무한한 감사를 드림과 동시에, 기대에 부응하지 못함을 죄송하게 생각합니다.

이 나라와 이 민족의 앞날에 하나님의 가호가 있기를 기도하겠습니다.

1980년 8월 13일 신민당 총재 김영삼

　박권흠 신민당 대변인은 이날 한국문제연구소에서 나의 은퇴 성명을 발표한 뒤 "김 총재는 사퇴에 앞서 당헌 제25조 규정에 따라 사실상 수석 부총재 역할을 해온 이민우 부총재를 총재 직무대행으로 지명했다"고 밝혔다.

　정계은퇴를 선언한 YS는 붓글씨로 자신의 허탈한 마음을 달랬다. 그 시절 그가 즐겨 썼던 글은 自由, 正義, 大道無門, 克世拓道, 事必歸正, 民主光復, 南北統一 등이었다.

　YS는 한동안 소홀했던 책들과도 다시 친해지게 되었다. 성경을 비롯하여 간디와 네루, 토인비, 백범, 드골, 케네디 등 정치 지도자의 회고록도 다시 펼쳐 보았다.

　때로는 견딜 수 없을 만큼 답답할 때면 어항 속의 열대어와 거북이가 노는 모습에 정을 붙이기도 하고, 새를 기르기도 하였다.

　이처럼 상도동 자택에 고립된 YS는 가족들이 그의 건강을 걱정하기 시작했다. 그 무렵 그는 매일 같이 새벽 5시에 일어났다. 활동 공간이라고는 사방으로 너댓평 남짓한 비좁은 마당뿐이었다.

　그는 거기서 30분 가량 조깅, 아니 제자리 뛰기 비슷한 달리기를 했다. 오른쪽으로 15분 가량 뛰다가 어지러워지면 방향을 바꾸어 왼쪽으로 15분 가량을 뛰었다. 그처럼 매일 되풀이해서 뛰다보니까 마당의 잔디가 제대로 자랄 리 없었다. 비좁은 마당은 타작마당처럼 반질거렸다.

군사재판, DJ에게 사형선고

DJ가 처한 상황은 더욱 더 어려운 것이었다. 신군부의 잔혹한 고문에 의해 조작된 내란음모 등의 죄목으로 체포된 DJ는 결국 그 해 여름 초췌한 모습으로 군사재판정에 서게 된다.

그에 앞서 '80년 7월 4일 계엄사령부는 김대중과 재야 민주인주 36명에 대한 '수사 결과'를 공표, 국민봉기로 정부 전복을 도모했다는 이유로 군법회의 검찰부에 송치한다는 방침을 발표했다.

5월 22일의 중간 발표에 이은 이 날의 수사 내용은 방대한 것으로, 4일 오전 10시부터 각 방송국은 약 한 시간에 걸쳐 그 전문을 방송했다.

이 발표는 광주사건이나 서울의 학생시위를 김대중이 배후에서 조종했다는 엄한 투의 어조였으며, 최고 사형에 처할 수 있는 국가내란음모, 반공법, 국가보안법 위반 등의 혐의 사실을 엮은 것이었다.

특히 김대중은 최 대통령이 내세우고 있는 정치 일정에 있어서 최대의 저해 요인이 되어 왔음을 강조하고, '김대중 검거로 정치 일정의 저해 요인이 해소되었기 때문에 국민들에게 공약한 정치 일정은 예정대로 추진될 것이라'고 말했다.

8월 9일, 대법원 판사 16명 가운데 5명이 무더기로 퇴임했다. 전 중앙정보부장 김재규 사형에 반대한 5명이 숙정된 것이다. 김대중 재판과도 관계도 있어 이 시기를 택하여 그들 5명을 숙정했던 것이다.

첫 공판은 8월 14일 오전 10시부터 육군본부 대법정에서 육군계엄보통군법회의(재판장 문응식 소장)로 열렸다. 그보다 나흘 전인 8일, 계엄사는 피고 전원에게 국선변호인을 둔다고 통고해 왔다.

또 같은 날 밤에는 김대중의 부인 이희호를 비롯한 피고의 가족에게 면회를 허락한다는 통지가 전달되었다. 김대중 부인 이희호는 그동안 한 명의 조카와 자식들의 집만을 출입할 수 있었는데, 그 다음날 곧바로 성남 남한산성의 육군교도소를 찾아갔다.

김대중의 부인 이희호가 탄 차는 중앙정보부 차가 앞 뒤에서 경비하고, 교도소 정문 앞에 내려서는 10여 명의 사복이 에워쌌다. 부인이 다른 양심수 가족들과 대화하는 것을 막기 위함에서였다.

체포된 지 88일만에야 보는 남편 김대중은 놀랄 정도로 말라 있었다. 김대중은 부인 이희호에게 자신과 관련되어 고생하는 많은 동료들에 대해 언급하면서 몇 번이나 "모든 책임은 나에게 있다. 모두에게 대단히 미안하다. 다른 사람은 전혀 관계가 없다"고 되풀이했다. 마치 비장한 각오로 무언가를 심중에 품은 채 법정에 서려 하는 것 같았다.

8월 14일 군사법정에서 문익환 목사는 악몽과도 같았던 지난 87일을 돌이켰다. 그는 55일 동안이나 자술서를 쓰도록 강요받아 오른손 손가락이 상하기까지 했다고 밝혔다.

군사재판 방청은 한국인 기자 4명과 외신기자 2명이 방청할 수 있었으나, 그 기사는 계엄 당국의 검열을 받아야 했다. 그리고 그러한 기사는 광고난까지 없애 버리고 거의 모든 신문의 5면 이상을 가득 메운, 이른바 '김대중 등 27명의 내란음모 등 사건 공소'라는 공소장의 내용을 김대중이 모두 시인했다고 보도했다.

이러한 상태에서 중앙정보부는 피고 가족들에게 돌연 변호사를 선임하라고 강요했다. 국선 변호인만으로는 국제 여론에 부담스럽다고 생각한 것이었다. 때문에 피고 가족들이 선임할 수 없다고 버티자 자기들 마음대로 선임해 버렸다.

김대중의 경우 국선 변호사가 3명, 사선 변호사가 3명이 붙었다. 그러나 사선 변호사 3명은 김대중의 부인 이희호는 전혀 모르는 사람들이었다.

김대중은 최초의 공판일에 검찰측의 심문에 대해 묵비권을 행사했다. 또한 이튿날에는 문익환 목사가 이 정치재판을 거부하라고 다른 23명에게 호소했다.

그러나 이 두 가지는 모두 실현되지 못했다. 김대중은 두 번째 날부터 입을 열었다. 그리고 모두가 구형을 받고 나서부터 간신히 최후 진술에서 고문 사실을 폭로했다.

마침내 9월 11일 오전 10시, 김대중 등 피고 24명의 대한 계엄보통군법회의 제16회 공판에서 검찰측은 김대중에게 사형을 선고했다. 또한 나머지 23명의 피고에 대해서는 3년에서부터 20년까지의 징역을 구형했다.

검찰측은 논고를 구형하는 가운데 "…김대중과 같은 기만적·기회주의적 선동 정치가는 이 나라에서 영원히 추방되어야 한다"고 했다.

계엄보통군법회의의 재판부도 9월 17일 김대중에 대해 사형판결을 언도했다. 김대중의 부인 이희호는 제1심 법정에는 일체 모습을 나타내지 않았다.

그동안 부인을 가택연금한데 대한 저항 표시였다.

김대중은 군사법정에서 최후 진술을 이렇게 말해 나갔다.

"최후 진술을 위하여 이 자리에 섰다고 생각한다. 나는 1979년 12월 5일 박 대통령의 국장을 집에서 텔레비전을 통하여 1초도 빼놓지 않고 지켜보았다. 지금도 나의 기억에 깊이 남아 있는 것은 김수환 추기경이 말했던 신이여, 우리 모두에게 박 대통령의 죽음의 의미를 깨닫게 하여 주십시오."라는 말이다.

박 대통령의 죽음은 그 개인으로 보면 그 이상 불행한 일이 없겠지만, 그것은 유신이 가고 새로운 시대가 도래한 역사적 계기였다. 우리에게는 민주주의에 대한 거대한 희망의 물결이 독을 쓰러뜨리고 넘치고 있었다. 그러나 5월 17일에 계엄령을 전국에 확대함으로써 우리의 민주주의는 심상치 않은 시련을 맞이했다.

나는 10·26 이후 대부분의 사람들이 낙관론에 빠져 있음에도 불구하고, 80년대는 민주시대가 이루어질 것은 틀림없지만, 당분간 많은 시련에 부딪칠 것이라고 일관되게 우려를 표명해 왔다. 우리나라는 18년 간의 박 대통령 집권으로 무시할 수 없는 유신 세력이 남아 있다. 이 세력으로는 민주주의를 성취하는 것이 불가능하고 또한 공산주의와 싸워 이기는 것도 가능하지 않다.

그렇지만 나는 유신 세력의 제거를 주장한 적은 한번도 없다. YWCA에서 '민족혼'에 대해서 말할 때도 차관급 이하는 그대로 두어야 한다고 주장했다. 유신 세력의 제1인자인 김종필씨와도 선거를 통하여 당당히 싸워 국민의 심판을 받아야 한다고 생각했다.

10·26 사태가 없었다면, 부마 사태는 다분히 전국적으로 확대됐을 것이다. 그러나 10·26이 일어났기 때문에 민주와 유신 사이

에는 승자도 패자도 없는 상태가 나타났다.

나는 기독교인이기 때문에 모든 것을 신의 섭리에 맡기려고 생각하고 있었다. 10·26은 유신 세력과 민주 세력이 협력하여 이 나라를 다시 세우라는 신의 섭리라고 생각했다.

나는 10·26 이후 무엇보다도 국가안보, 경제안정, 민주회복이 중요하다고 생각했다. 그리고 그를 위해서는 최규하 과도정부와도 협력하지 않으면 안 된다고 판단했다.

나는 일관되게 정치보복 없는 국민화합을 주장했고, 그 같은 의미에서 최규하 정부에게 대화도 요청했고, 나의 납치사건과 관련된 사람들도 용서한다고 말했다.

정국의 안정이 필요하다고 주장했다. 그것은 혼란이 일어나면 민주화도 위기에 빠진다고 판단했기 때문이다. 나는 우리 국민이 혼란을 일으키지 않으므로 민주주의의 길을 걷는 것이 가능하다고 생각했고, 계엄령하에서 혼란이 일어나면 군과의 충돌이 불가피하다고 생각했다. 그렇게 되면 민주화를 원하지 않는 세력이 역습할지도 모른다고 우려를 했다.

이 같은 나의 주장과 우려에도 불구하고 5·17이라는 불행한 사태가 발생했는데, 그 일차적인 책임은 물론 정부에 있다. 10·26 이후 한국 국민은 세계적으로 놀랄만한 자제심을 발휘했다.

그동안 나는 많은 주한 외교 대사와 만났는데 그들은 이구동성으로 우리 국민의 자제력에 찬사를 아끼지 않았다. 우리 국민은 민주주의를 위하여 싸우는 용기와 더불어 자제할 수 있는 지혜도 발휘하였던 것이다.

그럼에도 불구하고 정부는 국민의 여망을 무시하고 스스로 혼란을 자초했다. 예를 들면, 첫째로 계엄령에 대해 생각해 보면 최규하 대통령대행이 대통령에 취임하여 계엄령의 존재 이유가 사라졌는데도 이를 해제하지 않아 국민의 의혹을 불러일으켰으며, 더구나 혼란을 초래하는 결과를 낳았다. 둘째, 정부는 과도내각이라고 말은 하면서도 명백한 정권이양 일정을 알리지 않음으로써 국민의 의혹을 샀다. 셋째, 헌법개정에 대하여 국민은 대통령 직선과 국회의원 선거에 있어서 소선거구제를 원하였다. 국회에서 헌법 안이 마련되고 있는데, 정부가 별도로 개헌 심의기구를 만들고 이원집정제라든가 중선거구제를 들먹이며 애매모호한 태도를 표시하였기 때문에 결국 학생들은 거리로 나오지 않을 수 없었던 것이다. 그러나 나는 학생들의 가두 진출에는 결코 찬성하지 않았고, 지금까지도 그때 학생들은 최 내각의 태도와 국회의 계엄령 해제 결의를 기다리고 있었던 것이 옳았다고 생각한다. 나는 학생들이 5월 12일 시위는 교내 시위로 제한되어 있었던 것이 어떻게 13일에 가두로 진출하게 되었는지 모르겠다. 그 배후에는 무언가 있었던 것이 아닌가 하는 의혹을 품고 있다. 어쨌든 과도정부는 국민의 의혹을 풀어 주지 못했고 국민이 여야에게 국회의 개회를 촉구했음에도 불구하고 그 중요한 기대를 덧없이 보내고 금일 이 같은 사태를 일으켰던 것이다.

  이 나라에는 명백히 전 대통령을 중심으로 한 유신 세력이 있는 반면, 민주주의를 지향하는 다수의 민주 세력이 존재한다. 그 어느 쪽 세력도 다른 세력을 억누르고는 이 나라를 이끄는 것이 불가능하다고 나는 확신한다.

  우리 국민은 민주주의의 길을 가야만 하고, 또 갈 능력을 가지고 있다. 우리는 다시 불행한 일을 겪지 않기 위해서 이 양대 세력이 서로 논의하여 관용을 베풀지 않으면 안 된다. 이 길만이 공산주의에 승리하는 길이다.

 이번 사건을 정부는 '김대중 일당 내란음모 사건'이라 하였지만 나 일 개인이 다수의 학생, 국민을 선동하고 동원할 능력을 갖고 있다고 판단했다면, 정부는 왜 나의 대화 요청에 응하지 않았는가? 왜 정부는 학생의 자제를 요청했던 나의 성명과 '동아일보'의 요청으로 썼던 원고를 보도조차 못하게 하였는가?

 내가 중요시했던 것은 민주주의의 실현이었고, 내가 대통령이 되는 것은 아니었다. 그 때문에 나는 민주주의의 실현을 위하여 모든 노력을 다했을 뿐이다.

 검찰은 내가 정상적인 방법으로는 정권을 잡는 것이 불가능하여 학생시위를 통하여 정권을 장악하려 했다고 공소장에 쓰고 있는데, 나는 한 발의 총알도 쏘지 않은 사람이다.

 내가 가장 원했던 것은 선거였고, 선거만 순조롭게 행해졌다면 집권이 가능하든가, 아니면 이번은 불가능했더라도 4년 후를 대비해 굳은 기반을 구축하려고 생각했다.

 그러나 곤란한 상황, 오늘 같은 사태가 올 것임을 예견하고 있었다. 나는 비폭력주의자이다. 그렇지만 무저항주의자는 아니므로 나는 비폭력 저항주의자이다.

 검찰은 내가 해방 후 좌익단체에 가입했던 적이 있고, 그 후에도 계속 공산사상을 지니고 있다고 판단하고 있는 모양인데, 극히 유감이다.

 해방 당시는 20세였던 나는 해방과 함께 건국을 하기 위해서 건국준비위원회에 참가하여 도왔다. 20세 젊은이로서 말단의 일 이상의 것은 하지 않았다. 나는 그때 해방을 맞이하여 왜 양분되어 싸우는가라고 생각하고 있었으므로 좌우합작을 한다길래 신민당에 가입했다.

그러나 들어가 보니 그 단체가 좌익계여서 그들과 싸우고, 46년 여름 탈퇴하였다. 그후 이제까지 두 번 조사를 받고 무혐의로 나왔는데, 한번도 좌익이라고 기소된 적은 없다. 47년 이미 우익에 가담했고, 6·25 때에는 반동분자로 낙인찍혀 공산당에게 체포되어 구사일생으로 탈옥했다.

67년 선거 때, 임자도(荏子島) 거점 간첩 전태묵과 접촉하였는데, 그 당시 전태묵은 합법적으로 목포 시내를 활보하고 다녔고 염전을 경영하여 그를 공산주의자라고 생각했던 사람은 아무도 없었다.

그 후 그가 검거되었으며, 김형욱 중앙정보부장이 조용히 할 얘기가 있다고 해서 세종호텔에서 30분간 이야기를 나누었다.

김 부장은 나에게 "김 선생은 관계가 없지만, 조사 과정에서 이름이 나와 연락했다"라고 말해 나는 관계가 없다는 것을 확인하고 나왔다.

그 후 전태묵은 공판에서 말하기를 "김대중에게 공작을 하려 했는데 그의 연설을 듣고 도저히 불가능하다고 생각, 방기했다"라고 진술한 것으로 전해 들었다.

한민통(韓民統) 관계는 지금 나의 문제가 되었는데, 공소 내용과 사실은 다르다. 나는 72년, 박 대통령이 유신헌법을 공포했을 때 유신체제는 중대한 국헌을 위반했다고 판단했다.

그러나 국내에서는 그것에 대한 반대 활동이 불가능했기 때문에 할 수 없이 망명을 했다. 나의 해외에서의 활동이 어떻게 기소됐는지 그 이유를 모르겠다.

나는 합동조사본부에서 60일간 지하실에 들어가 있었다. 태양도

하늘도 볼 수 없는 상태에서 조사관과 24시간 생활을 함께 하면서 조사를 받았다.

이 같은 상황에서는 김상현 동지도 말했던 것처럼 공산주의자가 아니더라도 공산주의로 만들 수 있을 것이다. 옆방에서는 고문받는 비명 소리가 들리고, 발가벗겨진 채 공포 가운데서 조사를 받았다.

조사관은 조사 과정에서 반국가 단체 우두머리 문제는 배경 설명이었고, 문제가 아니라고 나에게 말했던 적이 있다. 그래서 나는 내란음모죄만으로 기소되었다고 생각했는데, 나중에 보니 국가보안법도 포함되어 있었다.

일본에서 납치되고 연금에서 해제되었던 때, 내가 성명을 발표한다는 소식을 듣고 중앙정보부 이영택 국장이 집으로 방문했다. "이제 김 선생 사건에 대하여 매듭을 짓지 않으면 안 된다"라고 말하면서, 박 대통령과 만났는데 "몇 개 사항에만 동의하여 오면 해외에서의 활동은 불문에 붙이고 부인과 세 명의 아들과 함께 출국을 허용한다는 약속을 받았다"고 전했다. 이리하여 합의에 이르러 성명을 내 외무부장관은 "김대중 사건은 일단 결말을 짓고 해외에서의 활동은 불문에 붙인다"라고 발표했다. 그리고 바로 출국 준비를 하라는 연락을 받았다. 외무성도 '김대중 사건은 일단 결말 짓고 한일 양국 사이에서 김대중의 해외에서의 활동은 문제삼지 않는 것으로 합의했다'라고 발표했다.

이제까지 이 일은 전혀 문제되지 않았다. 그런데 이번에는 어느 틈에 이 일이 나타나 나의 생명을 빼앗을지도 모를 문제로 되었던 것이다.

국가보안법 제1조 '반국가단체'는 정부를 참칭하고 국헌을 문란

할 목적을 가진 단체에 적용하는 것인데, 나는 대한민국을 절대적으로 지지했다.

미국에서 한민통결성준비 대회를 개최할 때 망명정부를 수립하자고 주장한 사람도 있었지만 나는 그런 주장을 철회시킨 사람이다. 한민통 내부에 조총련과 관련한 사람이 있었는지 모르지만 그 모든 사람들의 신분을 내가 보장할 수는 없는 일이다.

그러나 내가 만난 네 사람 중에 김재화는 제7대 국회 때 불순자금 유입 문제로 구속되었다가 무죄로 석방되고, 8대 국회 때에는 정부의 아무런 이의 없이 국회의원이 되어 10월 유신('72년) 때까지 의원 활동을 한 사람이다.

배동호는 '71년에 민단 단장 선거에 출마한 바 있고, 그 전에도 민단 간부로 활동한 사람이다.

조활준은 수사기관에서도 사상적인 면을 의심하지 않는 사람이다. 정재준은 한일회담 후 민단과 조총련이 교포 쟁탈전을 벌일 때, 민단의 선두에 서서 활약한 공로로 대한민국 훈장을 받기도 한 사람이다. 이와 같이 네 사람은 모두 전혀 의심할 여지가 없는 사람이다.

검사는, 김재화의 불순 자금에 대한 정보부의 수사 결과를 보도한 '67년의 신문기사를 기초로 많은 심문을 했다. 나는 이전에 그 기사를 읽은 기억이 없다. 김재화는 무죄로 석방되었기 때문에 그런 기사는 정부에 대한 불신감만 갖게 하는 것이다.

또 배동호가 조총련의 배후 조종을 받고 있었다는 사실이 명확하다면 왜 그를 민단에서 바로 제명하지 않고 '71년이 되어서야 겨우 제명한 것인가.

공소장에서는 내가 한민통에서 불순자금 1,800만 엔을 받았다고 되어 있다. 내가 받은 최고 금액은 후꾸다 전(前) 수상과 친밀한 일본인 실업가에게 받은 600만 엔이다. 그 다음은 나의 국민학교 동창이며, 그 당시 어떤 단체에도 가입하지 않은 김종충에게 받은 500만 엔이다. 한민통에서 지원을 받은 것이라고는 배동호가 나도 모르게 호텔비용 40만 엔을 대납해 준 것뿐이다.

나는 한민통이 정식으로 구성되기 전에 납치당해 그 강령과 인사문제에 전혀 관여하지 않았다. 그 후 나를 의장에 추대하였는데 나는 그것을 수락한 사실이 없고 김녹영, 송원영, 이태영씨 등을 통해 의장직에서 내 이름을 지워주도록 요청했다.

만약 몇 사람이 모여 정당 구성을 합의하고 그 장소에 참여하지 않은 사람의 승낙도 없이 당수로 추대한다면, 본인의 취임 승낙이 없기 때문에 그 정당은 등록할 수 없는 것이다.

'79년 1월 문명자 여사가 전화를 통해 "한민통 일본지부 의장직 취임을 승낙한 사실이 있는가"라고 질문하여 "나는 의장을 맡은 적도 없고 승낙한 사실도 없다. 따라서 지금 나는 의장이 아니다"고 대답하고 "그들이 임창영, 윤이상 등과 회합하고 미군 철수를 주장하였는데, 그 짓은 도저히 받아들일 수 없다"고 화를 낸 적이 있다.

그 후 일본인 기자를 통해 "특별한 다른 의도가 있는 것이 아니라 박정희 씨도 미군 철수를 찬성하여 우리도 그렇게 한 것뿐이다"고 변명을 하고 곧바로 그들의 주장을 바꾸었다.

납치된 이후 지금까지 한민통 일본지부의 활동에 대해서는 아무것도 아는 바가 없다. 왜냐하면 6년 가운데 3년은 옥중에 있었고, 3년간은 연금상태에 있었기 때문이다.

그러나 주일 한국대사관의 공사가 미국으로 망명하여 "한민통이 조총련의 배후 조종을 받고 있는지를 알아보았는데 그렇지 않다는 결론을 얻었다"고 말하고, 이것이 일본 신문에 크게 보도되었다는 소식을 전해 들은 적이 있다.

내가 해외에서 한 발언에 대해서 공소장에 여러 가지로 쓰여 있는데, 그것은 연설 전체의 의미를 전달하지 않고 연설문의 이곳저곳에서 뽑아서 조작한 것에 불과하다. 예를 들면 '북한에는 자유는 없지만 빵은 보장되는데, 남한에서는 빵도 자유도 보장되지 않는다'고 공소장에 기재되어 있다. 그러나 실제로 내가 의미하고자 한 것은 '북한에는 자유가 없지만 배급제로 먹고 살 수 있는데, 남한의 가난한 사람들이 먹는 것이 충분하지 않다면 어떻게 공산주의에 승리할 수 있겠는가'라는 것이었다.

내란음모 부분에 있어서 나는 전혀 사실무근한 죄를 뒤집어쓰고 있다고 생각한다. 나는 10·26 이후 수만 명을 만났지만 시위를 유발하게 하거나 정부를 전복하라고 말한 적은 한 번도 없다.

만약 내란음모를 했다면 무엇인가 활동한 흔적이 남아 있어야 하지 않는가? 과도정부의 역할을 담당하려고 했다는 '민주제도연구소'는 그 동안 두 차례 모임을 가졌을 뿐이다. 이렇게 엉성한 내란음모가 있을 수 있는가?

그리고 여기에는 60세를 넘은 사람도 있고, 나도 60이 가깝게 나이든 사람인데, 어떻게 한 학생의 이야기를 듣고 아무런 논의도 하지 않고 승낙할 수 있겠는가? 학생시위가 일어날 때 내 사조직(사조직이란 말은 쓰고 싶지 않지만 공소장에서 그렇게 쓰고 있기 때문에 그대로 사용한다)과 정치문화연구소, 또 헌정문제연구소 측에서 누구 한 사람 시위에 가담한 사람이 없다. 내란을 모의했다면 학생 시위의 선두에 서서 선동해야 하지 않는가?

나는 학생시위가 절정에 달한 5월 13일, 14일, 15일에 성명을 발표하고 시위를 자제할 것을 호소했다. 내란음모는 상상할 수도 없었고, 나 개인적으로도 그런 사태는 불리하다.

물론 내가 팜플렛을 만들어 배포한 것이 계엄법 위반이라 한다면 그 처벌을 달게 받겠다. 또 얼마간의 달러를 가지고 있었던 것이 외환관리법 위반이라고 한다면 그 처벌도 달게 받겠다. 처벌은 그것을 받는 사람이 인정할 수 있어야 한다.

당국이 형을 집행하는 것이 불가능하다고 생각하지는 않지만 과연 이것이 법의 정의에 합당한 것이며, 민주국가로서 올바른 것인가를 심사숙고하기 바란다. 나는 나에 대한 관대한 처분보다도 다른 피고에 대한 관용을 베풀어 주기 바란다. 결국 이 사람들이 받은 형벌을 책임지어야 할 사람은 나이기 때문이다. 나는 전 대통령이 국민총화의 분위기 속에서 관용을 갖고 민주세력과 토론해 주기를 바란다.

그저께 구형을 받을 때 나 스스로도 의외일 정도로 내 마음은 평온했다. 그리고 그 날은 공판정에 나갔다 온 때문이라고 생각하지만 어느 때보다도 잠을 잘 잘 수 있었다. 그럴 수 있었던 까닭은 내가 기독교인으로서 신이 원한다면 이 재판부의 판결로 죽을 것이고, 신이 나의 죽음을 원하지 않는다면 이 재판부를 통해 나는 살아나갈 수 있다고 믿고 모든 것을 신에게 맡겨 버렸기 때문이라고 생각한다.

마지막으로 이 자리에 앉아 계신 피고들에게 부탁드린다. 내가 죽어도 다시는 이런 정치보복이 있어서는 안 된다고 유언으로 남기고 싶다. 어제 한완상 박사가 예언자적 사명과 제사장의 사명을 가지고 있다고 말했는데, 나는 이것을 사회적 구원과 개인적 구원으로 부르고 싶다. 나는 기독교인으로서 민주회복을 통해 달성되는 사회적 구원과 민주적 구원을 생각했다. 재판부, 국·사선 변호인, 교도소 관계자, 내외 기자의 노고에 감사 드리고 또한 검찰의 노고에도 감사한다."

마침내 최후 진술이 끝나자 방청석의 가족들은 일제히 박수를 쳤다. 김대중은 그런 가족을 향해 인사를 했다. 가족을 돌아보면서 송건호, 이호철 등은 눈물을 흘리고 있었다.

피고들에게 수갑이 채워질 때 이문영 교수의 부인이 김대중을 향하여, "김 선생, 수십 만 기독교인들이 기도하고 있습니다"고 외쳤다. 문익환 목사 부인의 선창으로 가족들이 '우리 승리하리라'라는 노래를 합창하기 시작하자 법정 정리요원들이 달려들어 강제적으로 퇴장시키려 했기 때문에 잠깐 동안 소동이 일어났다.

문익환 목사의 부인은 공판정 입구에서 넘어졌지만 땅바닥에 엎드려 계속해서 노래를 불렀다.

공판정 밖에서도 모두 노래를 계속했다. 버스에 실려 달리는 차 안에서도 공판정을 향하여 "조작이다! 민주주의 만세!" 등을 계속해서 외쳐댔다.

그러나 김대중은 1심에 이어 2심에서도 사형을 선고받고 말았다. 그리고 대법원의 최종심 심리가 시작될 즈음이었다.

일본 수상은 11월 21일 주일 한국대사 최경록의 의례방문을 받고, "만일에 (김대중이) 처형되면'을 전제로 첫째, 일본에서는 국회 정세, 매스컴의 논조 등이 한국에 대해 냉혹해질 것이므로 금후 한국에(경제 등) 협력을 할 수 없다. 둘째, 사회당을 중심으로 북한과의 관계를 강화하라는 소리가 나올 법하다. 셋째, 자유주의 여러 나라에서 (한국에 대한) 보는 눈이 엄격해질 것이다 등 세 가지 점을 표명, 한국 정부의 선처를 강력히 요구한 것으로 밝혀졌다. 한편 당시 김대중 납치사건('73년)에 대한 일본 정부의 대응 태도를 미국에서는 어떻게 보고 있었을까.

12월 초순 일본 도쿄에서 열린 '김대중 씨 생명을 우려하는 긴급 국제회의'에 참가하기 위해 일본에 온 전(前) 미국 국무성 한국부장 도널드 레너드는 귀국 진전, 마이니찌 신문과의 인터뷰에 응했다.

레너드는 김대중 납치사건이 한국 중앙정보부의 범행이라는 종래의 주장을 강조하는 한편 "전두환 정권은 김대중 씨를 용공주의자라고 보고 있는 모양"이라는 질문에 "공산주의자 운운하는 것은 말도 안 된다. 나뿐만 아니라 미·일 정부에 민주주의 속의 친구요, 신뢰할 만한 정치가다. 그렇지 않았다면 나는 그를 로저스 국무장관에게 소개하지 않을 것이다. 박 정권하에서도 공격을 받으면서도 한번도 공산주의자 취급을 받지 않았다.(김대중 씨가 공산주의자라는 것은) 전두환 정권이 말하기 시작한 조작이다"고 다음과 같이 설명했다.

김대중씨 납치는 KCIA의 범행이라고 했는데, 그 근거는 뭔가?

"사건을 알고 워싱턴에서 서울 미·대사관에 연락했다. 그때 KCIA의 범행이라는 보고를 받았다. 다시 미국 CIA가 KCIA 요원에게 직접 접촉하여 확인했다. 그 두 가지 정보에 기초한 것이다."

일본의 김씨 구출운동에 어떤 인상을 받았는가?

"일반 국민이 매우 깊은 관심을 갖고 있다고 느꼈다. 특히 이

문제를 단순한 인권 문제로서가 아닌 아시아의 문제로, 그리고 장래에 대한 영향까지 고려하고 있는 것을 높이 평가하고 싶다. 그러나 일본의 대응 태도에 섭섭한 점도 있다.

하긴 모든 정부가 이런 문제에는 그다지 힘을 기울여 다루려고 하지 않는 법인 줄 안다. 그러나 국민의 관심이 높아지면 거기에 따라 정부도 강한 대책을 취해야 할 것이다."

당신은 지금까지 일본 정부도 이 사건이 KCIA의 범행인 것을 알고 있었다고 하는데, 사건 직후 '73년 9월 한국방문 도중 방일했을 때 일본측의 누구와 이야기했는가?

"확실히 9월 21일인가 22일에 일본 외무성과 협의했다. 북동아시아과의 과장으로 생각되는데, 이름은 생각나지 않는다. 그 자리에서 공통 인식으로 KCIA의 범행인 것을 알고 있었기 때문에 직접 물어보지는 않았다. 그때까지 서울 주재 일본대사와 미국대사가 몇 번 이야기했는데, 하비브 대사가 KCIA의 범행이라는 정보를 제공하고 있었다."

한화갑이 부른 조용필 노래 '촛불'

그는 기로에 서 있었다. '80년 12월 4일 항소심에서도 그는 역시 사형을 선고받았다. 이것은 그에게 다가온 다섯 번째 죽음의 고비였다.

한데 침묵하고 있는 국내 사정과는 달리 미국, 일본 등 전 세계 여론이 들끓기 시작했다. 대대적인 DJ 석방을 요구하는 시위가 벌어진 것이었다.

서대문구치소 안에서도 그와 같은 현상이 일어났다. 서대문구치소에 수감되어 있던 이른바 '김대중 내란음모 사건'의 동지 24명을 비롯하여 모든 양심수들이 이에 항의하여 일주일 동안 단식투쟁을 벌였다. 오직 물만을 들이키면서 전두환 등 신군부의 폭력적이고 야만적인 처사에 항의했다.

그러던 9월 어느 날 밤이었다. 김대중 재판 때 군사법정에 다녀왔다는 수경사 군인 한 명이 감방 시찰구를 통해 김대중의 비서였던 김옥두를 조용히 불렀다.

군인은 수경사에서 파견나온 교도관으로, 대학 재학 중에 입대한 모양이었다. 무슨 일이냐고 물었더니 그가 하는 말이 지난 5월 17일 밤 동교동에 갔었던 군인이었다.

"…5월 17일 저녁에 수경사에서 간첩 잡으러 간다고 우리들을 동원했습니다. 착검을 한 채 동교동 쪽으로 갔는데 가보니 김대중 씨 댁이더군요. 그때 우리는 부대 지휘자로부터 반항하면 죽이라는 명령을 받고 있었습니다. 엊그제 김대중 씨 재판을 볼 기회가 있었는데 우리도 진실을 알고 있습니다. 정말 고생 많으십니다."

그 수경사 교도관은 그후 이틀에 한 번씩 바깥 소식을 김옥두에게 알려주었다. 때론 아무도 몰래 김대중 관련 신문기사 쪼가리를 넣어주기도 했다. 한마디로 모두 조작된 거짓 투성이였다.

하지만 해가 바뀌면서 김옥두는 그 수경사 군인을 다시 만나지 못하게 되었다. 대법원에서 DJ에 대하여 사형 확정 판결이 나자 이들은 모두 대전교도소로 이감되었다. 대법원에서 최종 사형을 선고받은 김대중만이 청주교도소로 갔고, 그 나머지 모두는 흰 백설이 온 세상을 포근히 감싼 눈덮인 설경을 바라보면서 대전교도소로 향했다.

그 날은 해가 바뀌어 '81년 1월 15일이었다. 참으로 얼마 만에 볼 수 있었던 풍경인지는 몰라도 그들에게 창 밖은 눈부신 것이었다. 때문에 그들은 모두가 동심으로 돌아가 큰소리로 '우리는 승리하리라'라는 운동 노래를 부르면서 마치 소풍을 떠나는 아이들처럼 즐거워했다.

마침내 대전교도소에 도착했다. 해도 기울고 만 저녁 7시경이었다. 그러나 차창 밖 포근한 풍경에 즐거운 마음을 대전으로 왔건만 교도소 측의 대우는 형편이 아니었다. 각자 배정받은 감방은 습기가 퀴퀴한데다 악취가 진동하고, 쥐가 돌아다니고 있을 만큼 엉망이었다. 알고 보니 그곳은 과거 정신병자 수용 사동이었다.

대전교도소에 도착한 다음날 아침, 김대중의 비서였던 한화갑이 조용필의 히트곡 '촛불'을 구성지게 부르자 건너편 사동에서 대뜸 소리쳤다.

"야, 미친놈들아! 소리지르지 마라!"

하지만 한 시간도 못돼 교도소에는 동교동 비서진들이 들어왔다는 소문이 쫙 퍼져나갔고, 그들은 일제히 만세를 부르면서 아까는 죄송했다며 건강하라는 격려를 아끼지 않았다.

며칠이 지났다. 이들은 참다못해 일제히 감방 안에서 투쟁에 들어갔다. 철문을 발로 차면서 양심수로서 정당한 대우를 해달라고 소리를 질러댔다.

교도관들이 금방 쫓아왔다. 보안과장이 찾아와 사과를 하고, 그 결과 소기의 성과를 거둘 수 있었다.

새벽 여섯 시에 각자 독방의 문이 열리면 한정된 장소에서나마 서로 만나 얘기를 나눌 수 있었고, 식사도 각방을 돌아가면서 한 방에 모여 할 수 있게 되었다. 이들 11명은 식사 때마다 한 방에 모여 민주화를 염원하는 기도를 한 뒤 식사를 하곤 했다.

대전교도소로 이감된 지 보름이 약간 지난 2월 초순경이었다. 김옥두는 김대중의 부인 이희호로부터 위로 편지를 받았다. 그는 그 편지를 몇 번이나 읽어보며 얼마나 큰 용기와 위안을 얻었는지 몰랐다. 이희호의 편지 내용은 다음과 같은 것이었다.

'엄청난 고난을 당하는 옥두 씨에게 내가 어떻게 위로와 도움을 줄 수 있을까요. 다만 우리를 오늘까지 참고 이겨내게 하신 하느님만 믿고 감사하고 있습니다. 그래서 뜨거운 기도만이 계속됩니다. 특히 건강에 지장이 있다는 소식을 듣고 내 마음이 아프고 저리며 가슴속으로부터 흐르는 눈물, 표현 못합니다. 그러나 부끄러움 없는 옥살이, 마음의 평화가 있는 그 고난, 모두 하나님께서 아시고 큰 상을 주실 것입니다. 건강도 하느님이 꼭 지켜주실 거라고 믿으세요.

　우리는 누구도 미워하거나 원망하지 맙시다. 억울함도 누명도 하느님이 씻어주시고 밝혀주신다는 것을 믿어 의심치 않습니다.

　수많은 사람들이 우리를 위해 기도해 줍니다. 하느님의 뜻과 그분의 크신 사랑을 받고 깨닫고 감사와 기도만 하세요. 고난이 크면 클수록 앞으로의 기쁨은 더 클 것이며 삶의 보람과 빛나는 내일이 있으므로 하루하루 값있게 보내도록 힘쓰시고 건강 회복 빌겠습니다. 속히 자유롭게 만나는 날을 기다립니다.'

　혹독했던 겨울 추위도 물러가면서 이윽고 화창한 봄날이 왔다. 그러면서 5월 10일에는 초파일 특사로 박성철 장군과 김대현, 그리고 김대중의 장남인 김홍일이 먼저 출소할 수 있었다. 출소하지 못하고 남는 사람들도 기뻐했다.

　유난히도 무더웠던 그 해 여름, 8월 12일이었다. 이들은 교도소 보안과로 각자 불려갔다. 정부 방침에 따라 8·15 특사로 풀려나게 돼 있다는 거였다.

　그러면서 교도소 당국은 이들에게 각서를 쓸 것을 요구했다. 각서를 써야만이 특사가 가능하다고 했다. 말하자면 '다시는 선동하지 않겠다'는 내용의 전향 각서를 쓰라는 것이었다.

　그러나 '각서를 쓰지 않고 이대로 여기서 감옥을 살겠다'고 하자 깜짝 놀란 교도소 당국은 법무부로 전화를 해대고 한 이틀 간을 위협해대더니 결국은 포기하는 듯했다.

　이처럼 이들이 조기에 석방될 수 있었던 것은 그 무렵 종교 단체를 중심으로 국내에서도 석방 운동이 활발히 이루어졌기 때문이다. 아울러 전두환이 정권을 잡기 위하여 '김대중 내란음모 사건'

을 조작했다는 사실을 상당수 국민들과 대부분의 지식인들이 알아 버렸기 때문이다.

그 뿐만이 아니라 이들이 재판정에서 장기간에 걸친 가혹한 고문 사실을 폭로함으로써 국제인권기구 앰네스티를 중심으로 한 세계 여론의 압력으로 전두환 정권이 이들을 조속히 석방하지 않을 수 없는 상황이 되어버린 것이다.

그런데다 이미 지난해 권력 기반을 다지고 난 5공 정권은 대국민 유화책의 일환으로 이들의 조기 석방을 활용하려고 한 게 분명했다. 이윽고 8월 14일 오전 10시경이었다. 이날 새벽에 풀려나기로 했지만 각서를 쓰지 않는다는 이유와 상고 이유서를 찾느라고 몇 시간 동안 또 다시 실랑이를 벌이다가 뒤늦게야 석방될 수 있었다.

김옥두는 한화갑, 이협 등과 함께 석방 절차를 밟고 책 꾸러미 등 사물 보따리를 챙겨 교도소 정문으로 향했다.

이미 이들의 가족들과 민주인사들은 전날 모여 대전 시내 여관에서 일박을 하고 몇 시간 전부터 교도소 정문에서 기다리고 있었다. 김옥두의 아내와 이희호, 그리고 권노갑 등이 석방되어 나오는 이들과 일일이 악수를 나누면서 "정말 그동안 얼마나 고생들이 많았냐?"며 격려를 아끼지 않았다.

김대중의 부인 이희호도 흐뭇한 듯 미소를 짓고 있었지만, 얼굴 한쪽에는 여전히 그늘이 남아 있었다. 대법원의 사형 확정형에서 가까스로 무기형으로 감형을 받긴 하였으나, 여전히 청주교도소에 홀로 남아 옥고를 치르고 있었던 것이다.

이상한 제11대 국회의원 선거

12·12 이후 별 두 개의 보안사령관 자리에서 264일 만에 일약 제11대 대통령에 취임한 전두환에게도 이 무렵 한 가지 고민이 있었다. 대권을 잡기까지는 자신들의 시나리오대로 순탄하게 내달려왔으나 정치권을 마음대로 요리할 수 있는 다음 국회의원 선거가 문제였다.

말하자면 그의 주변에 국회의원 선거에 나갈 만한 얼굴이 많지 않았다. 더구나 군부의 정권에 과연 민간인들이 참여할 것인지를 알 수가 없었던 것이다. 하지만 그러한 고민은 기우에 그쳤다. 전두환은 이 문제에 대해 훗날 이렇게 말했다.

"…결과를 보니 내가 정치를 너무 몰랐어. 우리나라 사람들은 정치에 아주 관심이 많아요. 전을 펴놓으니 구름같이 모여 솎아내기 바빴어요. 의회에 진출하려는 사람들이 너무나 많아 정치 풍토가 흐려집니다."

전두환이 큰소리칠 만도 했다. 5공으로부터 '정치허가장'을 받기 위해 구정치인들이 벌떼처럼 몰려들었기 때문이다. 5공은 해금 이전 정치규제에서 제외시킬 인사들에게 5공 헌법안에 대한 찬성의 글을 각 언론사에 게재토록 하는 충성도 검사까지 하였고, 실제로 많은 이들이 그 검사를 통과했다.

말할 것도 없이 그런 신청자들 가운데 선택받은 인사들은 안기부 등 공안기관들로부터 '지도'를 받았다. 그런 '지도원'들은 야당에 직접 참여하였는데, 민한당의 경우 20여 명에 이르렀다.

시말은 이렇다. 이듬해 3월 제11대 국회의원 선거를 앞두고 '80년 11월 12일 국보위는 10대 국회의원 835명을 정치규제 대상자로 발표했다.

하지만 이들 가운데 569명이 재심을 청구했고, 그 가운데 268명이 구제됐다. 정치인들이 재심을 청구해 규제 대상에서 풀렸다는 것은 곧 5공에 대한 협조(?)를 전제로 한 것이나 다름없는 일이었다.

전두환은 이들을 토대로 '81년 1월 중순 자신을 총재로 한 민주정의당(민정당)을 창당했다. 이틀 뒤에는 유치송을 총재로 한 민주한국당이, 그리고 다시 엿새 뒤에는 김종철을 총재로 '(박정희)공화당의 이념을 계승'한 한국국민당 등이 잇따라 창당했다. 말할 것도 없이 '관제 야당'이 속속 간판을 내걸면서 정가에서는 '1대대(민정당) 2중대(민한당) 3소대(국민당)'이라는 말이 떠돌았다.

5·16 직후에도 박정희 군부가 기성 정치인들의 발을 묶어놓고 자기네들끼리 민주공화당을 사전 조직했지만, 야당까지는 손을 뻗치지 않았었다. 그러나 '80년의 전두환 신군부는 야당까지 자기네들 손으로 들러리 정당을 만들어 밀월 관계를 유지하려 했다.

민한당 총재 유치송의 증언이다.

"창당 후 야당총재들이 전두환 대통령의 초청으로 청와대에서 조찬을 한 적이 있다. 전씨 앞에서는 '야당'이라는 용어를 쓰지 못하는 상황이었는데, 대화중에 그만 '…야당총재와…'라는 말을 무심코 썼더니 전씨가 '야당이 지금 어디 있습니까? 1, 2, 3당이지요.'라고 정색을 했다. 전씨의 이 말에 아무런 반론도 제기할 수도 없었고 또 그러는 야당총재도 없었다."

물론 이러한 관제 야당들에겐 정치자금이 주어졌다. 당시 청와대에 근무한 한 인사의 증언에 따르면, 비서실장 함병춘이 전두환의 명을 받들어 야당총재들에게 한 장소에서 시간 간격을 달리해 정치자금을 건네는 것을 목격하였다고 한다.

이런 환경 속에서 통일주체국민회의 대의원들의 체육관 선거를 통해 전두환이 대통령으로 선출된 지 꼭이 한 달만인 '81년 3월 25일 제11대 국회의원 선거가 치뤄졌다. 전국 92개 지역구에서 184명을 뽑는 이 선거에서 놀랍게도 '1대대(민정당) 2중대(민한당) 3소대(국민당)' 말고도 민권당, 통일민족당, 한국기민당, 민주사회당, 신정당 등 12개 정당과 무소속 후보자까지 나서 무려 635명이 출마해 평균 3.4대 1의 경합을 보였다.

선거 결과 민정당 90명, 민한당 57명, 국민당 18명, 민권당·민주사회당·신정당이 각각 2명, 민주농민당과 원민당이 각각 1명, 무소속 후보까지 11명이나 당선이 되어 일찍이 볼 수 없는 화려한(?) 다당제 국회를 탄생시켰다.

하지만 득표율도 중요했다. 전국구 의원을 배정받을 수 있기 때문이었다.

선거 결과 민정당 35.6%, 민한당 21.6%, 국민당 13.3% 등이었다. 따라서 민정당에 전국구 의석 92석 가운데 3분의 2인 61석이 돌아갔고, 민한당이 24석을, 국민당에 7석이 배정되었다.

이로써 이들 주요 3당의 의석수를 보면 민정당이 151석, 민한당이 81석, 국민당이 25석 순이었다. 참으로 절묘한 11대 국회의 의원 구성이 아닐 수 없었다.

DJ의 목숨으로 방미(訪美) 길 열어

한 가닥 희망을 품었던 2심에서조차 사형선고가 내려지고 만 그 다음날, 김대중은 또 하나의 좋지 않은 소식을 들었다. 민주당의 지미 카터 대통령이 보수파인 레이건에게 패하고 말았다는 뉴스였다.

이와 관련 당시 주한 미 대사 글라이스틴은 이렇게 말한 바 있다.

'전두환이 가장 신임하는 최측근자들을 포함해 한국의 젊은 군 장교들 사이에 반 김대중 정서가 다소 늘어난다는 것을 알게 되면서 우리 선거 결과를 한국인들이 어떻게 받아들일 것인가에 대한 내 우려는 증폭됐다. 영향력 있는 위치에 있던 인사들 중 놀랄 만큼 많은 사람들이 김대중 처형을 강력하게 요구하고 있었다. 일부에서는 그가 처형되지 않으면 정치 무대에 다시 등장해 자신들의 '구국' 노력은 허사가 될 것이며, 그의 처형에 대한 외국인들의 비난도 시간이 지나면 사라질 것이라면서 공공연히 김대중의 처형을 주장했다."

전두환 역시 마찬가지 생각이었다. '80년 12월 13일 미 국방장관 헤럴드 브라운은 한국을 방문해 전두환과 만나 김대중의 처형이 한국의 안보와 경제에 미칠 영향을 거론했는데, 이때 전두환은 "법원의 결정은 존중되어야 한다. 대법원이 사형을 확정하면 그대로 집행되어야 한다"고 강경하게 말했다.

'80년 12월 9일과 18일, 그리고 이듬해 1월 2일까지 미 대통령 당선자 레이건의 국가안보보좌관 리처드 앨런은 세 차례에 걸쳐 당시 KCIA 공사였던 손장래의 주선으로 남한 관리들과 회동해 김대중 문제를 의논했다. 앨런은 12·12의 주역이자 광주학살을 현장에서 지휘한 정호용과도 만났는데, 당시 정호용은 김대중은 남한의 국가안보를 위협하는 '가장 위험한 인물'이므로 '법에 따라 반드시 처형해야 한다'고 단호하게 말했다. 이에 대해 앨런은 만일 '김대중을 처형한다면 한·미 정부 사이의 거북한 관계를 청산할 수 있는 절호의 기회를 놓치게 될 것'이라고 말했다. 또한 앨런은 만약 김대중을 처형하면 '벼락이 당신들을 치는 듯한' 미국의 반발이 있을 것이라고 말했다.

상황이 그렇게 돌아가자 정호용은 레이건 대통령 취임식 행사에 전두환을 공식적으로 초청해 줄 것을 요청했고, 이에 앨런은 김대중에 대한 선고가 대폭 감형되어야 한다는 조건 아래 레이건의 대통령 취임 후 전두환의 방미를 제안했다.

그러는 가운데 김대중은 어느덧 옥중에서 맞이하는 세 번째 크리스마스를 며칠 앞두고 있었다. '82년 12월 13일이었다.

때마침 이날 청주교도소로 부인 이희호가 면회를 왔다. 주말이면 어김없이 오는 면회였지만 이날은 면회를 올 날이 아니었다.

이희호가 먼저 입을 열었다.

"여보, 당신 몸도 그렇고 미국에라도 가서 치료할 수 있는 길을 뚫어보면 어떨까 하는데…."

뜬금 없는 소리에 김대중은 당황할 수밖에 없었다.

"거 무슨 말이요. 차근차근하게 좀 얘기해 봐요."

"당국에서도 허가할 것 같에요. 사실은 그쪽에서 그런 제의가 왔어요. 그래서 상의하려는 거에요. 우선 어떻거나 건강을 회복해야 할 게 아니에요. 당신이 청주교도소에 올 때 뭐라고 말했어요. 신앙, 독서, 건강을 얘기했잖아요. 그런데 지금 저렇게 무릎을 구부리지도 못하고…. 앞으로 몇 년을 이 감옥에서 고생해야 할지 모르는데, 건강하지 않고 어떻게 견디어 내겠어요. 그래가지고 어떻게 민주주의를 위한 투쟁을 하겠어요."

부인은 아주 적극적이었다. 벌써 짧은 면회 시간 10분 동안의 제한을 훨씬 넘겼는데도 모르는 척 제지하지 않고 있는 교도소측 동향에 김대중은 신경이 쓰였다.

"병 치료를 한다면 국내에서 해도 될 것 아니오. 사형선고를 받았던 사람이 외국에 나가 병을 치료한다? 그걸 누가 순수하게 받아들이겠소? 하여간 지금으로서는 외국에 나갈 생각이 없는 것이 내 심정이오. 다만 상의할 만한 가까운 분이나 동지들의 의견을 들어보시오. 내 심경이나 입장도 그분들께 전해 드리고…."

그 이튿날 부인이 다시 교도소로 찾아왔다. 김대중의 동지들은 당국에 의한 김대중의 미국행 제의를 거의 찬성하고 있다는 것이었다. 그 이유는 첫째로 김대중이 출국해야만 김대중 사건에 관련되어 투옥된 많은 동지들이 석방될 수 있다는 것이고, 둘째는 '71년 국회의원 선거유세 지원 때 자동차 사고로 다친 고관절(허벅지) 변형증을 편안한 환경에서 안심하고 치료받을 수 있지 않겠느냐는 것이었다.

그때까지 이른바 '김대중 내란음모 사건(광주사태)'에 관련 혐의로 투옥된 문익환, 이문영, 예춘호, 고은, 김상현 등 10여 명은 대전교도소에서 옥고를 치르고 있는 중이었다. 하지만 그들의 출옥을 어떻게 보장할 수 있느냐는 것도 우선 문제였다.

김대중은 자신의 허벅지가 불편하기는 하지만 당장 통증이 있거나 걷는데 불편하지 않으니 그것을 출국의 이유로 내세울 수는 없었다. 그러나 그의 동지들이 고생하는 모습이 눈에 선했다.

거기에다 남들은 잘 모르겠지만 자신만이 갖는 두 자식에 대한 애틋한 점이 있었다. 큰아들 김홍일 역시 아버지와 같은 혐의로 투옥되었다가 형 집행정지로 1년 남짓 옥고 끝에 풀려났고, 그의 민주화 투쟁에서 그것은 당연히 치러야 할 댓가인 것으로 느껴졌다.

그러나 둘째와 셋째인 김홍업과 김홍걸에 대해서는 아버지로서 측은한 생각이 하염없었다. 둘째 김홍업은 31살이 되었는데도 아버지가 반 정부, 반 체제의 지도자라는 이유로 취직은 물론 두 번이나 결혼 상대자인 여자 측으로부터 거절당했을 뿐만 아니라, 미국의 대학으로부터 풀 스칼라쉽의 장학금을 주겠다는 입학 초청장이 왔으나 당국에서 여권이 나오지 않고 있는 형편이었다.

셋째 김홍걸은 고려대 불문과 1학년이었다. 중학교 때는 KCIA에 의해 자신이 납치당하는 사건으로 애비 없는 자식이 되고, 고등학교 2, 3학년 때는 아버지가 사형 선고를 받은데 이어 큰형님이 5년 징역형을 받고, 작은형이 도망다니다 붙잡혀 70여 일이나 갇히고 7개월 동안이나 어머니가 연금당하는 환경 속에서 말할 수 없는 고독과 갈등에 허덕인 가련한 자식이었다.

김대중은 이틀 밤을 생각했다. 결국 아버지로 그는 자식들의 전도마저 희생시킬 수는 없다는데 결론을 내렸다. 훗날 그는 당시 심경을 이렇게 썼다.

'…내가 미국으로 간다면 둘째 홍업이도 데리고 갈 수 있다는 것이었다. 그리고 그때 고려대 불문과에 다니고 있던 막내 자식도 데리고 갈 수 있다고 생각되어 미국행을 결심했던 것이다. 막내아들 김홍걸도 아버지인 나 때문에 어렸을 때부터 가슴에 멍을 안고 커 왔었다. '71년 홍걸이가 어렸을 때 폭발물 사건으로 크게 놀랐고, 초등학교 다닐 때에는 일본 동경에서의 납치사건으로 또 한번 크게 놀라야 했다.

그리고 막내가 중학교 들어갈 때에는 '3·1 민주구국선언'으로 체포되었기 때문에 입학식에도 가보지 못했다. 중학교에 3년 다니는 동안 나는 감옥에 있었는데, 그후 고등학교 다닐 때에는 또 다시 내가 정부전복을 음모했다고 하여 투옥되는 바람에 그 아이와 떨어져 있어야 했다.

또한 이 사건으로 나뿐만이 아니라 막내 동생, 큰아들, 둘째아들이 잡혀가고, 아내는 1년 가까이나 연금을 당하여 내 전 가족 중에 막내아들 하나만이 기관원의 감시 속에 학교에 다닐 수 있었다.

그때 막내아들은 고등학교에 다니고 있었는데 한창 사춘기 시절에 자기 아버지에 관한 온갖 중상 비방의 이야기들이 신문에 보도되는 것을 보고 얼마나 마음에 상처를 입었을까. 지금 생각해도 가슴 아픈 느낌뿐이다.

그래서 이 아이들을 이 같은 한국 상황에서부터 일단 해방시켜 주는 것이 좋겠다는 생각이 들어 미국에 가기로 결심했다. 그리하여 나는 아내를 따라온 정부측 사람에게 미국 가는 것을 승낙했다.'

김대중이 청주교도소장으로부터 자신을 서울대학병원으로 이감

한다는 통고를 받고 23개월 동안 영어의 몸으로 갇혀 있었던 어두컴컴한 감방을 뒤로 하고 나올 때 복도엔 진달래꽃이 망울져 있었다.

12월 16일 바깥은 영하 10도 안팎의 혹한의 추위였다. 그는 지난 봄부터 가꾸어 오던 진달래꽃 한 포기를 작은 화분에 옮겨 심어 감방 앞 복도에 놓아 두었었다.

김대중은 그 진달래꽃을 돌아보다 말고는 교도관에게 햇빛을 따라 옮겨주도록 부탁을 했다. 위를 보고 피지를 못하고 아래를 향해 피어 있는 모습이 유달리 가련해 보였던 것이다.

그는 이날 늦게 비밀리에 서울대학병원으로 옮겨져 23일 미국행 비행기에 오를 때까지 어느 누구도 만나는 것이 허용되지 않았다. 심지어는 큰아들과의 면회도 금지당했다.

"자식이 아버지를 전송하겠다는데 왜 안 된다는 거요? 이것이 자유 출국이란 말이오? 당신들이 나를 추방하자는 것이지? 정히 그렇다면 나는 떠나지 않을 것이오."

김대중은 담당관에게 단호하게 말했다.

"그렇다면 이렇게 하시는 것이 어떻겠습니까? 미국으로 동행하게 되는 선생님과 사모님, 그리고 두 아들은 앰블런스로 먼저 떠나고, 큰 자제 분은 뒤차로 따로 태워 공항에서 잠깐 전송하도록 하면 어떻겠습니까?"

김대중은 고개를 끄덕였다. 그러나 김대중이 대한항공 표를 끊고 대한항공에 짐이 실린 것으로 알았으나 불조차 켜지지 않은 어두운 항공기 안에 올라섰을 때 그것은 서북 항공편이었다.

항공기 안에 어떤 사람이 김대중을 보고 인사를 했다. 청주교도소 부소장이라고 자기 소개를 했다. 그는 윗저고리 주머니 안에서 봉투를 꺼낸 다음 무엇인가 큼지막하게 써진 글씨들을 읽어 내려 갔다. 김대중에게 형 집행정지를 한다는 것이었다.
 '아, 이제까지 내가 죄수였구나!'
 그는 일주일 전 청주교도소에서 풀린 줄 알았다. 그러나 그게 아니었다. 그는 2년 반 전 끌려왔던 자기 집에 잠깐 들리기를 간청했으나 거절당했다. 먼 발치에서도 볼 수 없도록 앰블런스 창은 모두 가려져 있었다. 항공기 안에 들어와서야 그는 그 이유를 짐작할 수 있었던 것이다.
 그가 정작 자기 집에 돌아올 수 있었던 것은 그로부터 몇 년 뒤인 '85년 2월 8일에서야 가능했다. 그 12대 총선 민의의 회오리바람을 몰고 오던 바로 그 날이었다. 5·17 저녁 계엄군에게 끌려간 지 꼭 4년 9개월, 1,700여일 만이었다.
 김대중은 그와 같이 김포공항에서 단 한 사람의 출영객도 만날 수 없는 가운데 비행기 트랩에 올랐다. 심지어 약속했던 큰아들의 배웅조차 받지 못한 채 강제 출국되고 말았다.
 김대중은 그의 장남 식구들을 제외한 그의 아내와 두 아들 등 네 가족이 몇 시에 어느 비행기로 출발하는지 극비에 붙였을 뿐만 아니라, 미국에서조차도 그들이 어디로 내리는지 알려지지 않았다. 뉴욕에 내린다느니 워싱턴에 내린다느니 소문만 무성할 뿐이었다.
 그러나 정작 김대중이 미국 워싱턴 공항에 내려섰을 때 거기에서 그는 다시금 '조국의 민주주의'를 보았다. 워싱턴 공항에는 무려 1천여 명의 출영객이 나와 "김대중! 김대중!" 하며 그의 이름을 목이 터져라 외쳐대고 있었다. 젊은이들은 "김대중 선생 만세!"를 외쳐 부르기도 하였다.

그러한 출영객 가운데는 문동환 목사와 한완상 박사의 얼굴도 보였다. 모두가 '70년대 인권운동 지도자들이었다. 케네디 상원의원의 보좌관, 미국의 가톨릭과 기독교 대표들, 그리고 인권 단체 대표들이 차례로 김대중의 미국 입국을 환영하는 성명을 발표하는 등 아주 성대한 물결 속에서 김대중은 감격에 넘쳤다. 거의 추방된 사람처럼 서울을 떠날 수밖에 없었던 그로서는 마치 개선 장군처럼 자신을 환영하는 워싱턴의 정경이 마치 꿈만 같았다.

김대중은 그 자리에서 짤막한 성명을 발표했다. 사람들은 의아스러운 눈으로 그를 바라보았다.

그의 머리가 볼품 없이 빡빡 깎여 있었던 것이다. 2주일 전 청주교도소 당국은 이미 서울대병원―미국으로의 출국 코스가 정해진 김대중의 머리를 억지로 깎았다. 김대중은 머리를 빡빡 깎이면서 출국 계획 자체가 수포로 돌아간 것으로 믿을 수밖에 없었다.

그러나 출국 스케줄은 예정대로 진행되어 갔다. 그리고 김대중은 워싱턴 공항에서야 비로소 왜 자신의 머리를 그토록 억지로 빡빡 깎았었는지 짐작이 갔다. 적어도 몇 달 동안만이라도 김대중 스스로 바깥 활동을 할 수 없도록 만들어 놓으므로써 그가 마치 민주화운동을 포기한 것이나 아닌가 하고 재미교포나 한국 문제에 관심있는 미국 사람들을 실망시키도록 하자는 음모였음을 뒤늦게서야 실감하게 된 것이다.

또 하나 그런 김대중을 보고서 환영객들이 의아하게 쳐다본 것은 다름 아닌 김대중 자신에게 있었다. 그는 어쩐지 풀이 죽어 있는 것 같았고, 더구나 그의 성명은 뼈대가 없는 흔히 쓰는 상투적인 말인데다 지극히도 짧은 것이었다.

민주혁명의 지도자 김대중의 그 투지에 찬 모습을 기대하고 왔던 수많은 환영객들이 실망하는 것도 무리가 아니었다. '72년 유신 이후인 그 이듬해 망명하여 미국 각지를 순방하던 그 때의 김대중과 10여 년이 지난 '83년의 김대중이 이다지도 달라질 수 있단 말인가.

사람들은 항간에 떠도는 소문― 김대중이 향후 정치 활동을 하지 않기로 하고 오직 신병치료를 하기로 정부측과 얘기가 되었다는 터무니없는 소문을 그럴 듯하게 믿기까지 할 정도였다.

서울의 신문들 역시 정부의 사주에 따라 지난 며칠 동안 갑자기 김대중을 그러한 방향으로 몰아가고 있었다. 물론 그러한 합의가 있었다는 것은 터무니없는 모략이지만, 이날 워싱턴 공항에 내린 김대중은 어쩐지 풀이 죽은 듯이 보였던 것만은 틀림없는 사실이었다.

김대중은 훗날 그때의 심경을 이렇게 술회했다.

"사실 그때까지는 내 자신 정치적 발언은 될 수 있는대로 하지 않으려고 주의를 했다. 미국에 있는 동안 정치적 언행은 될수록 삼가면서 조용히 있다가 귀국하겠다는 것이 그때까지의 내 생각이었다. 그래서 워싱턴 공항에서의 기자회견 내용은 출영나온 사람들의 기대에 부응할 만큼 강력한 것이 못되었던 것 같다. 다만 나의 구명에 힘써 준 카터와 레이건 대통령, 케네디 상원의원과 같은 분들에게 감사하는 한편, 민주주의를 위해 헌신하겠다는 나의 결의에는 추호도 변함이 없다는 얘기를 했을 뿐이다."

김대중 일가족이 한 아파트에 정착하게 된 것은 미국 땅을 밟은 지 12일이나 지난 '83년 1월 8일이었다. 워싱턴에서의 첫 날밤은 워싱턴 교외 버지니아에 있는 힐튼호텔에서 묵었고, 그 다음 10여 일 동안은 가톨릭 미션 허스트에서 신세를 졌다. 이 숙소는 은퇴

한 신부들이 기거하고 인권운동을 하는 시설이었다.

아무튼 김대중은 참으로 오랜만에, 아니 꼭이 2년 7개월 만에 아늑한 가정으로 돌아간 것이었다. 버지니아주 알렉산드리아에 있는 고층 아파트 1608호.

그 집은 그들 가족이 살기에 아주 훌륭한 장소였다. 방 3개에 월세는 9백 달러였다.

물론 그 월세는 전기료나 수도료가 모두 포함된 것이기 때문에 미국의 기준으로 보면 중간층 아파트라고 할 수 있었다. 그가 더욱 마음에 들어했던 것은 입주자의 안전 시설이 제대로 되어 있었기 때문이다.

아파트 구내에 들어가는 입구에 경비가 버티고 앉아 있을 뿐만 아니라, 각 동마다 경비가 있고 방문객은 누구든지 사전에 전화로 입주자가 허용하지 않는 한 들어갈 수 없도록 되어 있었다. 오랫동안 쫓겨다녔고, 더구나 납치 살해의 고비를 겪은 사람으로서 남다른 경계심 때문이기도 하였을 것이다.

'83년 초 미국에서의 김대중의 입장은 지난 '73년 초 자신의 입장과는 크게 달랐다. 그것이 김대중에 대한 오해의 불씨가 된 것이다.

'73년 김대중은 정식으로 미국과 일본을 다섯 차례나 번갈아 오가면서 박정희의 유신 철폐를 위한 투쟁을 벌였었다. 납치와 살해의 위협을 무릅써 가면서도 그는 합법, 비합법을 막론하고 그가 민주화에 필요한 일이라면 무슨 일이든지 서슴지 않았다.

그땐 여기가 미국 땅이지, 대한민국 영토가 아니었다. 자신의 발언이 거칠면 거칠수록 그의 행동이 대담하면 대담할수록 그에게는 열렬한 지지자들이 따랐다.

정부가 그에 대해 어떻게 생각하고 어떻게 대처하는가는 관심 밖이었다. 대한민국은 그에게 여권을 연장해 주지도 않았고, 신변을 보호해 주기는커녕 온갖 위협을 가했었다. 실제로 KCIA가 납치 살해극을 벌인 것은 누구나 아는 바이다.

그러나 지금의 그와 정부와의 입장은 달랐다. 그는 어떻게든 신병치료차 미국에 왔고, 신병치료가 끝나면 한국으로 돌아가야 할 몸이었다.

다시 말해 '73년 유신 독재에 반대하여 스스로 망명의 길을 택했을 뿐 자유로운 시민의 한 사람이었다. 그러나 지금은 사형에서 감형되어 20년 형을 살다가 그 집행을 정지중인 수형자의 한 사람이었다. 언제든지 무슨 꼬투리를 갖다 붙여 다시 감방에 처넣을 소지를 얼마든지 안고 있었다.

김대중은 이렇듯 민주주의에 대한 신념과 현실적인 권력의 위협 사이에서 한동안 고민하지 않을 수 없었다. 그러나 그는 오래지 않아 자신만의 결론에 도달했다.

'미국에 머무는 동안 우리나라의 민주주의와 인권 신장에 되는 일이라면 어떠한 일이라도 하지 않을 수 없다. 그리고 언젠가는 귀국하겠지만 이 같은 나의 행동이 정치 활동을 하지 않겠다는 약속에 위배된다고 하여 귀국 후 또 다시 감옥에 잡아넣는다면 이를 달게 받겠다고…. 이러한 결심을 주미 한국대사 유병현에게, 기타 정부 관리들에게도 분명히 밝히기로 하자.'

그와 같은 결론에 도달하자 병 치료차 미국으로 건너간 김대중은 가장 먼저 찾아간 곳은 병원이 아니라 신문사요, 텔레비전 방송국이었다. 그리고 그들 매스컴에서는 2년 반 동안이나 그에 관한 뉴스로 굶주렸던 독자와 시청자들에게 생생한 육성을 들려주었다. 미국 정가에서 가장 영향력 있는 케네디 상원의원이 주최한 환영 리셉션에도 나아갔다.

김대중은 자신의 구명을 위해 애쓴 사람이 카터와 레이건 두 사람의 전 현직 대통령임을 미국에 와서야 비로소 확실하게 알게 되었다. 그가 군사법정에서 사형선고를 받았을 때 카터 대통령은 여러 경로를 통해 한국 정부에 김대중의 구명을 호소했으나 여의치 않았다고 했다.

카터는 현직 대통령이었으나 대선에서 매우 힘든 싸움을 벌이고 있던 와중에 있었다. 한데도 북대서양조약기구 회의에 참석 중이던 국방장관을 급히 불러 직접 한국을 방문하여 김대중의 목숨을 구하도록 지시했다.

그러나 그가 대통령 선거에서 낙방하자 김대중 구명 문제는 대통령 당선자 레이건에게로 자연스럽게 넘어갔다. 카터 대통령이 레이건 당선자에게 김대중의 구명을 요청한 것이었다.

한데 2년여가 지나 목숨을 구원하여 카터 전 대통령을 미국에서 만나게 된 것은 실로 감격적인 일이었다. 그 자리에는 에모리대학교 총장 레이니 박사도 동석했다.

특히 레이니 총장은 김대중이 옥중에 갇혀 있을 때 자기 대학병원에서 무료로 치료받을 수 있도록 편의를 제공하겠다는 초청장을 보내온 장본인이었다.

그러나 그러한 사실을 안 것은 비로소 미국에서 그를 만난 뒤였다. 한국 정부는 그러한 초청 사실조차 숨기고 있었던 것이다.

레이니 총장은 김대중의 셋째아들인 김홍걸에게 스칼라쉽의 특전을 주었고, 김대중에게는 명예법학박사 학위를 수여했다.

이 밖에도 김대중이 미국에 체류하는 13개월 동안 방문한 대학

만도 하버드, 예일, 콜럼비아, 프린스턴, 코넬, 에모리, 미시간 등 30여 개나 달했다. 초청 연설을 한 대학만도 13개 대학 이상이었다.

특히 김대중이 미국에서 만난 인사 가운데 인상적이었던 사람은 패드 데리언 여사였다. 그녀는 김대중이 군사법정에서 사형선고를 받았을 당시 국무성 인권담당 차관보였고, 전 국무성 대변인 호딩 카터의 부인이었다.

이런 데리언의 김대중에 대한 관심은 보통 미국 사람에게서 보기 어려운 적극적인 것이었다. 국무성 인권담당 차관보의 사무실 문 앞에는 패드 데리언이라는 이름이 새겨진 문패 옆에 '김대중 선생을 구출하자'는 스티커를 붙여놓고 있을 정도였다.

그녀는 김대중을 로버트 케네디와 함께 인권 관계 자문위원으로 추천했으며, 김대중을 '이 시대에 있어서의 인권투쟁의 영웅'이라고 소개한 인물이었다.

더구나 그녀는 김대중이 그 이듬해 2월 귀국할 때 김대중의 신변 안전을 위해 수행해 온 두 명의 국회의원과 또 두 명의 전직 국무성 고위 관리 가운데 한 사람이었다.

그녀가 김대중을 얼마나 좋아하고 존경했는가는 김포공항에서 한국 정보요원들이 김대중과 그의 미국인 수행원들을 격리시킬 때 가장 난폭하게 다른 것만 보아도 짐작할 수 있다. 데리언은 김대중을 미국에서부터 동행한 타임지를 비롯한 미국 기자들에게 "나는 얼굴만 빼놓고 나의 몸 전체를 얻어맞았다"고 김포공항에서의 난폭한 한국 정보요원들의 행동을 비난했었다.

김대중은 이 밖에도 수많은 열렬한 미국 지지자들을 얻게 되었다. 솔라즈, 토니 홀, 톰, 하킨스, 케네디, 버니프랭크 등 상하원의원 등이 그들이다. 그들은 모두가 김대중이 미국에 오기 전 죽음의 질곡에서 헤매일 때 그를 구명하기 위해 마치 형제의 일처럼 백방으로 뛰어다닌 인사들이었다.

이 기간 동안 김대중의 교류는 미국에서만 한정된 것이 아니었다. 그가 미국에서 체류하는 2년여 동안 유럽의 지도자들과도 서신을 통해 빈번한 접촉을 가졌다.

요한 바오로 교황을 비롯, 독일의 바이츠네커 대통령, 프랑스의 미테랑 대통령, 독일의 빌리브란트 수상, 스웨덴의 팔메 수상, 오스트리아의 부르노크라이스키 전 수상 등이 그들이었다.

김대중은 이처럼 자신의 지지자와 함께 점차 지명도를 높여 가는 한편, 국내에 남아 있는 김영삼 전 총재의 투쟁을 멀리서 지원하기도 했다. 5·17 3주년을 맞아 무기한 단식투쟁에 들어간 김영삼을 지원하는 데모 대열의 선두에 섰다. 난생 처음으로 목에다 플래카드를 걸었다. 김대중은 워싱턴 뿐만 아니라 뉴욕에서도 성원 집회를 열었고, 뉴욕타임즈에 기고하여 세계적인 여론을 환기시키려 노력을 아끼지 않았다.

YS, 생명을 건 23일간의 단식투쟁

전 신민당 총재 김영삼은 여전히 집안에 갇힌 연금 상태였다. 그러나 5·18 광주민주항쟁 3주년을 앞두고 그는 뭔가 비장한 결단이 필요하다고 생각했다. 국민에게는 보다 속히 자유가 와야 했고, 그러려면 무엇보다 5공의 전두환 정권에 대해서 강력한 저항이 필요했다.

그 무렵 김영삼은 마하트마 간디의 저서를 읽으면서 얼어붙은 상황을 돌파하는데 주요한 암시를 받았다. 비폭력 무저항의 단식투쟁이 그것이었다.

단식에 들어가기 전 그는 오랜 시간 생각을 거듭했다.

생명을 건 저항으로서의 단식투쟁에 들어가는 만큼 그야말로 냉엄한 자기 응시의 시간 위에 자신을 올려놓고서 추상같이 결의를 저울질한 것이다.

결국 광주민주항쟁 3주년을 이틀 앞둔 '83년 5월 16일 김영삼은 시국 전반에 대한 견해를 담은 성명 '국민에게 드리는 글'이 외신을 통해 미국, 일본, 유럽 등 전 세계에 알려졌다. 말할 것도 없이 국내 언론에는 일체 보도가 되지 않았다.

다시 이틀 뒤인 5월 18일 그는 '단식에 즈음하여'라는 제목의 성명서를 발표한 뒤 곧바로 단식투쟁에 들어가, 어두웠던 세상에 민주주의 햇불을 다시금 커들어 세상을 깜짝 놀라게 했다.

단식 이튿날 김영삼의 측근인 박용만 등이 총리실을 찾아가 면담을 요구했으나 의전비서관만 만나고 돌아왔다. 민주산악회를 중심으로 한 그의 동지들이 성명서를 복사하여 집집마다 뿌리는 한편, 등산객들에게까지 배포하기 시작했다.

단식 사흘날, 이 날 석간 신문에 비로소 그의 단식에 대해 우회적으로 표현한 기사가 보도되었다. '최근 정가 일각에서 얘기되고 있는 정세 흐름과 관련, 민정당은 거의 신경을 쓰지 않고 있으며, 전혀 우려하지도 않고 있다'는 민정당 대변인이 말한 것으로 보도되었다.

그는 또한 기자들과 만나 "정치에는 퍼펙트 게임이 없는 것이므로 그늘진 구석이 있다면 항상 염두에 두고 있지만, 전체적으로 국운이 트여가고 있어 우리가 깔아놓은 궤도를 계속 달려가는데 주저할 것이 없는 상황이라고 말하고, 이 같은 궤도에 역행하는 조짐이 있다 해도 국민적인 공감을 받지 못할 것이며, 민정당은 별로 개의치 않을 것"이라고 당의 입장을 밝혔다.

단식 일주일째, 저녁 8시 30분경 김영삼의 비서 홍인길이 치안본부 소속이라는 사람에게 불려나가 모 호텔에서 김영삼의 건강상태에 대한 조사를 받고 밤늦게 풀려났다.

한편 석간 신문에 민한당 고재청 국회부의장이 민정당 이종찬 원내총무에게 "정치 관심사가 원만히 수습되기를 바란다"고 말했고, 이 총무는 "민정당도 이 문제 해결을 위해 적절한 방법을 강구하겠다"고 발언한 것이 보도되었다.

단식 여드레 째, 상도동 김영삼의 자택에 전화선을 끊고 여러 명이 달려들었다. 김영삼은 반항했으나 그들의 완력을 당할 수 없어 끝내 앰블런스에 실려 서울대학병원으로 강제 이송되었다.

김영삼은 서울대학병원으로 이송된 후 강제로 혈액검사를 받았다. 당국에서는 물과 소금만으로 단식을 해 건강이 상당히 악화된 것에 당황했다. 때문에 그들은 김영삼의 단식을 중단시키려고 온갖 노력을 했으나, 그는 일체의 음식과 의료행위를 거부한 채 단식을 계속했다.

이 날 김영삼이 서울대학병원으로 강제 이송된 상황이 AP, 로이터, UPI, 교토통신 등 외신에 의해 자세히 보도되었다. 일본 아사히 신문은 이렇게 보도했다.

'지난 18일부터 서울 시내 자택에서 단식을 계속하고 있던 김영삼 신민당 전 총재는 25일 오전 10시경 경찰 당국에 의해 서울대학병원에 강제 이송되었다. 가족들에 따르면 주변을 경계중인 경찰과 당국자들이 단식중인 김씨의 방에 들어가 단식 중지와 병원치료를 권했다. 김씨는 이것을 거부, 경찰들과 약 1시간 옥신각신하다가, 오전 10시경 경찰 당국이 보낸 구급차로 병원에 강제 이송되었다. 김씨의 이송처는 서울대병원 12층의 VIP병동. 12층 병동은 당시 다른 환자들을 모두 퇴거시켰다. 복도에는 중앙정보부 사람들이 병원 관계자처럼 가운을 입고 돌아다녔다.'

단식 아흐레 째, 재야에서 문익환 목사가 동조 단식을 시작했고, 연금중인 '김영삼 총재 단식대책위원회' 회원들도 성명을 발표하고 동조 단식에 들어갔다. 미국의 케네디 상원의원도 이날 성명서를 발표했다.

나는 김영삼씨를 염려하면서 한국 정부는 김영삼씨가 바람직스럽지 않은 죽음에 빠져드는 것을 구해야 한다고 주장한 바 있다. 그러나 만약 한국 정부가 진정으로 김영삼씨의 건강을 염려한다면 전반적인 국민의 기본적인 권리들을 회복하고 김영삼씨가 주장한 민주회복을 위해 보다 박차를 가해야 할 것으로 나는 믿는다. 지난 5월 18일, 김영삼씨는 단식을 시작하면서 다음과 같이 말했다. "민주화투쟁은 생명을 건 투쟁이어야 하며 생명을 건 투쟁만이 민주화를 쟁취할 수 있다"는 것을 말하고, "나의 생명을 바쳐 이 나라 민주화에 다소라도 도움이 될 수 있다면, 이것이 나의 국민에 대한 최후의 봉사라고 생각한다"고 했다. 우리는 이러한 정당한 목적에 그와 같은 비극적인 수단을 필요로 하지 않도록 진심으로 희망한다.

단식 열 이틀째, 낮 12시 20분경 민한당 총재 유치송이 병실을 찾아왔다. 그는 20여분 간 머물다가 돌아갔다. 밤 11시에는 민정당 사무총장 권익현이 다시 찾아왔고, 그는 다시금 해외로 나갈 것을 권유하며 대통령 전두환의 얘기를 전했다.

"각하께서 총재님의 건강을 염려하고 있습니다. 건강이 회복되면 총재님이 제시한 민주화에 대한 요구사항 중 몇 개 항에 대해 직, 간접으로 대화를 하겠다고 합니다. 오늘밤 12시부터 병원과 김 총재 댁에 배치한 병력을 철수시키겠습니다. 이제 김 총재께서는 국내외 어디든지 갈 수 있습니다. 김총재께서는 영원히 자유인입니다."

김영삼이 그런 권익현에게 대답했다.

"내가 요구한 민주화 조치가 취해지지 않으면 이 정권도 이승만, 박정희를 따라 결국 비참하게 될 것이다. 나는 이것을 분명히 예언할 수 있다. 권 총장은 이 말을 전두환에게 꼭 전해라."

단식 열닷새째, 전직 국회의원 33명을 포함하여 58명이 코리아나 호텔에서 모여 그의 민주화 투쟁을 전폭 지지하는 시국선언을 발표했다. 이들은 지속적인 민주화 투쟁을 위해 범국민적인 연합전선을 구축하는 등 5개항의 결의문을 채택했다.

아사히신문은 '과거 야당 세력들이 현 정권 등장 후 3년 간의 침묵을 깨고 반정부 민주화운동을 위해 연합전선을 구축하기로 했다. 정부가 어떻게 대응할지가 주목된다'고 보도했다.

단식 열아흐레째, 그의 단식투쟁이 재야로 확산되어 이미 지난 5월 30일부터 함석헌, 홍남순, 문익환, 이문영, 예춘호 등이 기독교회관에서 '긴급민주선언'을 발표하고 동조 단식에 들어간 이후 점차 해외로 파급되었다.

단식 스무하루째, 서울발 AP는 그의 건강이 '위험 상태'에 있다고 의사들이 선언했으며, 3일 응급처치를 받은 이후 단식을 계속함으로서 7일에는 혈압이 급강하하는 등 매우 악화되었다고 보도했다.

단식 스무이틀째, 의사들은 그의 건강 상태가 극히 위험한 단계라고 했다. 오후에 이기택 등 30여 명이 면회금지 조치가 내려진 병실 문을 박차고 들어와, "살아서 같이 투쟁하자"며 눈물로 호소, 밤에 병실을 지키고 있던 최기선 비서에게 내일 아침에 단식을 중단하겠다고 말했다.

다음날 오전 9시 30분경, 김영삼은 병원에서 내외신 기자회견을 갖고 '단식을 중단한다'고 선언했다. 김덕룡 비서실장이 준비된 성명 '단식을 마치면서'를 대신 읽었다.

친애하는 국민 여러분!
나는 오늘 비통한 심정으로 나의 단식 투쟁의 중단을 발표하는 바입니다. 나의 단식을 중단케 하려는 음모가 나를 둘러싸고 있습니다. 나는 20여 일에 걸친 단식 기간 중 국민 여러분이 보내준 뜨거운 성원과 나의 민주화 요구에 대한 열렬한 지지, 그리고 나의 건강과 생명을 염려해 주신 그 눈물겨운 애정에 깊이 감사 드립니다. 그러한 격려와 애정은 나로 하여금 외로운 단식 투쟁의 고통을 견딜 수 있게 해주었고, 또한 나의 생명을 독재 권력으로부터 지켜 주었으며, 나아가 이 땅의 민주화에 대한 확신과 더불어 민주국민과의 깊은 연대감을 뼛속 깊이 확인할 수 있게 해주었습니다.

국민 여러분!

나는 부끄럽게 살기 위하여 단식을 중단하는 것이 아닙니다. 앉아서 죽기보다는 서서 싸우다 죽기를 위하여 단식을 중단하는 것입니다. 현 정권이 나의 단식을 중단케 하기 위하여 갖은 수단과 방법을 동원하는 것은 그들이 인도적이어서가 아니라, 나와 튼튼하게 연대하고 있는 민주국민의 결사적인 민주항쟁을 두려워하기 때문입니다. 한 마리의 곰의 죽음이 대서특필되면서도 한 나라 야당 지도자의 오랜 연금과 단식 투쟁 사실이 단 한 줄도 보도되지 않는 언론 상황 속에서 입과 입, 손과 손, 마음과 마음으로 전달된 단식 사실의 전파와 더불어 민주국민의 뜨거운 열정과 연대를 그들이 두려워할 수밖에 없었기 때문입니다.

국민 여러분!

나는 이미 죽음을 각오하고 결심했던 몸으로, 죽음을 선택할 수 있는 용기와 신념으로 민주화 투쟁의 과정에서 그 고통과 고난의 맨 앞에 설 것이며, 그 어떤 희생이라도 감수할 것입니다. 나는 광주사태에서 희생된 영령과 조국의 제단에 자신을 던진 현충의 넋, 그리고 지금도 계속되고 있는 청년, 학생들의 투쟁과 고난을 생각하면서, 그 고난의 맨 앞의 일부를 나 자신이 떠맡기 위하여 민주 투쟁의 최 일선에 설 것을 국민 앞에 엄숙히 서약하는 바입니다.

민주화를 위하여 내가 먼저 가야 할 곳이 감옥이라면, 나는 기꺼이 감옥으로 달려갈 것입니다. 감옥은 민주주의를 위하여 개인이 거쳐야

할 과정일지도 모릅니다. 나는 민주주의를 열망하는 국민의 단 0.1%만이라도 감옥에 갈 것을 결심한다면 민주주의는 마침내 우리의 것이 될 것이라고 믿습니다. 예수 그리스도는 감옥에 갇힌 바 되었다가 십자가에서 죽어 가장 무력한 것으로 보였지만, 부활하여 사랑과 정의의 빛으로 세상 권세와 불의를 이기셨습니다.

나는 또한 우리 모두가 자신이 처한 처지를 훌훌 벗어 던지고 민주 투쟁의 대열에 사심 없이 합류하여 조직적인 연대 투쟁을 전개한다면, 독재의 암흑은 마침내 걷히고 민주주의는 이룩될 수 있다고 확신합니다.

우리나라와 우리 국민의 부활은 바로 민주주의 실현을 통해서만 비로소 가능한 것이며, 민주주의 없이는 우리 모두는 죽은 것과 다름이 없습니다. 하나님은 정의의 편에 계시며, 또한 우리와 함께 하시는 줄 나는 믿습니다.

우리는 승리할 것입니다.

나의 투쟁은 끝난 것이 아니라, 이제 겨우 시작을 알렸을 뿐입니다. 나는 그 언젠가 국민과 더불어 '민주주의 만세'를 목이 터져라 부르고 싶습니다. 그것을 위하여 나는 나에게 주어진 고난의 길을 갈 것입니다.

그동안 해외에서는 케네디 미 상원의원, 코헨 교수, 리치 의원 등 많은 인사들이 전화와 편지로 단식 중단과 생명 보전을 간곡히 호소해 왔다. 케네디 상원의원은 6월 9일 김영삼에게 '한국에서의 자유를 위한 투쟁을 지지하며… 총재님의 생명이 더 이상 위해롭지 않기를 하나님께 기도드립니다. …총재님의 위대한 헌신과 숭고한 투쟁, 그리고 총재님의 위대한 지도력에 무한한 찬사를 보냅니다'라는 사신을 보내왔다.

국내의 언론 또한 '정치 현안', '정치 관심사' 등으로 표현해 왔던 그의 단식에 대해 비로소 '김영삼'이라는 이름과 함께 간단한 경과와 중단 사실을 처음 내비친 것은 단식 23일 만인 6월 9일이었다. 이날 한 석간 신문은 2단 기사로 이렇게 보도했다.

'정치적인 이유로 지난 5월 18일부터 단식을 벌여온 전 신민당 총재 김영삼 씨가 단식 23일째인 9일 오전 입원중인 서울대학병원에서 단식을 중단하겠다고 밝혔다. 김씨는 정치 풍토 쇄신을 위한 특별조치법에 의해 정치 활동 규제를 받고 있었는데, 지난달 18일 정치 피규제자 해금 등을 주장하면서 서울 상도동 자택에서 단식을 시작, 그 달 25일 서울대병원에 입원, 단식을 계속했다.'

그러나 미국에서 점차 역량을 키워나가고 있는 김대중이나, 국내에서 생명을 건 23일 동안의 단식 투쟁으로 정면 돌파를 시도한 김영삼의 이런 일련의 민주화 투쟁은 이제 겨우 그 시작에 불과한 것이었다. 그리고 그러한 두 사람의 시작은 자칭 '전체적으로 국운이 트여가고 있어 우리가 깔아 놓은 궤도를 계속 달려가는데 주저할 것이 없는 상황'이라던 전두환의 5공 정권에게는 커다란 도전이 아닐 수 없었다. 바야흐로 정국은 전에 없는 짙은 전운이 감돌기 시작한 것이었다.

에필로그

  12·12반란군과 진압군의 일촉즉발 9시간을 그려 생동감 넘치는 장면 연출 〈서울의 봄〉 예매율 1위 흥행예감이란 신문기사를 읽는 순간 온몸에 전율이 느껴왔다.
  〈서울의 봄〉 개봉날 영화관으로 달려가 숨죽이고 영화를 관람하면서 두 시간여 동안 머리에서는 홍인호 선생의 얼굴이 영화화면을 스쳐가는 것 같았다.
  오래전의 일이다. 전 육본인사참모부 장군인사실장이었다는 예비역 중령 홍인호 선생을 만났는데, 자신이 겪은 12·12사태를 육본에서 직접 보고 겪은 사실들을 책으로 내고 싶어 정리한 원고보따리를 내밀며 출판해 줄 것을 부탁하기에 출간을 약속하고 여러 가지 사정에 의해 편집까지 해놓은 상태에서 출간을 미뤄온 지 수년이 지나 못내 아쉽고 또 저자인 홍인호 중령에게도 미안한 마음이 적지 않았다. 물론 상응하는 저작료는 당시 지불했지만 말이다.
  그래서 더욱 이 영화에 관심을 가지게 된 것이고, 두 번의 영화 감상 후 출판사 캐비넷에서 잠자고 있던 이 작품을 출판하기로 마음먹게 되었다.
  영화 〈서울의 봄〉은 수도경비사령관 역 이태신(정우성)과 육군 내 사조직을 키우던 하나회 소속 보안사령관 역 전두광(황정민)의 불꽃 튀기는 연기대결도 볼만했지만 전쟁과도 같은 무시무시했던

12·12 사건 당일 9시간이 끝나고, 이태신이 혈혈단신으로 바리케이트를 뚫고 전두광에게 나아가는 장면과 더불어 승자인 전두광의 호탕한 웃음소리와 하나회 회원들의 승전축하 파티와 사진촬영으로 이 영화는 막을 내린다.

관람객 모두가 아쉬워하는 모습들이 역력했다. 그런가 하면 영화의 막이 내려졌는데도 자리를 뜰 생각 없이 우두커니 앉아 있어야만 했으니 이는 그들은 앞으로 어떤 역할을 할 것이며 패자와 승자의 앞날이 매우 궁금해서이었을 것이다.

관객들의 마음이 충분히 이해가 된다. 그리하여 그들의 궁금증을 풀어드리려고 격동의 한국 정치사를 정밀 추적한 시리즈 1탄으로 〈아! 서울의 봄〉과 2탄은 다큐멘터리 정치소설 로 〈'80 서울의 봄〉이라는 제호로 두 권을 동시에 세상에 내놓게 되었다.

이 책들은 동시대 같은 사건을 다룬 이야기지만 사건과 사실이 전혀 다르게 전개된다는 점이다. 〈아! 서울의 봄〉은 당시 사건 현장에서 직접 보고들은 이야기와 사건 이후 벌어지는 '별들의 전쟁사'를 육본 인사참모부 장군인사실장 예비역 중령이 생생하게 증언한 것이고, 〈'80 서울의 봄〉은 사건 이후를 배경으로 벌어지는 사건들의 내막과 1980년대 민주화운동으로 서울의 봄이 올 것이라고 3김씨가 크게 기대에 부풀어 있을 때 갑자기 들이닥친 군인들에 의해 민주화인사들은 부정축재로 체포되는 등 이변이 발생했던 내용들을 담았다는 점에서 이 두 권의 책이 영화에서 아쉬웠던 부분들을 속 시원하게 풀어줄 것을 기대하는 바이다.

癸卯年 歲暮에
발행인 김동환 두 손 모음